论建筑业
在经济发展中的作用

田成诗 盖美◎著

人民出版社

前　言

作为支柱产业,建筑业在我国经济发展的作用举足轻重。建筑业的技术进步和节能降耗很大程度上影响并决定着我国未来经济增长方式的转变以及经济发展的速度与质量。可以说,建筑业的长期高效发展是夯实我国经济基础的重要保障。

在当前国际竞争日益加剧、金融危机后续影响依然存在,国内房地产市场低迷,中国经济进入新常态的大背景下,建筑业如何加快自身结构调整,继续发挥在国民经济中的重要作用,提高国际竞争力等,成为急需解决的理论和实践问题。

近年来,国内外学者对建筑业在经济发展中的作用进行了一系列的研究与探索,但视角主要基于一国或某一经济发展阶段,关于中外的对比研究较少。为深入探求我国建筑业存在的优势及不足,必须与其他国家特别是建筑业发达国家作对比分析。通过对比分析,才能更好定位中国建筑业所处发展阶段及在不同经济发展阶段所发挥的作用,归结我国建筑业存在的问题,并借鉴发达国家的政策实施,提出立足于中国本土化的行业发展建议。

《论建筑业在经济发展中的作用》一书利用全国经济普查资料,在归结我国建筑业发展现状与特点的基础上,基于国际比较,探求我国建筑业发展的优势与不足;论证建筑业在国民经济中发挥支撑作用的潜力;分析建筑业在经济发展中起支撑作用的必然性及持续稳定发展的政策路径。可以说,本书对于提高我国建筑业竞争力来说具有重要的理论意义和参考价值。

《论建筑业在经济发展中的作用》一书共六章。第1章,绪论。在对国内外相关文献回顾和评述的基础上,本章提出了本书的研究内容,总结了本书的研究方法,归结了本书的研究特色和创新性努力。第2章,我国建筑业发展的现状与特点。利用第三次全国经济普查资料,对我国建筑业发展特点做全景式描述,包括企业法人单位数量及性质、就业、产值、房屋竣工面积、资产及所有者权益、工程结算收入及利润等现状及分布特点。归结我国建筑业发展中存在的问题:国内建筑业市场开放度不高,缺少国外优秀建筑企业竞争;建筑业细分行业间发展不均衡,房屋建筑业发展空间逐渐减小;虽然建筑业发展水平有所提高,但依旧处于劳动力密集型阶段;区域发展仍不平衡。本章还以辽宁省为例做了建筑业发展特点的区域分析,总结辽宁省建筑业发展的特点,归纳限制辽宁省建筑业对经济发展支撑作用的问题所在。第3章,建筑业在经济中发挥支撑作用的必然性及困难性。从对国内生产总值的贡献、就业吸纳能力、与其他部门关联度和发展弹性等角度与美国、韩国等建筑业较为发达国家作对比分析,论证建筑业在我国经济发展中发挥支撑作用的客观条件及必然性。分析表明,我国建筑业具有作为支柱产业的客观条件,但仍需克服不少困难。结合建筑业发展的国际实践,从未来发展空间、劳动生产率、地区发展均衡度、行业结构、技术敏感度等方面探讨了我国建筑业未来发展中存在的困难。本章还以辽宁省为典型地区，从横向与纵向角度论述了建筑业支撑辽宁经济发展的潜力空间。第4章，建筑业在我国经济中的作用与趋势展望。本章采用多国截面数据的横向比较与历史数据的纵向分析相结合，预测我国建筑业的发展趋势。研究发现，在不考虑国家政策等对建筑业发展影响的前提下，随着人均GDP继续上升，未来我国建筑业产出占总产出比重会出现一定程度的下降并进入趋势转折的关键点。但若能实现产业结构和技术的优化升级并寻找新的经济增长点，建筑业在国民经济的比重很有可能进入"翘尾"阶段。最后利用柯布—道格拉斯生产函数和BP神经网络对我国建筑业总产值进行预测。第5章，我国建筑业在国际竞争中的优势与不足。通过对国际工程承包市场、国际建筑市场的结构和竞争，基于占世界承包工程比例、建筑行业全员劳动生产率、单位劳动力成本等与欧美等国的对比分析，确定我国建筑业在国际市场中的地位及在国际竞争中的优势和劣势。利用SWOT模型提出具有可操作性的促进我国建筑业发展的对策建议：建筑业应在推动产业结构优化转型、实现差异化发展、推动国际承包工程项目使用人民币结算、加大对教育培训费投入和优秀人才引入等方面做出更多的努力。第6章，建筑业发展质量评价。在经济新常态下的今天，更需关注建筑业的发展质量，坚持提高发展质量和效益是建筑业发展的基本理念。本章从企业角度评价建筑企业的经营绩效：一是基于标杆分析法评价了建筑业上市公司的经营绩效，通过分析与标杆企业的差距与不足，寻求绩效相对较低的企业的努力方向。二是通过确定同质性竞争对手的范围，为企业向绩效高的竞争者学习及选择适宜的发展模式提供参考。其次，从行业角度评价了辽宁省建筑行业的经营绩效。最后，从宏观角度，以经济增长质量理论为基础，构建了我国建筑业发展质量评价指标体系,并采用主客观赋权方法合成了建筑业发展质量分类指数和综合指数,这些指数可以合理评价我国建筑业发展质量,为促进我国建筑业发展的科学决策提供参考。

《论建筑业在经济发展中的作用》一书的创新性努力主要体现在:凸显中外对比研究的特色:目前,国内研究很少有与其他国家特别是建筑业发达国家作对比分析,本书从国际比较入手,通过定位中国建筑业所处发展阶段及在经济发展不同阶段所发挥的作用,归结我国建筑业存在的问题,提出立足于中国本土化的行业发展建议。重视政策可行性的评估:基于不同理论与角度提出的建筑业发展的政策建议各有侧重,由此政策可行性评估的必要性及重要性日益凸显,本书加强了这方面的研究。研究过程中注重宏观分析和中观分析的结合:本书除了全国性的分析之外,还具体分析了地区建筑业发展的特点,使宏观与中观分析得到了较好的结合。注重多种分析方法的综合利用:本书利用多种量化分析方法多层次多角度地验证建筑业发展的趋同性与异构性在以往研究中也是少有的。

本书得到了2014年国家社科基金重大项目"基于增加值率的中国经济增长质量研究(14ZDB130)的资助"。本书的执笔人为田成诗教授、盖美教授。另外,东北财经大学统计学院硕士研究生王丽华、张倩茹、潘子文、郝燕、耿佳佳等也为本书的完成做了一定的工作。

值得一提的是,尽管本书在研究思路、研究方法等方面做了较多的创新性努力,取得了一定的进展,但由于本书所研究的问题是一个内容十分广泛、复杂的课题,加上定量分析方面的系统性文献资料较少,以及本书作者能力、精力与时间的制约,本书不可避免地存在许多不完善、错误和不当之处,敬请同行专家和读者批评指正,并提出宝贵意见。

　　最后,在本书出版之际,我们衷心感谢对本书的研究以及本书的顺利出版给予大力支持和帮助的人民出版社!

辽宁省教育厅人文社科重点研究基地

东北财经大学国民核算研究中心

2015 年 12 月

目 录

第1章 绪 论

在当前国际竞争日益加剧、金融危机后续影响依然存在、国内房地产市场低迷、中国经济进入新常态的大背景下,建筑业如何加快自身结构调整,继续发挥在经济中的重要作用,提高国际竞争力,成为急需解决的理论和实践问题之一。

2013 年,我国国内生产总值为 568 845.21 亿元,建筑业增加值为 38 995.00 亿元,建筑业增加值占国内生产总值的比例为6.86%。按照国际惯例,如果某产业增加值占 GDP 的比重达到6%—8%,则可列入支柱产业。可见,建筑业在我国经济中产业地位突出。图 1-1 为 2005—2014 年我国建筑业增加值占 GDP 的比重趋势图,从图 1-1 可明显看出,近年来,尽管我国建筑业增加值占 GDP 的比重增长乏力,但整体呈现平稳增长态势。

近年来,国内外学者对建筑业在经济发展中的作用进行了一系列的研究与探索,但视角主要基于一国或某一经济发展阶段,关于中外的对比研究较少。而要深入探求我国建筑业存在的优势及不足,必须与其他国家,特别是建筑业发达国家作对比分析。通过对比分析,才能更好地定位我国建筑

（单位：%）

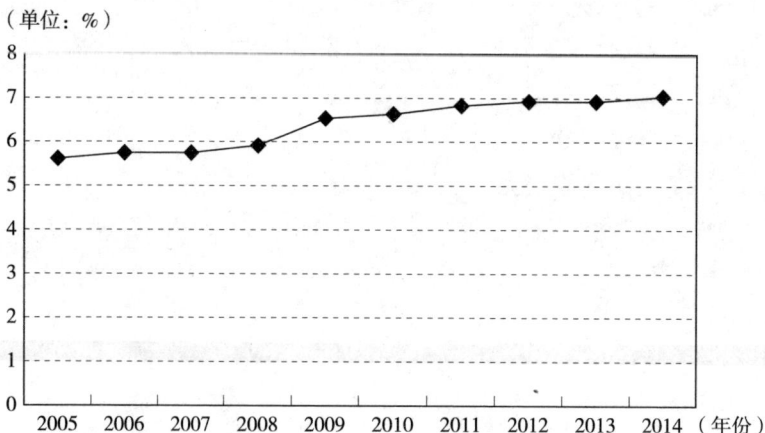

图 1-1　2005—2014 年我国建筑业增加值占 GDP 的比重

数据来源：国家统计局网站。

业所处的发展阶段及在经济发展不同阶段中所发挥的作用，才能更好地归结我国建筑业在发展中存在的问题，进而借鉴发达国家的政策实施及实践，提出立足于中国本土化的促进建筑业发展的对策建议。

1.1　"建筑业与经济发展"的研究现状

国外研究成果

从产业效率的角度进行的研究。Arditi（1997）通过对美国多家企业的研究发现，若仅依靠自身施工技术以及施工管理的创新，建筑业的发展效果并不明显，建筑业作为一个特定产业，其发展主要依靠相关产业的技术创新。Zhi Mao 和 Hua Goh Bee（2003）使用 DEA 方法研究了新加坡 1984—

1997 年建筑业的生产效率。研究结果显示,新加坡建筑业的全要素生产率以每年 1.53% 的比例下降。有七个要素与全要素生产率增长显著相关,其中规模经济、研发、投资等对 TFP 增长有正向贡献。Yan Li 和 Chunlu Liu (2010)利用 Malmquist 生产率指数分解技术估计了澳大利亚建筑业 1990—2007 年全要素生产率的影响因素,并分析了建筑业效率随时间变化和不同城市的变化规律。

从产业竞争力的角度进行的研究。Miller(1987)和 Stalk(1988)认为,企业或产业的成功具有特定的驱动因素,包括质量、产品、服务以及过程创新等。Ozlem 等(2001)利用钻石模型对土耳其建筑业产业竞争力进行了研究。他认为,土耳其建筑业在生产要素方面有竞争优势,在融资方面存在劣势,政府应在提升建筑业产业竞争力方面发挥作用。Graham·Ive(2004)对钻石模型做了修订,提出了建筑业六边形模型,模型中包括了产业性质、要素、人力资源、需求、政府、企业战略与决策以及文化和机会方面的内容。Blake N Croot 和 J.Hastings(2004)对英法等国的建筑业劳动生产变化率等进行了比较。结果表明,英国建筑业产业劳动生产率低于另外三国,但英法德的增长率却趋于相同。考虑到各国在货币购买力等方面存在统一,故各国建筑业产业竞争力的分析很难从产业生产力维度入手。Tianji Xu 等 (2005)以中国建筑业产业为研究对象,通过在法律体系、产业结构、技术水平以及国际市场份额方面与美国、英国等的比较,提出了我国建筑业竞争力分析模型。Flanagan 等(2006)在波特钻石模型的基础上提出了竞争力六边形模型,并运用该模型对英国、芬兰和瑞典建筑业的产业国际竞争力进行了评估。

从建筑业和国民经济关系角度进行的研究。世界银行(1984)提供的数据显示,1970—1980 年,大多数发展中国家建筑业增加值占 GDP 的比重在 3%—8%之间。Bon(1992;2000)研究发现,建筑业对国民经济的贡献并不一致,尤其是发展中国家。Bon(1992;2000)认为,随着一个国家的发展,建筑业占国民生产总值的份额以及建筑业总产出呈倒"U"型分布。也就是说,在发展初期,建筑业总产出占 GNP 的比重不断增加,在成熟阶段该份额开始呈下降趋势。从长远来看,建筑业总产出会出现下降,故建筑业对经济增长的贡献不是确定的。Bon(1992;2000)利用建筑业的动态视图分析了美国、英国、日本、意大利、芬兰和爱尔兰等国不同发展阶段的建筑业对经济增长的贡献情况。Lopes,Ruddock 和 Ribeiro(2002)证明,当建筑增加值在 GDP 中所占比重为 4%—5%时,经济将进入一个持续增长的时期。Ruddock 和 Lopes(2006)通过研究 2003 年 75 个国家的数据发现,人均 GDP 处于同一水平的国家,建筑业增加值占 GDP 比重变化从 2%至 10%。Ruddock 和 Lopes(2006;2009)认为,在较为成熟的经济发展阶段,建筑业产出下降只是相对而言。也就是说,发达国家建筑业总产出仍然增加,只是增速相对经济增长速度较慢。Lewis(2009)在研究建筑业投入占固定资产形成比重时发现,1970—2006 年,发达国家的建筑业投入占固定资产形成的平均比重值在 26%左右,发展中国家在 23%左右。

国内研究成果

从建筑业与国民经济关系的角度进行的研究。魏新亚(2004)分析了中国建筑业在国民经济中的影响和地位以及当前我国建筑业的技术经济发展水平,并以美国建筑业发展水平和美国、日本的大型建筑企业相关指标为对照,比较了中国建筑业与国外先进水平的差距。贾洪(2008)构建了包括市场需求、技术进步、产业关联、规模和效益等指标在内的支柱产业评价指标体系,并对我国建筑业的支柱产业地位进行了分析。张丽英(2011)对辽宁省2001—2009年建筑业与经济增长关系进行实证研究。研究表明,辽宁省建筑业与经济增长依存关系显著,建筑业增加值每增加1元可带动GDP增长5.809元。

从建筑业发展角度进行的研究。邓飞等(2011)提出了建筑业的行业发展方向,并就我国建筑业改革提出建议。赵璇和张强(2013)利用柯布-道格拉斯生产函数和非线性BP神经网络对我国建筑业的发展趋势做了预测研究。张文剑(2014)从内部效率角度对我国建筑业的投入—产出模型进行了研究,对我国建筑业全要素生产率进行分析。陆宁等(2015)运用生产效率优化模型给出了2008—2012年我国30个省建筑业生产效率排名,把它们划分为生产有效、不足、低下三类。

从影响建筑业发展因素角度进行的研究。金维兴(2006)从外延和内涵角度分析了我国建筑业的经济增长,对建筑业增长的影响因素进行定量分析。刘丽萍、洪功翔和刘竹林(2011)利用投入三要素模型对安徽省建筑业1995—2009年经济增长各要素的贡献进行实证分析。结果显示,安徽省建筑业主要依靠市场需求扩张下的要素聚集推动,科技进步贡献小。许炳和朱海龙(2015)将建筑业分为竞争格局不同的两类,从经济性和行政性进入壁垒两方面阐释其形成原因。李忠富和刘世青(2015)从宏观和微观角度分析了劳动力短缺对我国建筑业的影响。分析认为,劳动力短缺一定程度上推动了建筑业生产方式的变革。

从国际竞争力的角度进行的研究。潘和平和段宗志(2009)运用SSM

法比较分析了我国中部五省建筑产业的结构,得出了中部五省建筑业整体发展水平不高且区域内发展不均衡的结论。郑海涛和任若恩(2010)利用超越对数生产函数,建立了以物量和价格表示的行业 TFP 的国际比较模型,并以中国和日本 1995 年 33 个行业为例,测算 TFP 水平的差距。陈文健(2011)运用波特钻石理论分析了我国建筑业在要素条件、需求条件、相关支持产业、企业战略结构和竞争以及机遇和政府六个方面的国际竞争力。李少林和肖兴志(2014)分析了人口城镇化率偏低与建筑业产业结构空间集聚不匹配问题,指出了城镇化与建筑业产业结构空间集聚联动的迫切性。张宇(2014)根据 2014 年度 ENR 国际承包商 250 强统计数据,从收入规模、盈亏水平、地区分布及行业领域等角度对国际承包企业的海外市场表现进行分析。

到目前为止,国内外学者已对建筑业在国民经济中的作用问题做了较为广泛的理论和实证研究,这些研究成果为本书的研究提供了铺垫。

国外关于建筑业在经济发展中的作用研究的理论和方法都较为成熟。相关研究可以归纳为以下四个方面的内容:一是剖析了建筑业发展的影响因素,论证了建筑业发展对国民经济增长的牵动作用;二是分析了建筑业与经济发展的互动关系,并从产业发展周期的角度考察了建筑业的产业成长规律;三是从产业结构角度论证了建筑业发展中存在的制度障碍;四是从产业结构调整的角度分析组织结构、经营结构、技术创新等对建筑业发展的宏观和微观影响。这些已有研究成果为我们研究建筑业在经济发展中的作用提供了很好的借鉴,但还要充分地注意把握研究背景上的差异,注意中国国情与西方成熟市场经济国家相比的特殊性和复杂性。归纳而言,国外的研究成果有如下特点:一是相关研究既有理论探讨,也有具体的实证检验;二是研究的针对性较强。但我们也发现,国外的相关研究成果大多是依托本国或本地区建筑业的纵向发展实际进行的研究,缺乏在横向上的比较分析。

相比而言,国内的相关研究起步较晚而且成果较少,已有研究成果可总结为以下几个方面的内容:一是建筑行业发展的现状及其影响因素研究;二是区域建筑业发展的非均衡性研究;三是建筑业发展的产业政策研究;四是建筑业产业增长研究。国内学者在理论和实证研究成果奠定了本书的理论基础和实践依据。国内研究存在的不足主要表现在:一是在研究方法上,多侧重于理论研究,利用统计等定量分析方法做实证研究的文献尚不多见;二是在数据的选取上,多数学者仅利用年度宏观数据对建筑业的发展特点进行描述,缺乏对建筑业普查数据的详细分类和归纳总结,致使对建筑业发展特点的归纳散而不详;三是关于建筑业在国民经济中支撑作用的实证检验颇为少见。当然,国内学者在研究中存在的不足,也为本书提供了研究视角和切入点。

1.2 本书的内容与特色

本书在利用第二次和第三次全国经济普查资料对我国建筑业发展现状与特点作全景式描述的基础上,归纳了我国建筑业在发展中存在的优势与不足;论证了建筑业在我国国民经济发展中的支撑作用及未来潜力;分析了建筑业在我国经济发展中起支撑作用的必然性及困难性;提出了促进我国建筑业持续稳定发展的政策路径。主要从以下四个切入点入手:

一、归结我国建筑业发展的优势与问题。利用全国经济普查资料,对我国建筑业发展的特点与问题做出全景式描述。(1)全国和地区层面的建筑业发展特点。包括企业法人单位数量及性质、就业、产值、房屋竣工面积、资产及所有者权益、工程结算收入及利润等情况及分布特点。(2)通过全景式描述,归结我国建筑业发展中存在的问题并提出对策建议。

二、认识建筑业在我国经济发展中发挥支撑作用的必然性及困难性。从发达国家建筑业的发展历程、经济发展阶段及建筑业自身特点等角度,论证建筑业在我国经济发展中发挥支撑作用的客观条件及必然性。我国建筑业具有成为支柱产业的客观条件,但要发挥支撑作用仍需克服不少困难。本书根据第二次和第三次全国经济普查资料并结合建筑业发展的国际实践,深入探讨建筑业在我国经济发展中发挥重要作用所存在的困难。

三、探求建筑业在我国经济发展中发挥作用的现状与趋势。采用横向比较与纵向分析相结合的方法,通过与美国、OECD、日本和新加坡等国的对比分析,揭示建筑业发展的一般规律和潜力,进而从历史、现实及未来层面探讨建筑业在我国经济发展中的作用,展望未来的发展趋势。

四、探寻我国建筑业在国际竞争中的优势与不足,寻求增强国际竞争力的路径。通过对国际工程承包市场、国际建筑市场结构和竞争情况占世界承包工程比例、建筑业投资额占 GDP 比重、建筑业劳动生产率等与 OECD 国家、美国等对比分析,明确我国建筑业在国际建筑业中的地位及在国际竞争中的优势和劣势。在此基础上,借鉴国外经验,从理顺市场竞争秩序、促进专业化和分工协作等方面提出可操作性的促进我国建筑业发展的对策建议。

本书的研究特色有以下几点:

(1)凸显中外对比研究的特色。已有文献重点分析了我国建筑业的支柱产业地位及其存在的问题,研究结果大同小异。但如何让我国建筑业的支柱产业地位实至名归,仍然是进一步研究的重点。目前,国内研究少有与其他国家,特别是发达国家做对比进行分析,本书从中外对比分析入手,通过定位中国建筑业所处发展阶段及在经济发展不同阶段所发挥的作用,归结我国建筑业存在的问题,提出立足于中国本土化的行业发展建议。可以说,本书对于我国建筑业提高国际竞争力来说,具有重要的理论意义和参考价值。

(2)重视政策可行性的评估。基于不同理论与角度所提出的政策建议各有侧重,由此政策可行性评估的必要性及重要性日益凸显。本书加强了这方面的研究,这对于通过政策促进我国建筑业的国际市场竞争力有重要的现实意义。

(3)注重宏观分析和中观分析的结合。本书在对建筑业发展进行宏观研究的同时,又具体分析了地区建筑业发展的特点,使宏观分析和中观分析得到了较好的结合。

(4)比较地区建筑业发展差异时注重多种方法的综合应用。本书多角度地利用多种统计分析方法验证了地区建筑业发展的趋同性与异构性是以往的研究中少有的。

在研究中,本书坚持理论性与实用性相结合、全国与地区性研究相结合、定性与定量方法相结合,研究中既有理论分析,也有方法应用。

通过文献梳理,遵循系统分析的思路,强调用系统的思想指导布局谋篇以及考察研究对象,保证了本书结构的严谨性。同时,广泛使用方法论上的比较以及建筑业发展的横向与纵向比较。既以现代经济计量和统计分析方法的定量化研究为主,又通过合理的定性分析;既有普查年度的截面分析,也有对建筑业发展的时序分析;既有对建筑业发展现状与未来趋势的实证描述,又有地区差异分析和具体的政策建议。

第2章 我国建筑业发展的现状与特点

建筑业的兴衰对我国经济发展的作用是举足轻重的。近年来,中国建筑业取得了长足进步,建筑业的整体实力得到明显增强。为展示中国建筑业的发展特点,本章着重利用第二次和第三次全国经济普查数据,从中国建筑业发展现状出发,对建筑业发展作全景式描述和归结。

2.1 全国层面的建筑业发展现状与特点的归结

2.1.1 我国建筑业总体情况

2.1.1.1 总体规模明显扩大

第二次和第三次全国经济普查时点下我国建筑业的规模如图2-1所示。由图2-1可见,我国建筑业的整体规模明显扩大。与2008年相比,2013年,建筑业企业法人单位34.8万个,增长53.2%。从业人员由2008

年的 3 907. 0 万人上升到 2013 年的 5 320. 7 万人,增长 36. 2%。资产总计
167 616. 5 亿元,比 2008 年末增长 180. 9%。

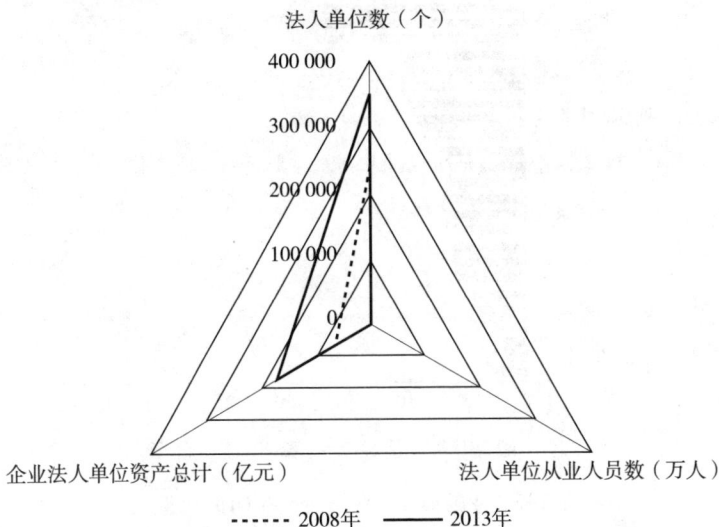

图 2-1　我国第二次和第三次经济普查建筑业规模雷达图

数据来源:第二、三次全国经济普查数据,国家统计局网站。

2.1.1.2　建筑业增加值占 GDP 比重趋于稳定

图 2-2 为我国部分行业增加值占 GDP 的比重。由图 2-2 可见,在传统产业①中,建筑业增加值比重一直低于工业、农林牧渔业、批发和零售业。2013 年,金融业增加值比重首次超过了建筑业。2013 年,建筑业增加值占 GDP 比重为 6.9%,与 2012 年持平。近五年来,建筑业增加值占 GDP 比重一直保持稳定且缓慢上升的趋势。这也一定程度上预示,随着国家产业调整和对新兴产业扶持力度加大,作为传统行业的建筑业很难长期保持快速

---

①　传统产业是指以传统技术进行生产和服务的产业,包括工业、农业和第三产业的一部分。

发展的势头。

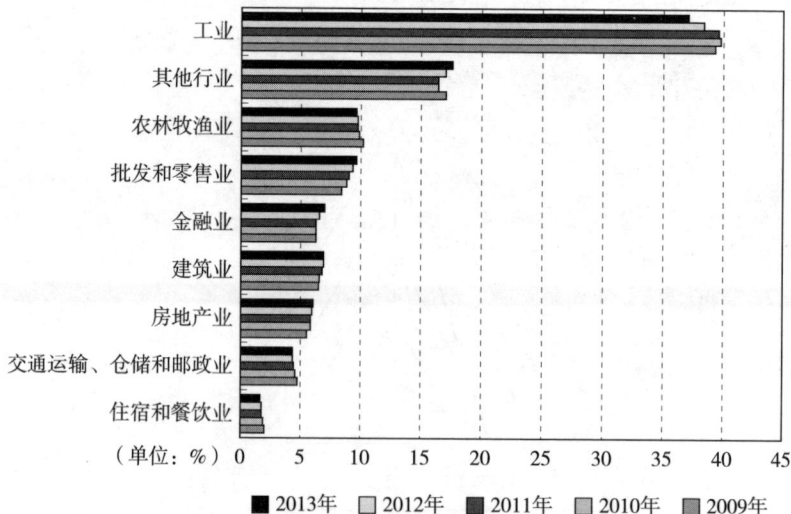

图 2-2　我国部分行业增加值占 GDP 比重

数据来源：http://data.stats.gov.cn。

2.1.1.3　建筑业对外开放度不高

由于国家政策和行业壁垒等原因,我国建筑业实际利用外商投资额一直处于较低水平。图 2-3 为我国部分行业实际利用外商直接投资金额对比图。由图 2-3 可见,2013 年,建筑业外商实际利用直接投资额为 121 983亿美元,略高于住宿和餐饮业,明显低于制造业、房地产、批发和零售业等。尤其是制造业,其外商实际利用直接投资额约为建筑业的 37 倍。

图 2-4 为两次全国经济普查时点下我国部分行业外商实际利用直接投资额的变化情况。由图 2-4 可见,在两次全国经济普查期间,建筑业外商实际利用直接投资额增长 11.6%,远低于金融业的 307% 及批发和零售业的150.7%。可见,建筑业对外开放程度不高,外资较难进入我国建筑业。

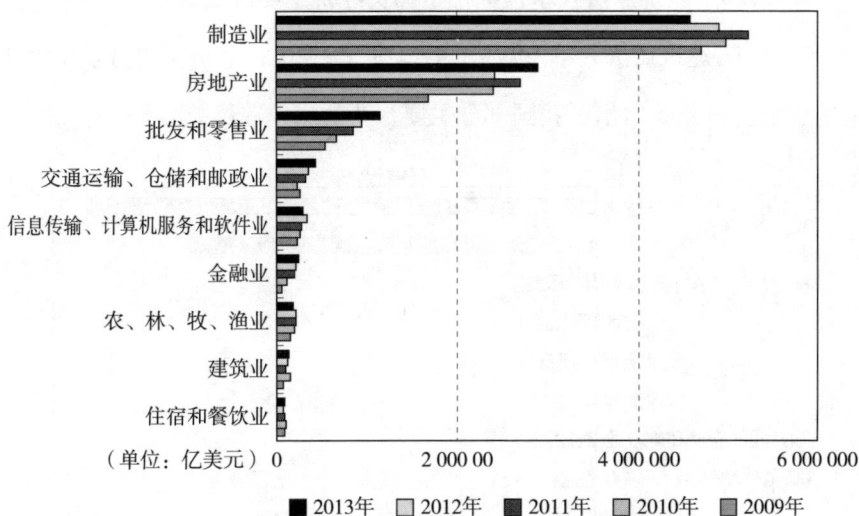

图 2-3　部分行业外商实际利用直接投资金额对比图

数据来源：http://data.stats.gov.cn。

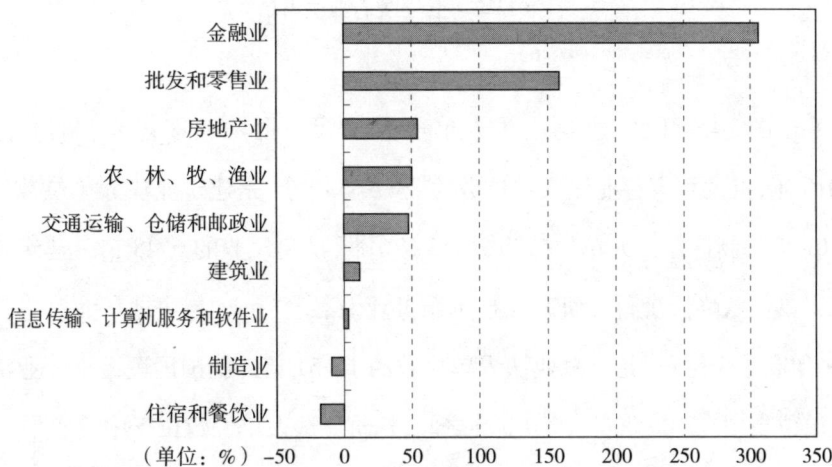

图 2-4　两次经济普查时点下部分行业外商实际利用直接投资额变化

数据来源：http://data.stats.gov.cn。

2.1.1.4　建筑业法人单位数位于国民经济主要行业的中等水平

2013 年,建筑业法人单位数为 347 519 个,在国民经济主要行业中处于中等水平。图 2-5 给出了我国部分主要行业的法人单位数。

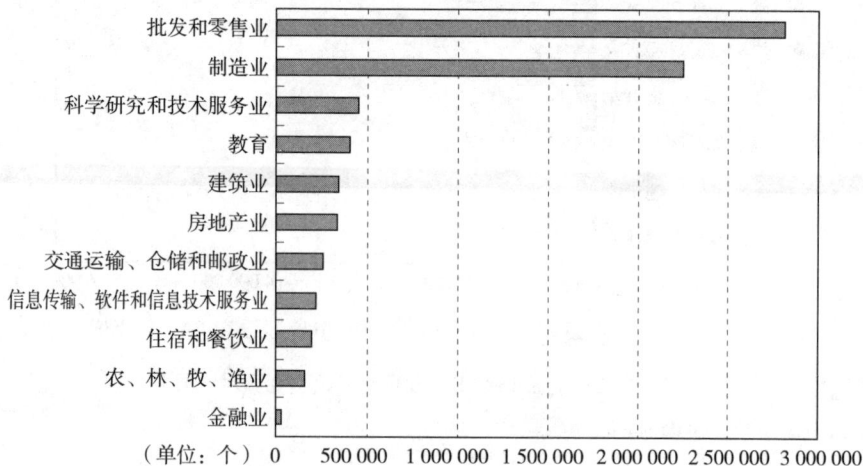

图 2-5　2013 年我国主要行业法人单位数

数据来源:http://data.stats.gov.cn。

由图 2-5 可见,建筑业法人单位数远低于批发和零售业、制造业。2013 年,批发和零售业法人单位数为 2 810 531 个,是建筑业法人单位数的8.09 倍。制造业法人单位数为 2 252 676 个,是建筑业的 6.48 倍。建筑业法人单位数略低于科学研究和技术服务业及教育行业,与房地产业基本持平,但高于金融业,是金融业法人单位数的 11.51 倍。我国国民经济行业法人单位集中在 100 000—500 000 之间,建筑业法人单位数位于中等水平。

2.1.1.5　建筑业从业人数仅低于制造业

观察图 2-6 可见,2013 年,建筑业从业人数为 5 320.7 万人,占全部行业从业人数的 14.94%,仅低于制造业,制造业从业人数占全部行业从业人数的 35.15%。制造业和建筑业的从业人数占全部行业从业人数的一半，他们为社会提供了大量的工作岗位。除上述两个行业外，仅批发和零售业，公共管理、社会保障和社会组织两大类行业从业人数高于 2 000 万人，其他行业的从业人数主要集中在 1 000 万人以下。可见，建筑业对全社会就业的影响较大。

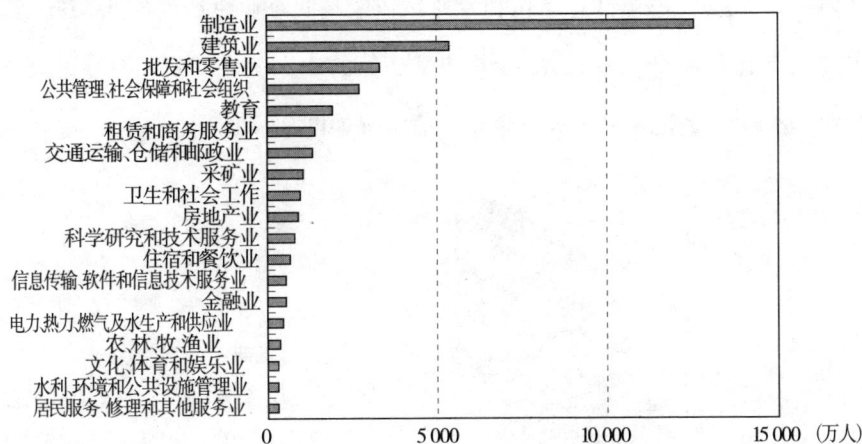

图 2-6 2013 年部分行业从业人员数

2.1.2 建筑业生产情况

2.1.2.1 房屋建筑业产值占总承包和专业承包建筑业总产值的比重最高

第三次全国经济普查数据显示，2013 年末，我国总承包和专业承包建筑业企业完成房屋建筑业产值最高，为 102 749 亿元，占全部总承包和专业承包建筑业企业总产值的 64.1%。其中竣工产值为 65 052.48 亿元，占总竣工产值的 69.44%。总承包和专业承包建筑业企业完成土木工程建筑业产值 40 057 亿元,占全部总承包和专业承包建筑业企业总产值的 25.0%。其中竣工产值 18 437.12 亿元,占总竣工产值的 19.68%。总承包和专业承包建筑业企业完成建筑安装业产值 9 503 亿元,占全部总承包和专业承包建筑业企业总产值的 5.7%。其中竣工产值为 5 212.11 亿元,占总竣工产值的 5.56%。总承包和专业承包建筑业企业完成建筑装饰和其他建筑业产值 7 486 亿元,占全部总承包和专业承包建筑业企业总产值的 5.3%。其中竣工产值为 4 974.46 亿元,占总竣工产值的 5.31%。2013 年末,我国分行业总承包和专业承包建筑业企业产值情况如图 2-7 所示。

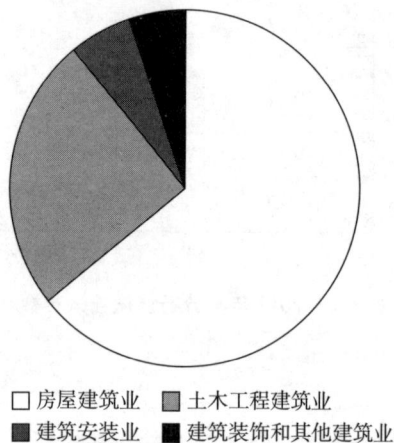

图 2-7　2013 年末分行业总承包和专业承包建筑业企业产值

数据来源:第三次经济普查主要数据,国家统计局网站。

2.1.2.2　铁路、道路、隧道和桥梁工程建筑产值占土木工程产值一半多

2013 年末,各行业总承包和专业承包建筑业细分行业的产值情况如图 2-8 所示。

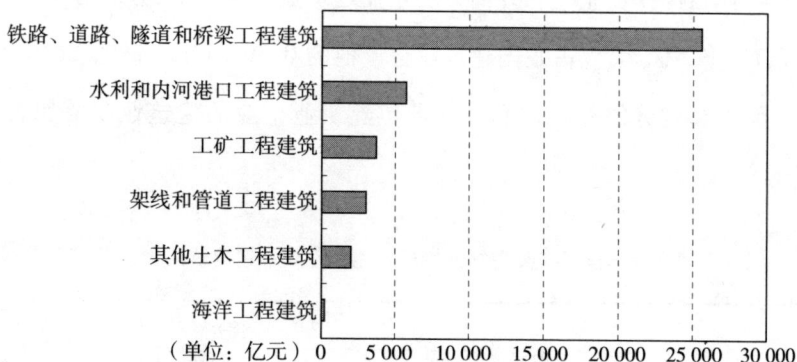

图 2-8　2013 年末各行业总承包和专业承包建筑业细分行业的产值

数据来源：第三次经济普查主要数据，国家统计局网站。

由图 2-8 可见，土木工程建筑业产值是除房屋建筑业外，占全部总承包和专业承包建筑业企业总产值比重最高的行业。在该行业中，铁路、道路、隧道和桥梁工程建筑产值最高，为 25 565.05 亿元，比重超过土木工程建筑业产值的一半。其次是水利和内河港口工程建筑，产值为 5 725.96 亿元。土木工程细分行业中，工矿工程建筑、架线和管道工程建筑、海洋工程建筑企业产值相对较少，分别为 3 722.38 亿元、3 011.52 亿元和 20.90 亿元。

2.1.2.3　建筑业总产值主要来自内资企业

2013 年末，我国内资总承包和专业承包建筑业企业建筑业产值为 159 136.38 亿元，占总承包和专业承包建筑业企业建筑业总产值的 99.23%。其中国有建筑企业建筑业产值为 20 739.02 亿元，占内资总承包和专业承包建筑业企业建筑业产值的 13.03%，集体建筑企业建筑业产值为 4 525.68 亿元，占内资总承包和专业承包建筑业企业建筑业产值的 2.84%。可见，非国有和集体建筑企业是我国建筑业的主要力量。

港澳台商投资企业和外商投资企业建筑业产值较低,分别为 621.96 亿元和 607.72 亿元,仅占我国建筑业总产值的 0.39% 和 0.38%。2013 年末,按经济类型划分的总承包和专业承包建筑业企业的建筑业产值如表 2-1 所示。

表 2-1　按经济类型划分的总承包和专业承包建筑业企业产值

指　标	合计	内资企业	国有	集体	港澳台商投资企业	港澳台商独资企业	外商投资企业	外商独资企业
建筑业总产值/亿元	160 366.06	159 136.38	20 739.02	4 524.68	621.96	70.95	607.72	251.44

数据来源:第三次经济普查主要数据,国家统计局网站。

2.1.2.4　房屋建设以住宅建设为主

由图 2-9 与图 2-10 可见,2013 年末,我国各行业总承包和专业承包建筑业企业的房屋建筑竣工面积为 401 521 万平方米。其中房屋建筑业的总承包和专业承包建筑业企业的房屋建设竣工面积为 379 817 万平方米。在房屋建筑业中,总承包和专业承包建筑业企业住宅房屋竣工面积为 255 350 万平方米,占整个总承包和专业承包建筑业企业房屋建筑业竣工面积的 67.23%,总承包和专业承包建筑业企业住宅房屋竣工价值 36 537.72 亿元,远高于厂房及建筑物等其他行业。

2.1.2.5　外商投资总承包和专业承包建筑业生产效率高于内资企业

2013 年末,内资总承包和专业承包建筑业企业几乎占据我国建筑业市场的全部份额,其房屋建筑施工面积及竣工面积分别为 1 127 167.43 万平方米和 399 922.77 万平方米,远高于港澳台投资企业和外商投资企业。其

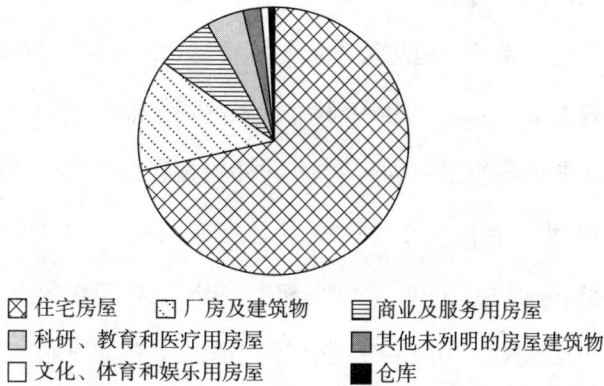

図例：
☒ 住宅房屋　　　　　　▣ 厂房及建筑物　　　　　▤ 商业及服务用房屋
▨ 科研、教育和医疗用房屋　　　　　▨ 其他未列明的房屋建筑物
□ 文化、体育和娱乐用房屋　　　　　■ 仓库

图 2-9　2013 年按主要用途分的各行业总承包和专业承包企业房屋建筑竣工面积

数据来源：第三次经济普查主要数据，国家统计局网站。

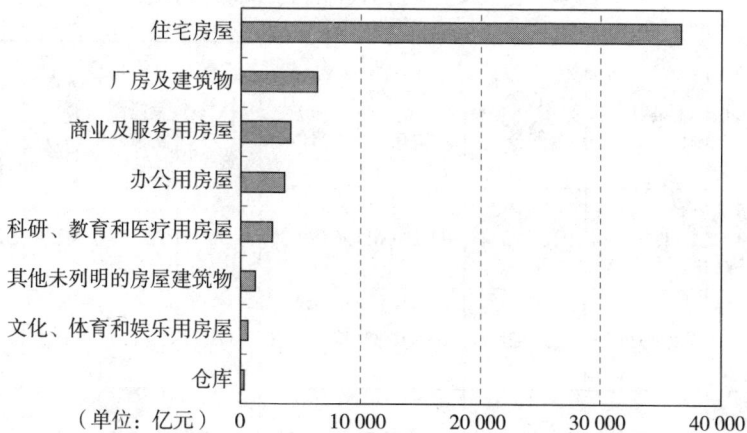

图 2-10　2013 年按主要用途分的建筑业企业房屋建筑竣工价值

中国有总承包和专业承包建筑业企业的房屋建筑施工面积及竣工面积分别为 107 280.61 万平方米和 25 392.82 万平方米，占内资总承包和专业承包建筑业企业房屋建筑施工面积及竣工面积比重分别为 9.52% 和 6.35%。可见，非国有和集体内资总承包和专业承包建筑业企业是促进我国建筑业

进一步发展的主要力量。

从总承包和专业承包建筑业企业房屋建筑面积竣工率来看,外商投资企业房屋建筑面积竣工率为 39.8%,高于内资企业的平均水平。外商独资企业房屋建筑面积竣工率达到 49.9%,外商投资企业的生产效率较高。国有内资企业、港澳台商投资企业,尤其是港澳台商独资企业的房屋建筑面积竣工率较低,分别为 23.7%、29.1% 和 12.4%,这些建筑业企业的生产效率低于全国平均水平。2013 年末,按经济类型划分的总承包和专业承包建筑业企业房屋建筑施工和竣工情况如表 2-2 所示。

表 2-2　按经济类型划分的总承包和专业承包
建筑业企业房屋建筑施工和竣工情况

指　标	合计	内资企业	国有	集体	港澳台商投资企业	港澳台商独资企业	外商投资企业	外商独资企业
房屋建筑施工面积/万平方米	1 132 002.86	1 127 167.43	107 280.61	36 030.30	3 052.97	224.03	1 782.46	702.27
房屋建筑竣工面积/万平方米	401 520.93	399 922.77	25 392.82	17 500.18	888.77	27.86	709.39	350.32
房屋建筑面积竣工率/%	35.5	35.5	23.7	48.6	29.1	12.4	39.8	49.9

数据来源:第三次经济普查主要数据,国家统计局网站。

2.1.2.6　海洋工程建筑业生产效益高于建筑业其他行业

从生产效益指标来看,总承包和专业承包建筑业企业在房屋建筑业上规模较大,企业有 33 532 个,占所有总承包和专业承包建筑业企业个数的

42.49%。人均施工面积303.3平方米/人,人均竣工面积107.4平方米/人,超过建筑业的其他行业。可见,房屋建筑业的生产规模较大、劳动力投入较高。但他们的劳动生产率和人均竣工产值仅为290 572元/人和183 968元/人,低于全行业平均水平的319 039元/人和186 363元/人。

土木工程建筑业中的海洋工程建筑业,虽然总承包和专业承包建筑业企业仅13个,行业生产规模和劳动力投入都不大,但劳动生产率和人均竣工产值分别达到891 215元/人和646 370元/人,远高于建筑业的其他细分行业。这在一定程度上表明,海洋工程建筑业具有较大的发展潜力。2013年末,各行业总承包和专业承包建筑业企业主要生产效益如表2-3所示。

表2-3 2013年末各行业总承包和专业承包建筑业企业生产效益

行 业	建筑业企业个数/个	计算劳动生产率的平均人数/人	按总产值计算的劳动生产率/(元/人)	人均竣工产值/(元/人)	人均施工面积/(平方米/人)	人均竣工面积/(平方米/人)
总 计	78 919	50 265 393	319 039	186 363	225.2	79.9
房屋建筑业	33 532	35 360 834	290 572	183 968	303.3	107.4
土木工程建筑业	16 132	9 790 001	409 158	188 326	42.4	14.3
铁路、道路、隧道和桥梁工程建筑	8 066	5 922 553	431 656	188 401	32.9	11.6
架线和管道工程建筑	2 491	760 637	395 920	234 423	11.7	5.9
其他土木工程建筑	2 456	761 488	264 053	173 948	125.6	42.7
水利和内河港口工程建筑	2 075	1 305 529	438 593	177 256	25.6	8.8
工矿工程建筑	1 031	1 037 449	358 801	177 549	79.5	22.3
海洋工程建筑	13	2 345	891 215	646 370	21.3	19.1
建筑安装业	12 441	2 576 760	354 267	202 274	55.4	24.3
建筑装饰和其他建筑业	16 814	2 537 798	332 267	196 015	14.6	5.6

数据来源:第三次经济普查主要数据,国家统计局网站。

2.1.2.7　土木工程建筑业技术和动力装备率高于其他细分行业

2013 年末,在房屋建筑业,总承包和专业承包建筑业企业自有施工机械设备总台数和自有施工机械设备总功率分别为 7 649 128 台和 140 256 972 千瓦,占全行业总承包和专业承包建筑业企业自有施工机械设备总台数和自有施工机械设备总功率半数份额以上。其技术装备率和动力装备率为 7 853 元/人和 4.3 千瓦/人,远低于土木工程建筑业的 39 250 元/人和 11.4 千瓦/人。

土木工程建筑业自有施工机械设备总台数和自有施工机械设备总功率分别为 2 301 658 台和 89 800 285 千瓦。其中铁路、道路、隧道和桥梁工程建筑业的自有施工机械设备总台数、自有施工机械设备总功率和自有施工机械设备净值高于土木工程建筑业中的其他细分行业。

在动力装备率方面,海洋工程建筑业最高,为 21.2 千瓦/人,远高于建筑业的其他行业。整体来看,土木工程建筑业的施工机械设备情况较好。2013 年,各行业总承包和专业承包建筑业企业施工机械设备情况如表 2-4 所示。

表 2-4　2013 年各行业总承包和专业承包建筑业企业施工机械设备情况

行　业	年末自有施工机械设备总台数/台	年末自有施工机械设备总功率/千瓦	年末自有施工机械设备净值/万元	技术装备率/（元/人）	动力装备率/（千瓦/人）
总　　计	11 467 280	254 239 766	60 941 736	13 458	5.6
房屋建筑业	7 649 128	140 256 972	25 752 786	7 853	4.3
土木工程建筑业	2 301 658	89 800 285	30 804 348	39 250	11.4

续表

行 业	年末自有施工机械设备总台数/台	年末自有施工机械设备总功率/千瓦	年末自有施工机械设备净值/万元	技术装备率/(元/人)	动力装备率/(千瓦/人)
铁路、道路、隧道和桥梁工程建筑	1 015 329	50 117 457	21 937 054	48 199	11
水利和内河港口工程建筑	452 368	16 898 134	5 014 024	45 104	15.2
海洋工程建筑	175	50 059	30 256	128 420	21.2
工矿工程建筑	361 868	10 690 316	2 110 085	23 653	12
架线和管道工程建筑	346 706	6 995 671	902 406	12 675	9.8
其他土木工程建筑	125 212	5 048 648	810 523	14 003	8.7
建筑安装业	883 192	13 479 519	2 236 562	9 337	5.6
建筑装饰和其他建筑业	633 302	10 702 990	2 148 039	9 559	4.8

数据来源:第三次经济普查主要数据,国家统计局网站。

2.1.2.8 国有总承包和专业承包企业施工机械设备优于其他类型建筑业企业

内资企业的生产规模较大,其施工设备优于港澳台商投资企业和外商投资企业。在内资企业中,国有企业的技术装备率和动力装备率分别为 22 476 元/人和 8.2 千瓦/人,高于内资企业的平均水平 13 497 元/人和 5.6 千瓦/人。2013 年,按经济类型划分的总承包和专业承包建筑业企业施工机械设备情况如表 2-5 所示。

表 2-5 按经济类型划分的总承包和专业承包
建筑业企业施工机械设备情况

指　标	合计	内资企业	国有	集体	港澳台商投资企业	港澳台商独资企业	外商投资企业	外商独资企业
自有施工机械设备总台数/万台	1 146.73	1 142.06	107.65	62.10	2.61	0.32	2.07	0.71
自有施工机械设备净值/亿元	6 094.17	6 076.08	871.32	144.54	11.98	0.84	6.11	1.07
自有施工机械设备总功率/万千瓦	25 423.98	25 311.07	3 164.04	849.09	57.75	5.03	55.16	19.64
技术装备率/(元/人)	13 458	13 497	22 476	7 727	7 280	6 546	6 024	3 053
动力装备率/(千瓦/人)	5.6	5.6	8.2	4.5	3.5	3.9	5.4	5.6

数据来源:第三次经济普查主要数据,国家统计局网站。

2.1.3　建筑业企业经营情况

2.1.3.1　总承包和专业承包企业的房屋建筑业收入占行业半数以上

从各行业总承包和专业承包建筑业企业营业额情况来看,房屋建筑业的营业额为 143 657.23 亿元,占各行业总承包和专业承包建筑业企业总营业额的一半以上,达 69%。其次是土木工程建筑业,营业额为 45 335.96 亿元,占各行业总承包和专业承包建筑业企业总营业额的 22%。在土木工程建筑业中,总承包和专业承包建筑业企业在铁路、道路、隧道和桥梁工程建筑的营业额为 27 380.43 亿元,占细分行业的 13%。

此外,建筑安装业的营业额为 9 999.09 亿元,占各行业总承包和专业承包建筑业企业总营业额的 5%,建筑装饰和其他建筑业的营业额为

9 075.88 亿元,占各行业总承包和专业承包建筑业企业总营业额的 4%。2013 年,各行业总承包和专业承包建筑业企业营业额情况如图 2-11 所示。

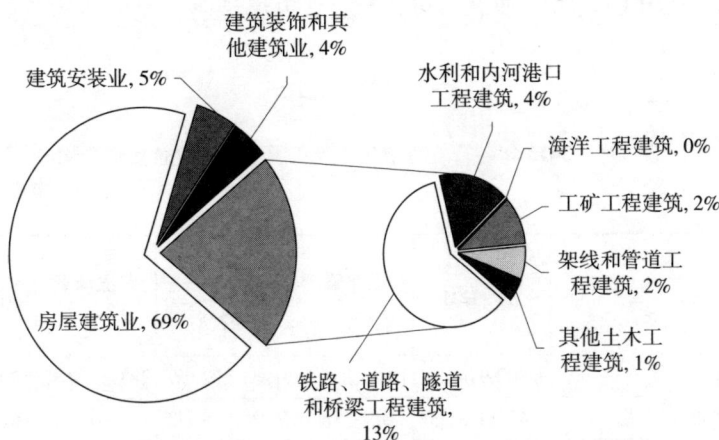

图 2-11 2013 年各行业总承包和专业承包建筑业企业营业额情况

数据来源:第三次经济普查主要数据,国家统计局网站。

2.1.3.2 总承包和专业承包企业流动资产比重较高

从总承包和专业承包建筑业企业的总资产看,建筑业的细分行业——房屋建筑业、土木工程建筑业、建筑安装业、建筑装饰和其他建筑业的资产合计分别为 653 488 332 万元、477 574 785 万元、95 025 385 万元和 74 855 970 万元,房屋建筑业的资产总量高于建筑业的其他细分行业。

从资产构成看,四个细分行业的流动资产占总资产的比重都超过了 50%,尤其是建筑装饰和其他建筑业,流动资产 60 260 356 万元,占总资产的 80.50%。

整个建筑业非流动资产合计 283 558 682 万元,仅占总资产的 21.8%。其中固定资产 130 470 398 万元,占非流动资产的 46%。部分细分行业的这一比例超过了 50%,如工矿工程建筑、架线和管道工程建筑、其他土木工程建筑、建筑安装业。

可见,在总承包和专业承包建筑业企业的非流动资产中,固定资产的比重较高。2013 年,各行业总承包和专业承包建筑业企业资产构成如表 2-6 所示。

表 2-6　2013 年各行业总承包和专业承包建筑业企业资产构成

（单位:万元）

行　业	资产合计	流动资产合计	存货	非流动资产合计	固定资产合计
总　计	1 300 944 471	1 017 385 789	231 272 275	283 558 682	130 470 398
房屋建筑业	653 488 332	521 683 167	120 975 885	131 805 165	61 423 881
土木工程建筑业	477 574 785	359 554 315	82 132 498	118 020 471	51 015 167
铁路、道路、隧道和桥梁工程建筑	300 045 624	228 144 216	50 797 998	71 901 408	271 800 54
水利和内河港口工程建筑	76 317 842	50 846 062	11 262 957	25 471 779	12 554 558
海洋工程建筑	677 821	493 029	67 281	184 792	57 781
工矿工程建筑	43 586 309	33 815 716	7 549 692	9 770 592	5 172 392
架线和管道工程建筑	37 512 895	30 503 414	8 817 959	7 009 481	3 972 895
其他土木工程建筑	19 434 296	15 751 877	3 636 613	3 682 419	2 077 487
建筑安装业	95 025 385	75 887 951	17 360 037	19 137 434	10 042 579
建筑装饰和其他建筑业	74 855 970	60 260 356	10 803 855	14 595 613	7 988 772

数据来源:第三次经济普查主要数据,国家统计局网站。

2.1.3.3　海洋工程建筑经济效益优于建筑业其他行业

从建筑业企业经济效益看,虽然总承包和专业承包建筑业企业在海洋工程建筑行业的资产负债率较高,达到 73.9%,仅次于工矿工程建筑,但其产值利润率、产值利税率、资本利润率、人均利润、人均利税都高于其他行业。

从整体来看,海洋工程建筑的经济效益高于建筑业的其他行业。总产值最高的房屋建筑业在产值利润率、产值利税率、人均利润、人均利税均低于行业平均水平,其产值利润率仅占海洋工程建筑的21.88%。2013年,各行业总承包和专业承包建筑业企业主要经济效益情况如表2-7所示。

表2-7　2013年各行业总承包和专业承包建筑业企业主要经济效益情况

行　业	产值利润率/%	产值利税率/%	资本利润率/%	资本利税率/%	人均利润/(元/人)	人均利税/(元/人)	资产负债率/%
总　计	3.8	7.0	25.2	46.9	12 094	22 483	67.6
房屋建筑业	3.5	6.7	28.5	54.8	10 144	19 518	66.0
土木工程建筑业	4.1	7.5	22.1	40.0	16 927	30 678	71.6
铁路、道路、隧道和桥梁工程建筑	3.8	7.2	21.4	40.5	16 326	30 909	71.9
水利和内河港口工程建筑	5.3	8.8	23.5	38.8	23 387	38 629	70.6
海洋工程建筑	16.0	20.6	38.7	49.9	142 293	183 507	73.9
工矿工程建筑	3.7	6.8	21.4	39.6	13 265	24 504	75.6
架线和管道工程建筑	4.5	7.8	22.6	38.7	17 960	30 743	72.2
其他土木工程建筑	5.3	8.8	24.8	40.8	14 094	23 122	60.7
建筑安装业	4.5	7.6	19.3	32.9	15 868	26 956	64.9
建筑装饰和其他建筑业	5.1	8.3	22.9	37.7	16 791	27 643	60.0

数据来源:第三次经济普查主要数据,国家统计局网站。

2.1.4　建筑业企业的财务效益情况

2.1.4.1　总承包和专业承包企业收入费用中房屋建筑业占主要份额

2013年,总承包和专业承包建筑业企业在房屋建筑业行业中主营业务收入为914 923 174万元,占总收入的60.55%。其他业务收入6 467 246万元、管理费用21 328 462万元,高于其他行业。这从财务效益方面说明了房屋建筑业在整个建筑业中的重要地位。其次是土木工程建筑业,其主营业务收入为420 033 358万元,其他业务收入4 795 672万元,管理费用16 338 782万元,分别占行业主营业务收入的27.80%,其他业务收入的35.05%,管理费用的34.39%。

在土木工程建筑业中,铁路、道路、隧道和桥梁工程建筑的主营业务收入、其他业务收入、管理费用分别为261 558 676万元、1 803 652万元、8 936 253万元,高于土木工程建筑业中的其他细分行业。2013年,各行业总承包和专业承包建筑业企业收入费用情况如表2-8所示。

表2-8 各行业总承包和专业承包建筑业企业收入费用情况

行业	主营业务收入/万元	其他业务收入/万元	管理费用/万元
总　计	1 510 980 511	13 680 464	47 508 936
房屋建筑业	914 923 174	6 467 246	21 328 462
土木工程建筑业	420 033 358	4 795 672	16 338 782
铁路、道路、隧道和桥梁工程建筑	261 558 676	1 803 652	8 936 253
水利和内河港口工程建筑	62 132 209	461 022	2 237 120
海洋工程建筑	304 796	5 106	10 153
工矿工程建筑	42 778 727	1 182 558	1 795 952
架线和管道工程建筑	32 910 353	638 798	2 514 699
其他土木工程建筑	20 348 597	704 538	844 606
建筑安装业	93 437 841	1 777 415	5 641 284
建筑装饰和其他建筑业	82 586 139	640 132	4 200 409

数据来源:第三次经济普查主要数据,国家统计局网站。

2.1.4.2　铁路、道路、隧道和桥梁工程建筑业的利润份额最高

2013 年,各行业中总承包和专业承包建筑业企业在房屋建筑业行业中所得利润为 35 871 596 万元,是总利润的 59.01%,比重最高。土木工程建筑业利润为 16 571 049 万元,占总利润的 27.26%,位居第二。建筑安装业及建筑装饰和其他建筑业利润分别为 4 088 787 万元和 4 261 115 万元,比重分别为 6.73% 和 7.01%。2013 年,各行业总承包和专业承包建筑业企业的利润情况如图 2-12 所示。

（单位：万元）

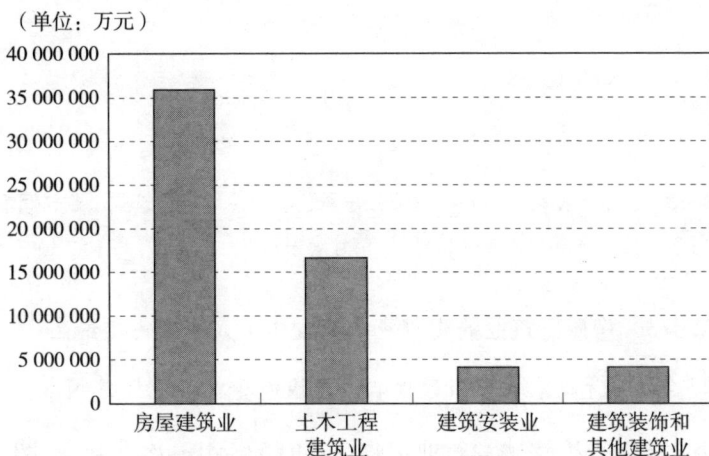

图 2-12　2013 年各行业总承包和专业承包建筑业企业的利润情况

数据来源:第三次经济普查主要数据,国家统计局网站。

从 2013 年土木工程行业中各行业细分总承包和专业承包建筑业企业利润情况看,铁路、道路、隧道和桥梁工程建筑业所得利润为 9 668 977 万元,占土木工程行业的 58.35%,比重最大;水利和内河港口工程建筑业利润为 3 053 198 万元,占 18.42%,位居第二;海洋工程建筑业利润为 33 368 万元,占 0.2%,比重最小。2013 年,土木工程行业中各行业细分总承包和

专业承包建筑业企业的利润情况如图 2-13 所示。

（单位：万元）

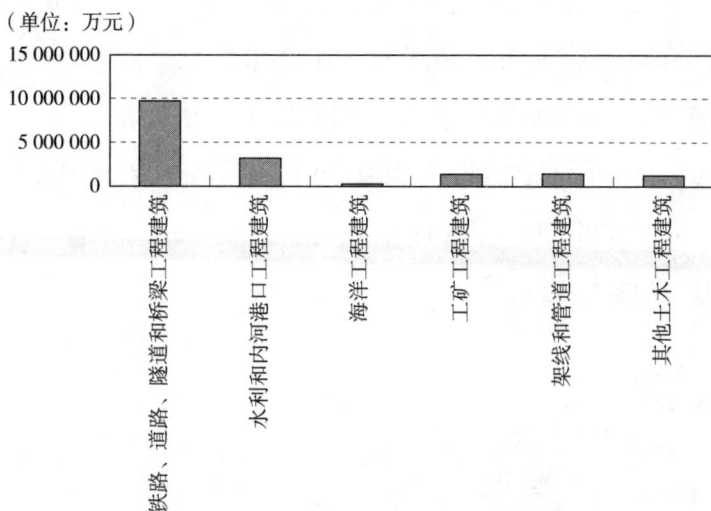

图 2-13　土木工程行业中各行业细分总承包和专业承包建筑业企业利润情况
数据来源：第三次经济普查主要数据，国家统计局网站。

2.1.4.3　房屋建筑业的实收资本组成中个人资本占比最高

2013 年，各行业总承包和专业承包建筑业企业在房屋建筑业的实收资本为 126 043 202 万元，占总行业实收资本的 52.34%，比重最高。在房屋建筑业实收资本构成中，个人资本为 65 163 633 万元，比重 51.70%，比重最大。土木工程建筑业的实收资本为 75 046 173 万元，占总行业实收资本的 31.16%，位居第二。在土木工程建筑业实收资本构成中，法人资本为 27 464 792 万元，比重为 36.60%，个人资本和国家资本比重分别为 30.52% 和 28.90%，三者解释了土木工程建筑业的绝大部分资本份额。海洋工程建筑业实收资本为 86 219 万元，占总行业实收资本的 0.04%，比重最小。在海洋工程建筑业实收资本构成中，包括国家资本、法人资本和个人资本，其中法人资本为 57 621 万元,占海洋工程建筑业的 66.83%。2013 年,各行业总承包和专业承包建筑业企业实收资本如表 2-9 所示。

表 2-9　2013 年各行业总承包和专业承包建筑业企业实收资本

(单位:万元)

行　业	合　计	国家资本	集体资本	法人资本	个人资本	港澳台资本	外商资本
总　计	240 837 729	37 602 118	11 835 070	80 372 581	109 531 004	827 958	668 997
房屋建筑业	126 043 202	12 686 394	6 989 057	40 749 793	65 163 633	180 937	273 389
土木工程建筑业	75 046 173	21 690 330	2 819 733	27 464 792	22 902 531	85 174	83 613
铁路、道路、隧道和桥梁工程建筑	45 187 307	13 461 364	1 162 465	15 612 387	14 885 781	41 796	23 514
水利和内河港口工程建筑	12 983 204	4 219 832	308 711	5 857 795	2 581 266	4 897	10 703
海洋工程建筑	86 219	500	—	57 621	28 097	—	—
工矿工程建筑	6 425 609	2 329 984	133 259	2 717 614	1 214 995	11 986	17 771
架线和管道工程建筑	6 045 049	1 226 732	1 073 165	1 973 891	1 736 981	13 956	20 325
其他土木工程建筑	4 318 785	451 918	142 133	1 245 485	2 455 410	12 539	11 300
建筑安装业	21 135 186	2 386 444	1 464 392	6 266 476	10 679 668	164 770	173 437
建筑装饰和其他建筑业	18 613 169	838 952	561 888	5 891 520	10 785 173	397 078	138 559

数据来源:第三次经济普查主要数据,国家统计局网站。

2.1.4.4　内资企业的利润情况最佳

从不同经济类型看总承包和专业承包建筑业企业的利润情况。2013 年,内资企业的利润为 6 017.68 万元,占 99%。外商投资企业和港澳台商投资企业的利润分别为 40.63 万元和 20.94 万元,分别占 0.7% 和 0.3%。2013 年,不同经济类型总承包和专业承包建筑业企业利润情况如图 2-14 所示。

40.63，0.7%
20.94，0.3%

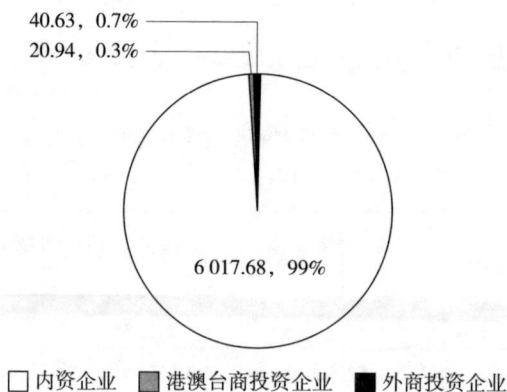

6 017.68，99%

□ 内资企业　■ 港澳台商投资企业　■ 外商投资企业

图 2-14　2013 年不同经济类型总承包和专业承包建筑业企业利润情况

数据来源：第三次经济普查主要数据，国家统计局网站。

2.1.5　建筑业企业法人单位数量和从业人员情况

2.1.5.1　房屋建筑业企业和从业人数最多

2013 年,总承包和专业承包建筑业企业不管是企业个数还是从业人数都明显多于劳务分包建筑业企业,可见,在建筑行业中,总承包和专业承包建筑业企业居主导地位。

从总承包和专业承包建筑业企业的企业个数和从业人数来看,企业个数共 85 338 个。其中,房屋建筑业企业 35 526 个,比重为 41.63%。年末从业人数 4 542 万人。其中,房屋建筑业从业人数 3 285 万人,比重为72.33%,占绝对份额。

从劳务分包建筑业企业的企业个数和从业人数来看,劳务分包建筑业企业 8 520 个,其中房屋建筑业企业 3 455 个,占 40.55%。劳务分包建筑业企业年末从业人数为 327 万人,其中房屋建筑业从业人数 327 万人,占

49.54%。可见,不管是总承包和专业承包建筑业企业,还是劳务分包建筑业企业,房屋建筑业的企业个数和年末从业人数均占主要份额。2013 年,各行业建筑业企业个数和从业人数情况如表 2-10 所示。

表 2-10　2013 年各行业建筑业企业个数和从业人数情况

指　　标	总承包和专业承包建筑业企业		劳务分包建筑业企业	
	企业个数/个	从业人数/万人	企业个数/个	从业人数/万人
总计	85 338	4 542	8 520	327
房屋建筑业	35 526	3 285	3 455	162
土木工程建筑业	17 165	788	713	15
建筑安装业	13 545	242	1 214	22
建筑装饰和其他建筑业	19 102	227	3 138	128

2.1.5.2　内资企业和从业人员规模处于主导地位

由表 2-11 可见,2013 年,总承包和专业承包建筑业企业数为 78 919 个,其中内资企业 78 257 个,占总数的 99.16%。其余为港澳台商投资企业和外商投资企业,且港澳台商独资企业占港澳台商投资企业比例及外商独资企业占外商投资企业比例均较低。内资企业中国有企业和集体企业数量相当,其中国有企业为 3 847 个,占内资企业总数的 4.92%,集体企业为 3 728 个,占内资企业总数的 4.76%。

2013 年,建筑业从业人数为 4 528.36 万人,从业人员主要集中在内资企业,占总从业人数的比重高达 99.41%。内资企业中,国有企业从业人数 387.66 万人,占 8.61%,集体企业从业人数 187.06 万人,不足国有企业人数一半,占内资企业的 4.16%。港澳台商投资企业略高于外商投资企业。

表 2-11　2013 年不同经济类型总承包和专业承包企业个数和从业人数

指　标	合计	内资企业	国有	集体	港澳台商投资企业	港澳台商独资企业	外商投资企业	外商独资企业
企业个数/个	78 919	78 257	3 847	3 728	390	82	272	82
从业人员/万人	4 528.36	4 501.75	387.66	187.06	16.46	1.29	10.14	3.52

数据来源：第三次经济普查主要数据，国家统计局网站。

2.1.6　我国建筑业发展中存在问题归结

2.1.6.1　国内建筑业市场对外开放度不高

从前文分析可知，我国建筑业外商实际利用投资额一直处于较低水平，明显低于制造业、房地产业、批发和零售业等行业，尤其是制造业，其外商直接投资额约为建筑业的 37 倍。对比两次全国经济普查，建筑业外商实际利用直接投资额仅增长了 11.6%，远低于金融业的 307% 及批发和零售业的 150.7%。此外，从外商投资企业在建筑业的经营情况看，虽然其生产规模和装备情况不如内资企业，但生产效率高于内资企业。所以，我国可适当对外放开建筑业进入壁垒，将优秀的国外建筑企业引进来，参与国内建筑业市场的竞争，这样不仅可以促进国内建筑业市场的活跃度，也促使内资企业不断研发学习新技术，提高劳动生产率和管理水平。

2.1.6.2　建筑业细分行业间发展不均衡，房屋建筑业发展空间减小

从前文分析不难看出，房屋建筑业的发展规模远大于土木工程建筑业、

建筑安装业、建筑装饰和其他建筑业,房屋建筑业中又以住宅房屋为主。随着我国城镇化推进速度的放慢和空间逐渐的减小,住宅房屋很难再以高速增长来推动房屋建筑业甚至整个建筑业的可持续发展。

土木工程建筑业中的一些细分行业,如海洋工程建筑业,虽然生产规模不大,但技术装备率和动力装备率、生产效益高于建筑业的其他行业,未来发展潜力巨大。所以,我国应加大对土木工程建筑业的资本和人力投入,推动其生产规模的扩大,从而保持我国建筑业稳定发展。

2.1.6.3 建筑业仍处于劳动力密集型阶段

对比两次全国经济普查的建筑业数据不难发现,不论发展规模还是经营效益,建筑业整体水平都有所提高。建筑业企业数量增加11.00%,从业人数增加36.60%,总产值增长158.50%,劳动生产率提高100.76%,利润总额增长153.20%。但对比两次经济普查的建筑业企业人均产值和人均利润额发现,2008年,我国建筑业企业人均年产值为人均利润额的28.77倍,而2013年我国建筑业企业人均年产值为人均利润额的28.17倍。可见,我国建筑业依旧处于劳动密集型阶段,2008—2013年,在应用技术的合理性方面并没有得到明显的改善。

2.1.6.4 建筑业区域发展不平衡

从发展规模、资产负债、生产经营效益、效率等对地区进行对比和聚类分析发现,不同地区间存在较大的差异,一些地区如浙江、江苏,建筑业发展规模较大,总承包和专业承包建筑业企业个数及直接从事生产经营活动平均人数明显高于其他省市,但生产经营效益综合排名却靠后。可见,在我国建筑业整体发展水平不断提高的同时,地区建筑业间的发展并不均衡,存在较大的异构性。所以,在制定政策时,要充分考虑不同省市建筑业发展水平的特点与问题,对症下药,从而使整个行业投入产出效率最大化。

2.2 地区层面的建筑业发展现状与特点的归结

2.2.1 地区建筑业企业发展规模情况

2.2.1.1 总承包和专业承包企业数量及人员规模

由于各地区经济发展状况、发展水平不同以及不同地区的人口、地理、产业发展思路和侧重点不同,我国不同地区间建筑业发展规模呈现不同的状况。

第三次全国经济普查数据显示,我国建筑业发展存在着地区间的不均衡性。这里,我们利用建筑业企业数量和建筑业直接从事生产经营活动的平均人数来衡量地区建筑业发展规模。通过分析地区建筑业发展规模的特点,寻求建筑业发展规模的共性与差异,为建筑业的区域均衡发展及科学合理布局提供参考。

全国地区总承包和专业承包建筑业企业数量的帕累托曲线如图 2-15 所示。由图 2-15 可见,全国地区地区建筑业发展规模既存在着共性,也表现出明显的差异。全国地区总承包和专业承包建筑业企业最多的为江苏,有 9 095 个,占全国建筑业企业总数的 11.52%,远高于其他地区。其次是辽宁 5 897 个;浙江 5 839 个;山东 5 708 个。这三省的建筑企业数占全国建筑业企业数量均在 7%—8%。此外,河南和广东分别占全国建筑业企业总数的 6.00% 和 5.49%。排名前 6 的省份累计占全国建筑业企业总数的比重达 45.11%。这些数据表明,建筑企业在全国分布不均衡,地区差异较大,集中度较高。

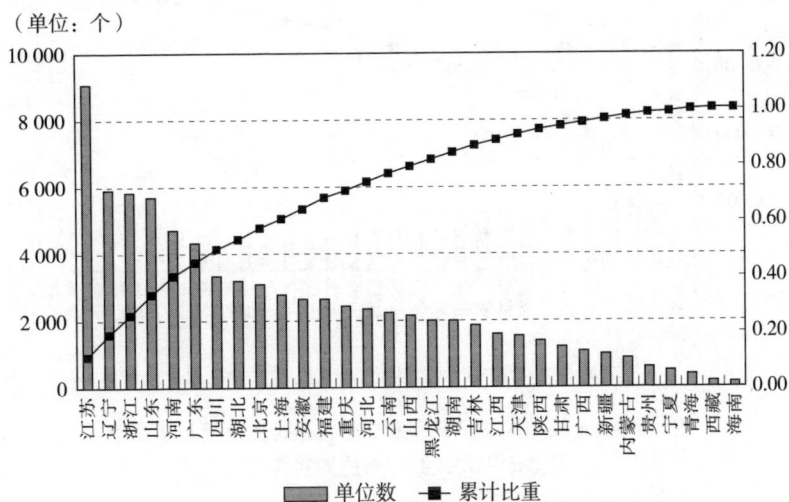

图 2-15　全国地区总承包和专业承包建筑业企业数量分布的帕累托图

数据来源:第三次经济普查主要数据,国家统计局网站。

全国地区总承包和专业承包建筑业直接从事生产经营活动平均人数的帕累托曲线如图 2-16 所示。由图 2-16 可见,江苏和浙江的平均人数最多,远高于其他地区。其中江苏为 7 824 887 人,占全国直接从事生产经营活动总人数的 15.57%,浙江为 6 733 001 人,占全国总人数的 13.39%。仅江苏、浙江两省的平均人数累计比重就高达 28.96%,而排名后 10 位的平均人数总和仅占全国总人数的 7.95%。由此可见,各地区直接从事生产经营活动的平均人数有较大的差异性和不均衡性。

2.2.1.2　地区建筑业发展规模的共性与差异性

为进一步考察我国地区建筑业发展的规模特点,我们以全国各地区总

（单位：人）

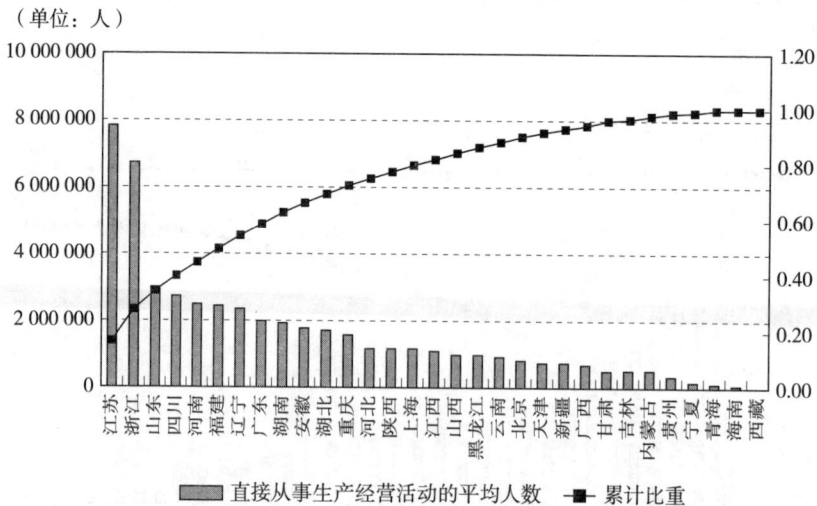

图 2-16　全国地区总承包和专业承包建筑业直接从事生产
经营活动平均人数分布的帕累托图

承包和专业承包建筑业企业直接从事生产经营活动的平均人数和企业数量
占全国整体总承包和专业承包建筑业企业直接从事生产经营活动的平均人
数和企业数量的比重作为衡量地区建筑业发展规模的代表指标，以第三次
全国经济普查数据为样本期，对全国 31 个省区市进行聚类分析，将发展规
模相近的地区划分为一组。聚类分析结果如图 2-17 所示。

　　由图 2-17 可见，31 个省区市可划分为四个类别。第一类，江苏和浙
江，其总承包和专业承包建筑业企业直接从事生产经营活动的平均人数和
企业数量占全国整体总承包和专业承包建筑业企业直接从事生产经营活动
的平均人数和企业总数的比重在 7%—16%。

　　第二类，河南、广东、辽宁和山东，其总承包和专业承包建筑业企业直接
从事生产经营活动的平均人数和企业数量占全国整体总承包和专业承包建
筑业企业直接从事生产经营活动的平均人数和企业总数的比重在

使用平均联接（组间）的树状图

重新调整距离聚类合并

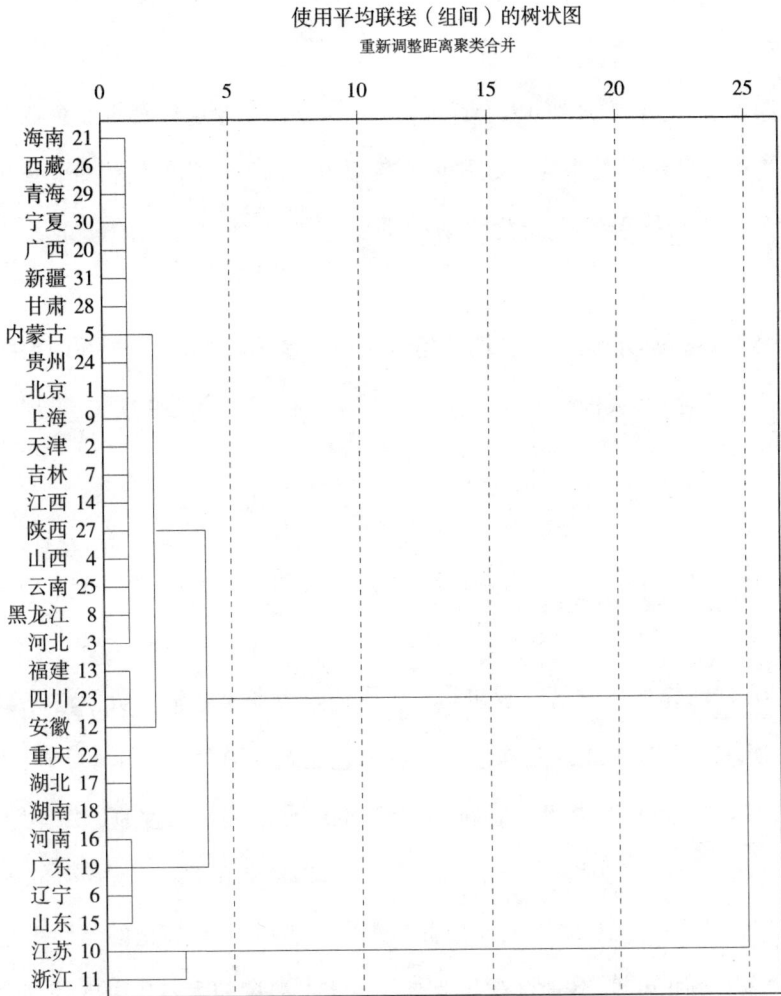

图 2-17　地区总承包和专业承包企业直接从事生产经营活动
平均人数和企业数量的聚类树形图

4%—8%。

第三类,福建、四川、安徽、重庆、湖北和湖南,其总承包和专业承包建筑

业企业直接从事生产经营活动的平均人数和企业数量占全国整体总承包和

专业承包建筑业企业直接从事生产经营活动的平均人数和企业总数的比重在 3%—5%。

第四类,海南等其他 19 个省市,其总承包和专业承包建筑业企业直接从事生产经营活动的平均人数和企业数量占全国整体总承包和专业承包建筑业企业直接从事生产经营活动的平均人数和企业总数的比重大多低于 3%。

聚类分析表明,同类中各地区建筑业规模差距较小,不同类间的差距较为明显。这显示,我国地区建筑业发展规模既存在一定的共性,也表现出一定的差异性。

2.2.2 地区建筑业资产负债情况

2013 年,全国各地区总承包和专业承包建筑业企业资产负债情况如表 2-12 所示。全国各地区总承包和专业承包建筑业总资产为 1 300 944 471 万元,31 个省区市的资产均值为 41 965 950 万元。其中,北京、江苏、浙江列前三名,分别占全国总资产的 10.52%、10.32% 和 7.56%,三省市的累计加总占全国总资产的 28.4%,而按资产总数排名后 10 位省份的累计比重仅为 8.2%。由此可见,各地区建筑业企业资产差异度较大且集中度较高。

全国各地区总承包和专业承包建筑业总负债为 879 588 627 万元,31 个省区市的负债均值为 28 373 826 万元。其中北京最高,为 97 896 371 万元,占全国总负债的 11.13%,江苏次之,为 82 617 999 万元,占全国总负债的 9.39%。负债总数后 10 位省份的累计比重仅为 8.03%。由此可见,各地区负债情况差异度较大。

全国各地区总承包和专业承包建筑业所有者权益合计 421 249 678 万元,全国 31 个省区市的所有者权益均值为 13 588 699 万元。其中,江苏、北京和浙江分列前三名,分别占全国总所有者权益的 12.25%、9.24% 和 9.00%,三省市的累计加总占全国总所有者权益的 30.49%。按所有者权益后 10 位省份的累计比重仅为 7.95%,由此可见,各地区所有者权益情况差异度较大。

表 2-12 全国各地区总承包和专业承包建筑业企业资产负债情况

地区	资 产		负 债		所有者权益	
	数量/万元	比重/%	数量/万元	比重/%	数量/万元	比重/%
总　计	1 300 944 471	100.00	879 588 627	100.00	421 249 678	100.00
北　京	136 831 634	10.52	97 896 371	11.13	38 932 255	9.24
天　津	44 865 074	3.45	34 474 201	3.92	10 370 342	2.46
河　北	37 921 097	2.91	25 228 585	2.87	12 692 512	3.01
山　西	34 202 261	2.63	25 650 153	2.92	8 552 108	2.03
内蒙古	17 886 901	1.37	11 749 404	1.34	6 137 497	1.46
辽　宁	55 032 788	4.23	36 788 294	4.18	18 223 368	4.33
吉　林	19 293 029	1.48	11 306 420	1.29	7 986 609	1.90
黑龙江	18 033 052	1.39	12 573 102	1.43	5 459 950	1.30
上　海	72 752 012	5.59	54 316 757	6.18	18 434 252	4.38
江　苏	134 237 735	10.32	82 617 999	9.39	51 619 801	12.25
浙　江	98 324 153	7.56	60 400 441	6.87	37 923 712	9.00
安　徽	36 541 088	2.81	24 884 033	2.83	11 627 354	2.76
福　建	31 273 033	2.40	18 138 089	2.06	13 134 477	3.12
江　西	19 312 471	1.48	10 941 955	1.24	8 370 516	1.99
山　东	81 774 689	6.29	56 407 795	6.41	25 366 895	6.02
河　南	49 472 704	3.80	31 120 107	3.54	18 352 597	4.36
湖　北	63 518 819	4.88	44 838 000	5.10	18 680 819	4.43

续表

地 区	资 产		负 债		所有者权益	
	数量/万元	比重/%	数量/万元	比重/%	数量/万元	比重/%
湖 南	29 805 043	2.29	17 977 371	2.04	11 827 673	2.81
广 东	88 215 591	6.78	60 645 216	6.89	27 543 209	6.54
广 西	13 839 071	1.06	9 369 727	1.07	4 469 344	1.06
海 南	2 064 568	0.16	1 244 449	0.14	820 120	0.19
重 庆	40 256 771	3.09	28 728 131	3.27	11 528 639	2.74
四 川	60 963 372	4.69	42 602 787	4.84	18 359 939	4.36
贵 州	14 518 652	1.12	9 973 515	1.13	4 545 138	1.08
云 南	25 924 958	1.99	17 105 179	1.94	8 816 973	2.09
西 藏	981 351	0.08	451 321	0.05	530 031	0.13
陕 西	33 837 635	2.60	24 398 570	2.77	9 439 065	2.24
甘 肃	13 619 280	1.05	9 036 518	1.03	4 582 986	1.09
青 海	4 170 533	0.32	2 759 664	0.31	1 410 869	0.33
宁 夏	5 278 587	0.41	3 766 862	0.43	1 511 725	0.36
新 疆	16 196 519	1.24	12 197 613	1.39	3 998 905	0.95

数据来源:第三次经济普查主要数据,国家统计局网站。

2.2.3 建筑业生产经营效益状况

为评价各地区建筑业生产经营效益的状况,我们选择按总产值计算的劳动生产率、人均竣工产值、人均施工面积、人均竣工面积、产值利润率、资本利润率、人均利润率、人均利税率和资产负债率等指标,利用因子分析综合评价我国 31 个省区市总承包和专业承包建筑业企业的生产效益情况。

2013 年,全国各地区总承包和专业承包建筑业企业生产效益情况如表

2-13 所示。由表 2-13 可知,按总产值计算的劳动生产率指标,全国平均值为 319 039 元/人,有 12 个地区高于全国平均值,19 个地区低于全国平均值。北京的劳动生产率为 903 037 元/人,远超其他地区。福建和黑龙江排名倒数第 1、第 2,分别为 222 131 元/人和 242 528 元/人。

表 2-13　全国各地区总承包和专业承包建筑业企业的生产效益

地区	按总产值计算的劳动生产率/(元/人)	人均竣工产值/(元/人)	人均施工面积/(平方米/人)	人均竣工面积/(平方米/人)	产值利润率/%	资本利润率/%	人均利润/(元/人)	人均利税/(元/人)	资产负债率/%
总　计	319 039	186 363	225.2	79.9	3.8	25.2	12 094	22 483	67.6
北　京	903 037	433 070	595.9	108.3	4.7	18.2	42 312	70 711	71.5
天　津	452 354	202 337	159.2	44.5	3.9	22.9	17 527	31 720	76.8
河　北	425 454	223 138	295.8	103.9	3.2	22.1	13 428	26 306	66.5
山　西	287 957	132 257	124.4	35.3	3.0	16.6	8 515	17 273	75.0
内蒙古	292 749	169 232	164.7	67.6	7.0	40.3	20 400	31 545	65.7
辽　宁	358 881	223 858	175.9	82.3	3.6	32.3	13 085	24 913	66.8
吉　林	396 741	261 409	224.6	113.8	4.1	16.0	16 338	29 579	58.6
黑龙江	242 528	123 653	80.2	43.1	2.7	16.5	6 571	12 954	69.7
上　海	440 613	231 123	254.4	59.9	3.7	18.4	16 360	30 549	74.7
江　苏	281 073	212 684	251.5	88.2	4.1	37.6	11 493	19 971	61.5
浙　江	300 015	185 062	274.8	91.4	2.6	26.8	7 879	16 324	61.4
安　徽	282 470	151 329	206.3	84.5	3.8	25.0	10 680	19 315	68.1
福　建	222 131	135 974	196.3	56.4	3.4	20.2	7 540	15 379	58.0
江　西	309 008	191 942	206.1	105.8	3.7	24.6	11 420	22 113	56.7
山　东	277 882	152 145	212.0	77.9	4.9	28.6	13 675	22 823	69.0
河　南	277 609	157 144	172.1	72.1	4.5	27.0	12 372	22 371	62.9
湖　北	487 532	252 222	281.8	131.2	4.5	38.7	21 864	40 860	70.6
湖　南	267 701	176 576	220.5	80.5	3.6	29.5	9 652	19 894	60.3
广　东	385 099	198 066	256.6	70.7	4.6	22.9	17 809	31 778	68.7

续表

地区	按总产值计算的劳动生产率/(元/人)	人均竣工产值/(元/人)	人均施工面积/(平方米/人)	人均竣工面积/(平方米/人)	产值利润率/%	资本利润率/%	人均利润/(元/人)	人均利税/(元/人)	资产负债率/%
广 西	322 334	186 858	257.8	81.5	1.9	14.5	6 253	16 389	67.7
海 南	400 189	281 456	306.9	127.9	4.5	23.5	17 902	31 416	60.3
重 庆	294 773	158 082	186.2	76.3	4.9	33.7	14 316	24 379	71.4
四 川	265 883	144 769	174.7	67.2	3.5	18.8	9 235	18 101	69.9
贵 州	357 248	153 690	317.8	64.0	2.4	17.1	8 398	20 949	68.7
云 南	293 444	161 064	158.5	67.8	4.1	21.7	12 095	21 425	66.0
西 藏	306 953	165 482	80.4	49.2	6.3	12.9	19 297	29 897	46.0
陕 西	331 713	142 297	172.3	53.1	3.5	20.0	11 592	23 010	72.1
甘 肃	295 746	156 553	177.3	68.3	3.4	20.7	10 118	20 058	66.4
青 海	314 069	128 826	87.9	35.4	3.5	15.0	11 109	20 829	66.2
宁 夏	267 099	205 508	219.6	91.1	2.1	12.5	5 703	14 774	71.4
新 疆	265 350	170 066	167.0	73.6	2.0	16.6	5 346	14 240	75.3

数据来源:第三次经济普查主要数据,国家统计局网站。

人均竣工产值全国平均水平为 186 363 元/人,有 13 个地区高于全国平均值,18 个地区低于全国平均值。北京以绝对优势居全国之首,黑龙江和青海倒数第 1、第 2。

人均施工面积全国平均水平为 225.2 平方米/人,有 8 个地区高于全国平均值,23 个地区低于全国平均值。2013 年,全国人均施工面积大部分地区处在较低水平。北京为 595.9 平方米/人,排名第 1。黑龙江和西藏倒数第 1、第 2,仅为 80.2 平方米/人和 80.4 平方米/人。

人均竣工面积全国平均水平为 79.9 平方米/人,有 13 个地区高于全国平均值,17 个地区低于全国平均值。湖北、海南排名全国第 1、第 2,分别为

131.2 平方米/人和 127.9 平方米/人。山西和青海倒数第 1、第 2，仅为 35.3 平方米/人和 35.4 平方米/人。

产值利润率全国平均水平为 3.8%，有 14 个地区高于全国平均值，17 个地区低于全国平均值。内蒙古和西藏的产值利润率分别为 7% 和 6.3%，排全国前两位。广西和新疆为倒数第 1、第 2，仅为 1.9% 和 2%。

资本利润率全国平均水平为 25.2%，有 9 个地区高于全国平均值，22 个地区低于全国平均值。内蒙古和湖北的资本利润率分别为 40.3% 和 38.7%，排全国前两位。宁夏和西藏为倒数第 1、第 2，仅为 12.5% 和 12.9%。

人均利润全国平均水平为12 094 元/人，有 15 个地区高于全国平均值，16 个地区低于全国平均值。北京的人均利润为 42 312 元/人，远超全国其他地区。新疆和宁夏排倒数第 1、第 2，仅为 5 346 元/人和 5 703 元/人。

人均利税全国平均水平为 22 483 元/人，有 14 个地区高于全国平均值，17 个地区低于全国平均值。北京的人均利税为 70 711 元/人，远超其他地区。黑龙江和新疆排倒数第 1、第 2，仅为 12 954 元/人和 14 240 元/人。

资产负债率全国平均水平为 67.6%，有 16 个地区高于全国平均值，15 个地区低于全国平均值。天津、新疆和山西的资产负债率高达 76.8%、75.3% 和 75%，列全国前 3 位。西藏资产负债率全国最低，为 46%。

利用因子分析得到 2013 年全国各地区总承包和专业承包建筑业企业生产效益综合得分如表 2-14 所示。由表 2-14 可见，在建筑业企业生产效益综合得分中，有 13 个地区高于平均值，18 个地区低于平均值。在高于平均值的地区中，北京的综合得分为 2.3927，居全国之首。这说明，北京建筑业企业生产效益优于全国其他地区；湖北、海南综合得分分别为 0.8738 和 0.5898，居全国第 2 和第 3；其余地区得分在 0—0.5。在低于均值的地区中,黑龙江、新疆、山西综合得分为倒数第 1、第 2 和第 3,分别为-0.7496、-0.6108、-0.5596,这三个地区的建筑业企业生产效益处在较低水平;其余地区得分在-0.5—0;低于均值的地区主要位于中部地区和部分边陲地区,说明这些地区的建筑业企业生产效益有待提高。

表 2-14 全国地区总承包和专业承包建筑业企业生产效益的综合得分

地　区	综合得分	排　名
北　京	2.3927	1
湖　北	0.8738	2
海　南	0.5898	3
内蒙古	0.4684	4
吉　林	0.3409	5
广　东	0.3188	6
上　海	0.2538	7
河　北	0.2012	8
天　津	0.1977	9
西　藏	0.1360	10
辽　宁	0.0837	11
重　庆	0.0578	12
江　苏	0.0499	13
山　东	-0.0019	14
江　西	-0.0459	15
河　南	-0.1063	16
湖　南	-0.1795	17
云　南	-0.1851	18

地　区	综合得分	排　名
安　徽	-0.2085	19
陕　西	-0.2485	20
浙　江	-0.2579	21
贵　州	-0.2747	22
甘　肃	-0.2962	23
四　川	-0.3884	24
广　西	-0.4251	25
青　海	-0.4395	26
宁　夏	-0.4832	27
福　建	-0.5029	28
山　西	-0.5596	29
新　疆	-0.6108	30
黑龙江	-0.7496	31

2.2.4　地区建筑业经营效率情况

近年来,由于我国建筑业经营管理不善、资源分配不合理、投入产出不均衡等问题日益突出,越来越多的学者开始关注建筑业的生产效率问题。前面我们已经分析了我国地区建筑业经营效益情况,为进一步深入研究地区建筑业的经营状况和存在的问题,我们引入数据包络分析(DEA)模型对地区建筑业效率进行综合评价,以期为推动地区建筑业发展的政策建议提供参考。

借鉴相关文献,我们选取了如下具有代表性反映企业经营状况指标。建筑业经营情况的投入指标有直接从事生产经营活动的平均人数、实收资本和年末自有施工机械设备总功率 3 项,产出指标有企业总产值、利润总额和房屋建筑竣工面积 3 项。2013 年,全国地区总承包和专业承包建筑业企业经营情况如表 2-15 所示。由表 2-15 可知,在绝对值上,2013 年,全国地区投入和产出的区域性差异较大,均衡性较差。

在投入方面,3 项指标最高的均为江苏省,最低的为西藏、海南、青海、宁夏和贵州,其中西藏最低。具体地,直接从事生产经营活动的平均人数最高的 5 个省份是江苏、浙江、山东、四川和河南,江苏是西藏的 310 多倍。实收资本最高的 5 个地区是江苏、浙江、北京、广东和山东,江苏是西藏的 60 多倍。自有施工机械设备总功率最高的 5 个省份是江苏、浙江、辽宁、山东和河南,江苏是西藏的 390 多倍。

在产出方面,3 项指标最高的均为江苏省,最低的为西藏、海南、青海、宁夏和贵州,其中西藏最低。具体地,企业总产值最高的 5 个省份是江苏、浙江、辽宁、山东和湖北,江苏是西藏的 710 多倍。利润总额最高的 5 个省份是江苏、浙江、山东、湖北和广东,江苏是西藏的 180 多倍。房屋建筑竣工面积最高的 5 个省份是江苏、浙江、山东、湖北和辽宁,江苏是西藏的 550 多倍。

从相对值上看,2013 年,全国地区投入和产出效率也有差别。以投入最高的江苏和投入最低的西藏为例,江苏建筑业投入高于西藏,投入指标分别为 310 倍、60 倍和 390 倍,在产出量上,江苏与西藏的倍数分别为 710 倍、180 倍和 550 倍,整体上更高于投入指标的倍数。

表 **2-15**　全国地区总承包和专业承包建筑业企业的经营情况

地 区	投 入			产 出		
	直接从事生产经营活动的平均人数/人	实收资本/万元	年末自有施工机械设备总功率/千瓦	企业总产值/万元	利润总额/万元	房屋建筑竣工面积/万平方米
总　计	50 265 393	240 837 729	254 239 766	2 045 881 779	60 792 546	401 520.9
北　京	826 584	19 253 389	4 443 555	83 341 290	3 497 480	8 949.9
天　津	816 713	6 261 910	4 374 283	38 865 293	1 431 440	3 635.5
河　北	1 232 778	7 504 500	11 295 403	54 959 635	1 655 376	12 808.2
山　西	1 053 758	5 418 288	6 096 929	31 334 215	897 318	3 722.1
内蒙古	536 693	2 718 312	2 491 940	15 893 123	1 094 841	3 630.6
辽　宁	2 404 470	9 730 418	17 656 981	94 051 015	3 146 240	19 786.4
吉　林	557 401	5 680 988	2 536 046	22 569 502	910 687	6 344.1
黑龙江	1 019 239	4 066 183	2 835 022	25 717 553	669 765	4 390.1
上　海	1 181 518	10 495 414	4 020 695	60 961 804	1 932 910	7 073.8
江　苏	7 824 887	23 918 299	48 148 108	583 794 334	8 993 262	68 993.1
浙　江	6 733 001	19 767 508	20 371 118	206 362 087	5 304 842	61 549.4
安　徽	1 757 893	7 519 433	11 150 605	51 425 968	1 877 388	14 851.1
福　建	2 458 801	9 147 629	7 211 511	55 080 690	1 853 834	13 861.0
江　西	1 122 940	5 210 272	4 431 270	35 692 880	1 282 397	11 881.2
山　东	3 047 222	14 588 470	17 060 267	91 853 772	4 167 033	23 737.3
河　南	2 522 681	11 543 331	16 347 277	74 200 417	3 120 944	18 179.1
湖　北	1 736 352	9 808 428	14 201 857	89 964 845	3 796 429	22 773.7
湖　南	1 973 785	6 462 669	12 063 395	53 689 851	1 905 149	15 891.0
广　东	2 042 046	15 884 076	11 248 002	82 760 258	3 636 718	14 439.1
广　西	710 407	3 054 412	2 799 822	23 679 239	444 218	5 787.6
海　南	71 543	545 355	180 315	3 040 031	128 077	914.7
重　庆	1 605 037	6 822 820	4 612 380	49 627 388	2 297 778	12 240.3
四　川	2 711 685	13 344 369	7 946 148	78 237 821	2 504 299	18 211.9
贵　州	386 049	1 892 064	1 790 014	13 907 719	324 210	2 472.5

续表

地 区	投 入			产 出		
	直接从事生产经营活动的平均人数/人	实收资本/万元	年末自有施工机械设备总功率/千瓦	企业总产值/万元	利润总额/万元	房屋建筑竣工面积/万平方米
云 南	990 515	5 526 670	5 117 038	30 006 980	1 198 003	6 718.0
西 藏	25 084	374 092	123 368	819 587	48 405	123.4
陕 西	1 205 972	6 972 515	5 647 704	42 272 245	1 397 940	6 404.1
甘 肃	581 871	2 849 141	3 414 681	19 362 838	588 756	3 976.7
青 海	131 726	972 418	763 264	4 314 367	146 330	466.5
宁 夏	213 000	974 675	731 480	5 806 009	121 468	1 939.5
新 疆	783 742	2 529 684	3 129 288	22 289 025	419 012	5 769.1

运用 DEAP2.1 对 31 个地区建筑业数据进行投入导向的 VRS 分析,分析结果如表 2-16 所示。其中反映经营效率的指标包括总效率、纯技术效率、纯规模效率和规模报酬,总效率=纯技术效率×纯规模效率。由表 2-16 可见,2013 年,我国地区总承包和专业承包建筑业平均总效率为 0.800,内蒙古最低,为 0.498。平均纯技术效率为 0.843,内蒙古最低,为 0.503。平均纯规模效率为 0.952,陕西最低,为 0.604。

表 2-16 全国地区总承包和专业承包建筑业企业的经营效率

地 区	总效率	纯技术效率	纯规模效率	规模报酬
北 京	0.777	1.000	0.777	drs
天 津	1.000	1.000	1.000	—
河 北	0.821	0.823	0.997	irs
山 西	0.813	0.816	0.996	irs
内蒙古	0.498	0.503	0.991	irs
辽 宁	1.000	1.000	1.000	

续表

地　区	总效率	纯技术效率	纯规模效率	规模报酬
吉　林	0.840	0.842	0.998	irs
黑龙江	0.882	1.000	0.882	drs
上　海	0.654	0.695	0.940	drs
江　苏	0.949	0.961	0.988	drs
浙　江	1.000	1.000	1.000	—
安　徽	1.000	1.000	1.000	—
福　建	0.761	0.767	0.992	irs
江　西	0.680	0.699	0.973	drs
山　东	0.976	1.000	0.976	drs
河　南	0.771	0.853	0.903	drs
湖　北	0.697	0.698	1.000	—
湖　南	1.000	1.000	1.000	—
广　东	0.859	0.873	0.985	irs
广　西	0.787	0.860	0.915	drs
海　南	0.788	0.814	0.969	drs
重　庆	1.000	1.000	1.000	—
四　川	1.000	1.000	1.000	—
贵　州	0.716	0.822	0.871	drs
云　南	0.610	0.626	0.974	drs
西　藏	0.654	0.666	0.981	drs
陕　西	0.604	1.000	0.604	irs
甘　肃	0.665	0.668	0.997	drs
青　海	0.615	0.616	0.999	irs
宁　夏	0.534	0.633	0.843	irs
新　疆	0.858	0.893	0.961	irs
平　均	0.800	0.843	0.952	

注:drs 表示规模效益递增,irs 表示规模效益递减,—为规模效益不变。

从整体上来说,我国地区建筑业的平均纯规模效率高于平均纯技术效率。与技术效率相比,规模效率对平均总效率的贡献更高,这说明,技术效率的增长空间比规模效率更大。因此,提高总效率可以从提高技术效率入手。

在全国 31 个地区中,技术有效(纯技术效率=1)且规模有效(纯规模效率=1)的地区有天津、辽宁、浙江、安徽、湖南、重庆和四川,这 7 个地区构成了我国地区建筑系统的前沿面。也就是说,在现有的技术水平下,这些地区的建筑效率已经很高,要获得更多的产出,只能继续增加投入。

北京、黑龙江、山东和陕西这 4 个地区是技术有效但非规模有效,即在现有的规模条件下,如果要保持产出不变,其投入至少要达到现有水平。湖北是规模有效非技术有效,即在现有的技术条件下,如果要保持产出不变,该省的建筑业投入规模至少要达到现有水平。

其余的 19 个地区,技术和规模均未达有效水平,可能存在重复施工、资源过剩等问题。对这些地区而言,减少部分投入,合理优化资源配置,可能不会使产出减少,仍有可能达到现有产出水平。

规模报酬值是指投入指标变化引起产出指标变化的百分比与投入指标变化百分比的比值。规模报酬值大于 1 表示规模效益递增,等于 1 表示规模效益不变,小于 1 表示规模效益递减。

在全国 31 个地区中,有 7 个为技术有效且规模有效的地区以及湖北为规模效果不变。这意味着,在这些地区,如果继续增加建筑业投入,将会同比例增加建筑业产出,如果未来减少建筑业投入,会同比例减少建筑业产出。

规模效益递增的有北京、黑龙江、上海、江苏、江西、山东、河南、广西、海南、贵州、云南、西藏和甘肃。这些地区如果继续增加建筑业投入,建筑业产出增加的比例将大于投入增加比例。如果减少建筑业投入,建筑业产出降低的比例也会大于投入减少比例。由此可见,这些地区是建筑业发展的领军力量,建议继续增加其投入,以获得更大的比例产出,至少维持在现有水平,这都有助于建筑业的发展。规模效益递减的有河北、山西、内蒙古、吉林、福建、广东、陕西、青海、宁夏和新疆,这些地区建筑业规模普遍偏大,投入过剩现象严重。建议降低其投入,重新审视建筑资源配置情况,慎重批复新建项目,提高投入产出效率。

2.3　辽宁省建筑业发展特点——基于二普数据的分析

本节以辽宁省为典型区,利用辽宁省第二次经济普查提供的详细数据资料,从辽宁省建筑业发展情况出发,对辽宁建筑业发展特点作全景式描述。

自第一次经济普查以来,辽宁省建筑业得到了长足发展,建筑业整体实力进一步增强。截至 2008 年末,辽宁省共拥有建筑业企业法人单位近 15 万个,比 2004 年增加了 87.36%。企业法人单位从业人员近 130 万人,与第一次经济普查相比,增加了 13.74%。建筑业企业法人单位实现总产值 2 775 亿元,比第一次经济普查增长了 108%。2008 年,辽宁建筑业的承包和专业承包单位的房屋建筑竣工面积 6 700 万平方米,竣工房屋价值达 665 亿元,资产总额 2 235 亿元,行业利润总额 114 亿元,与 2004 年相比,均有大幅度的增长。

2.3.1　建筑业企业法人单位数量

2008 年末,辽宁省建筑业企业法人单位 14 959 个。其中资质内单位
4 547 个,资质外单位 10 412 个。

2.3.1.1　从事房屋和土木工程活动企业的比例最大

第二次经济普查数据显示,2008 年末,辽宁省从事房屋和土木工程建
筑活动的建筑业企业法人单位 5 015 个,占全部建筑业企业法人单位的
33.52%。建筑安装业企业 4 004 个,占 26.77%。建筑装饰业企业 4 586
个,占 30.66%。其他建筑业 1 354 个,占 9.05%。辽宁省从事房屋和土木
工程建筑活动的企业法人单位数量最多。2008 年末,辽宁省建筑业企业法
人单位按行业分组情况如图 2-18 所示。

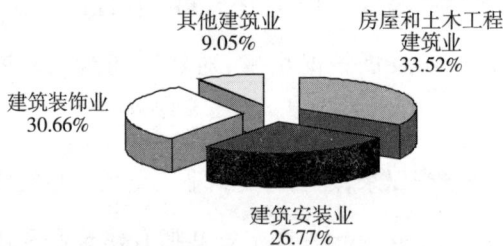

图 2-18　辽宁省建筑业企业法人单位按行业分组情况

2.3.1.2　资质内企业的数量少

从企业的资质情况看,资质内企业数量少。在建筑业企业法人单位中,
资质内企业 4 547 个,占总数的 30.40%,资质外企业 10 412 个,占总数的
69.60%。从行业构成来看,资质内企业从事房屋和土木工程建筑业的最
多,约为 50%。资质外企业从事建筑装饰活动居多,比例约为 35%。2008

年末,辽宁省建筑业企业法人单位的行业分布情况如表 2-17 所示。

表 2-17　辽宁省建筑业企业法人的行业分布情况

行 业	合 计		资质内企业		资质外企业	
	数量/个	比重/%	数量/个	比重/%	数量/个	比重/%
总 计	14 959	100.00	4 547	100.00	10 412	100.00
房屋和土木工程建筑业	5 015	33.52	2 117	46.56	2 898	27.83
建筑安装业	4 004	26.77	1 255	27.60	2 749	26.40
建筑装饰业	4 586	30.66	890	19.57	3 696	35.50
其他建筑业	1 354	9.05	285	6.27	1 069	10.27

2.3.1.3　私营企业的比重最高

第二次经济普查数据显示,2008 年末,辽宁省建筑业中,内资企业法人单位 14 756 个,占企业法人单位总数的 98.64%。其中私营企业 10 348 个,占总数的 69.18%,数量最多。有限责任公司 2 228 个,占总数的 14.89%,集体企业 1 054 个,占总数的 7.05%,国有企业 687 个,占总数的 4.59%,比例最小。2008 年末,辽宁省建筑业企业法人单位的注册类型情况如图 2-19 和表 2-18 所示。

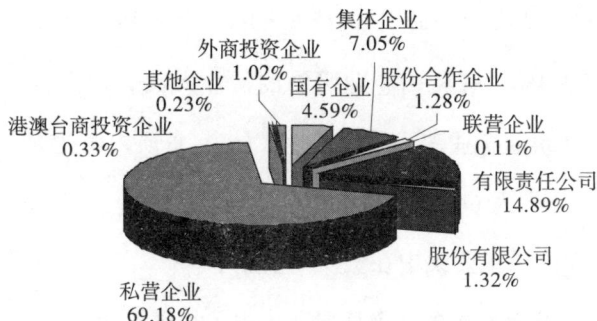

图 2-19　辽宁省建筑业企业法人单位的注册类型情况

表 2-18　辽宁省按注册类型划分的建筑业企业法人单位

登记注册类型	数量/个	比重/%
总　计	14 959	100.00
内资企业	14 756	98.64
国有企业	687	4.59
集体企业	1 054	7.05
股份合作企业	192	1.28
联营企业	16	0.11
有限责任公司	2 228	14.89
股份有限公司	197	1.32
私营企业	10 348	69.18
其他企业	34	0.23
港澳台商投资企业	50	0.33
外商投资企业	153	1.02

2.3.2　建筑业从业人员情况及特点

2008 年末,辽宁省建筑业企业法人单位从业人数 1 282 706 人,其分布特点如下。

2.3.2.1　从业人员集中在资质内企业

第二次经济普查数据显示,占行业 69.6% 的资质外企业吸纳的从业人数与占行业 30.4% 的资质内企业吸纳的从业人数表现出逆相关性。2008年末,辽宁省建筑业企业法人单位从业人员中,资质内企业为 1 112 990 人,占法人单位从业人员总数的 86.77%,资质外企业为 169 716 人,占 13.23%。从业人员主要集中在资质内企业中。

2.3.2.2　就业人员多从事房屋和土木工程建筑业

2008 年末,辽宁省建筑业中从事房屋和土木工程建筑业的法人单位从业人数 976 741 人,占全部建筑业法人单位从业人数的 76.15%,数量占绝对多数。其中资质内企业 899 782 人,占 70.15%,资质外企业 76 959 人,占 6.00%。建筑安装业从业人数 204 682 人,占企业法人单位从业人员总数的 15.96%。其中资质内企业 160 899 人,占 12.54%。建筑装饰业从业人数为 71 954 人,占企业法人单位从业人员总数的 5.61%,其中资质内企业占 3.05%。其他建筑业从业人数 29 329 人,仅占从业人员总数的 2.29%。其中资质内企业占 1.03%。2008 年末,辽宁省建筑业企业法人单位不同行业的从业人数情况如图 2-20 和表 2-19 所示。

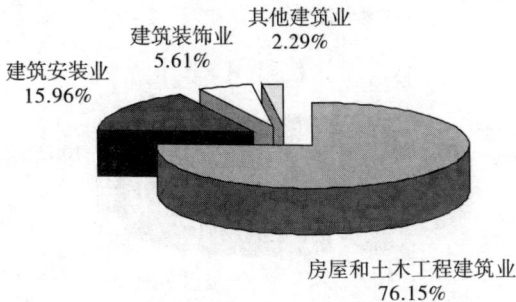

图 2-20　辽宁省建筑业企业法人单位的不同行业从业人员情况

表 2-19　辽宁省建筑业企业法人单位从业人员的行业分布情况

行　业	合　计		资质内企业		资质外企业	
	数量/人	比重/%	数量/人	比重/%	数量/人	比重/%
总　计	1 282 706	100.00	1 112 990	100.00	169 716	100.00
房屋和土木工程建筑业	976 741	76.15	899 782	80.84	76 959	45.35
建筑安装业	204 682	15.96	160 899	14.46	43 783	25.80
建筑装饰业	71 954	5.61	39 124	3.52	32 830	19.34
其他建筑业	29 329	2.29	13 185	1.18	16 144	9.51

2.3.2.3　私营企业从业人员最多

从注册类型看,私营企业占辽宁省建筑业法人单位的大多数,吸纳的劳动力也最多。第二次经济普查数据显示,2008 年末,内资建筑业企业法人单位从业人员中,私营企业法人单位从业人数最多,为 492 433 人,占企业法人单位从业人数的 38.39%。有限责任公司为 394 626 人,占 30.77%,国有企业 184 255 人,占 14.36%,集体企业 137 555 人,占 10.72%。2008 年末,辽宁省建筑业企业法人单位不同注册类型企业从业人员情况如图 2-21 和表 2-20 所示。

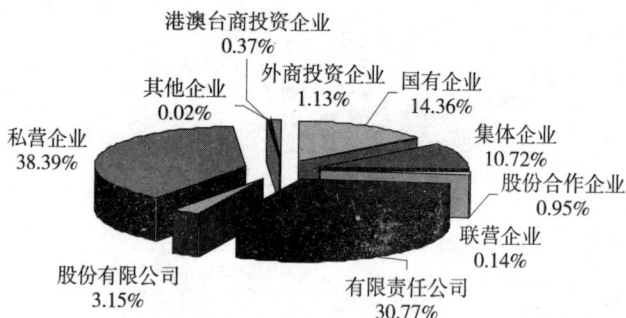

图 2-21　辽宁省建筑业企业法人单位不同注册类型企业的从业人员

表 2-20　辽宁省建筑业企业法人单位不同注册类型从业人员的行业分布

登记注册类型	数量/人	比重/%
总　计	1 282 706	100.00
内资企业	1 263 458	98.50
国有企业	184 255	14.36
集体企业	137 555	10.72
股份合作企业	12 141	0.95
联营企业	1 822	0.14

续表

登记注册类型	数量/人	比重/%
有限责任公司	394 626	30.77
股份有限公司	40 396	3.15
私营企业	492 433	38.39
其他企业	230	0.02
港澳台商投资企业	4 770	0.37
外商投资企业	14 478	1.13

2.3.3　建筑业生产情况及特点

2008 年末,辽宁省建筑业企业法人单位的建筑业总产值为 27 741 182 万元,其中资质内企业完成 25 202 002 万元,资质外企业完成 2 539 180 万元。辽宁省建筑业企业生产情况有如下主要特点。

2.3.3.1　房屋和土木工程建筑业产值比重最高

第二次经济普查数据显示,2008 年末,辽宁省建筑业企业法人单位完成房屋和土木工程建筑业产值最高,为 22 204 282 万元,占全部建筑业企业法人单位总产值的 80.04%。其中资质内企业完成 21 149 459 万元,占 76.24%。

建筑安装业企业法人单位完成 3 867 547 万元,占总产值的 13.94%,其中资质内企业占 11.41%。建筑装饰业企业法人单位完成 1 218 882 万元,占总产值的 4.39%,其中资质内企业占 2.49%。其他建筑业完成 450 471 万元,占总产值的 1.62%,其中资质内企业占 0.71%。2008 年末,辽宁省建筑业不同行业的产值情况如图 2-22 和表 2-21 所示。

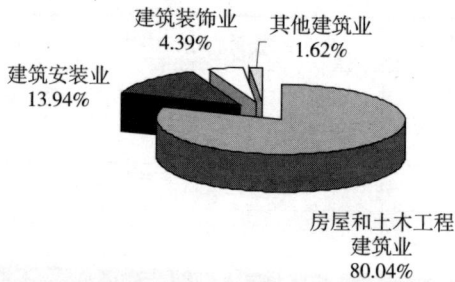

图 2-22 辽宁省建筑业不同行业的产值情况

表 2-21 辽宁省建筑业不同行业的产值情况

行　业	合　计		资质内企业		资质外企业	
	数量/万元	比重/%	数量/万元	比重/%	数量/万元	比重/%
合　计	27 741 182	100.00	25 202 002	100.00	2 539 180	100.00
房屋和土木工程建筑业	22 204 282	80.04	21 149 459	83.92	1 054 823	41.54
建筑安装业	3 867 547	13.94	3 164 414	12.56	703 133	27.69
建筑装饰业	1 218 882	4.39	691 201	2.74	527 681	20.78
其他建筑业	450 471	1.62	196 928	0.78	253 543	9.99

2.3.3.2 房屋建设以住宅建设为主

第二次经济普查数据显示,2008 年末,辽宁省总承包和专业承包建筑业企业法人单位房屋建筑竣工面积总计 6 707.33 万平方米,其中住宅面积最大,为 4 837.11 万平方米,占 72.12%,厂房和仓库 980.19 万平方米,占 14.61%,办公用房 290.22 万平方米,占 4.33%。竣工房屋总价值 6 641 897 万元,其中住宅 4 357 673 万元,占 65.61%,厂房和仓库 1 268 769 万元,占 19.10%,办公用房 329 393 万元,占 4.96%。竣工房屋价值和竣工房屋建筑面积情况大致相同。2008 年末,辽宁省总承包和专业承包企业法人单位的房屋建设情况如图 2-23 和表 2-22 所示。

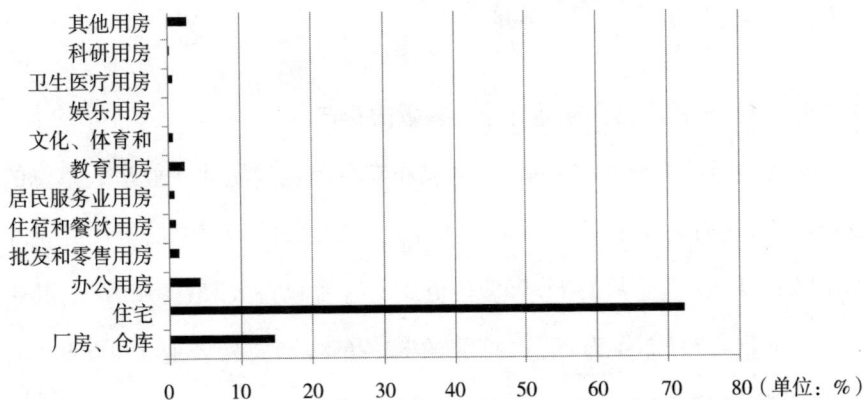

图 2-23　辽宁省总承包和专业承包企业法人单位的房屋的建设情况

表 2-22　辽宁省建筑业承包企业法人单位的房屋的建设完成情况

指　　标	房屋建筑竣工面积		竣工房屋价值	
	数量/万平方米	比重/%	数量/万元	比重/%
总　　计	6 707.33	100.00	6 641 897	100.00
厂房、仓库	980.19	14.61	1 268 769	19.10
住　　宅	4 837.11	72.12	4 357 673	65.61
办公用房	290.22	4.33	329 393	4.96
批发和零售用房	85.61	1.28	82 855	1.25
住宿和餐饮用房	61.1	0.91	80 629	1.21
居民服务业用房	51.19	0.76	57 185	0.86
教育用房	145.89	2.18	159 574	2.40
文化、体育和娱乐用房	34.7	0.52	37 349	0.56
卫生医疗用房	36.8	0.55	44 487	0.67
科研用房	9.41	0.14	11 607	0.17
其他用房	175.11	2.61	212 377	3.20

2.3.4 建筑业企业资产负债情况

2.3.4.1 资质内企业拥有绝大多数的资产

第二次经济普查数据显示,总承包和专业承包建筑业企业法人单位的总资产中,资质内企业为 19 676 930 万元,占总数的 88.04%,资质外企业 2 672 216 万元,占总数的 11.96%。企业所有者权益 8 157 764 万元,其中资质内企业 6 751 264 万元,占总数的 82.76%,资质外企业 1 406 500 万元,占总数的 17.24%。所有者权益中,实收资本 6 012 484 万元,其中资质内企业 4 679 992 万元,占 77.84%,资质外企业 1 332 492 万元,占 22.16%。2008 年末,辽宁省建筑业企业的主要财务指标如表 2-23 所示。

表 2-23　辽宁省建筑业企业的主要财务指标

类 别	资 产		所有者权益		实收资本	
	数量/万元	比重/%	数量/万元	比重/%	数量/万元	比重/%
建筑业企业	22 349 146	100.00	8 157 764	100.00	6 012 484	100.00
资质内企业	19 676 930	88.04	6 751 264	82.76	4 679 992	77.84
资质外企业	2 672 216	11.96	1 406 500	17.24	1 332 492	22.16

2.3.4.2 有限责任公司资产比例最高

第二次经济普查数据显示,2008 年末,总承包和专业承包建筑业企业法人单位中内资企业资产总额 21 857 214 万元,占资产总额的 97.80%,其中有限责任公司 7 496 248 万元,占 33.54%,私营企业达 7 386 314 万元,占 33.05%,国有企业 4 774 731 万元,占 21.36%,集体企业 1 351 485 万元,占 6.05%。

　　总承包和专业承包建筑业企业法人单位中内资企业所有者权益为
7 937 534 万元,占总数的 97.30%,其中私营企业为 3 583 947 万元,占
43.93%,有限责任公司为 2 346 322 万元,占 28.76%,国有企业为
1 176 253 万元,占 14.42%,集体企业为 473 429 万元,占 5.80%。内资企
业所有者权益中实收资本为 5 839 601 万元,其中私营企业 2 663 098 万元,
有限责任公司 1 703 326 万元,国有企业 876 963 万元,集体企业 355 949 万
元。2008 年末,辽宁省不同注册类型建筑业企业的资产负债情况如表
2-24 所示。

表 2-24　辽宁省不同注册类型建筑业企业的资产负债情况

指　标	资　产		所有者权益		
	数量/万元	比重/%	数量/万元	比重/%	实收资本/万元
总　计	22 349 146	100.00	8 157 764	100.00	6 012 484
内资企业	21 857 214	97.80	7 937 534	97.30	5 839 601
国有企业	4 774 731	21.36	1 176 253	14.42	876 963
集体企业	1 351 485	6.05	473 429	5.80	355 949
股份合作企业	187 144	0.84	77 504	0.95	63 310
联营企业	13 893	0.06	6 131	0.08	6 301
有限责任公司	7 496 248	33.54	2 346 322	28.76	1 703 326
股份有限公司	645 279	2.89	272 935	3.35	169 709
私营企业	7 386 314	33.05	3 583 947	43.93	2 663 098
其他企业	2 122	0.01	1 014	0.01	946
港澳台商投资企业	119 917	0.54	49 580	0.61	46 814
外商投资企业	372 015	1.66	170 650	2.09	126 068

2.3.5 经济效益情况及特点

第二次经济普查数据显示,2008 年末,辽宁省建筑业企业法人单位的结算收入为 27 089 593 万元。其中内资企业的结算收入为 26 632 543 万元,占总结算收入的 98.31%。

2.3.5.1 有限责任公司工程结算收入最高

第二次经济普查数据显示,建筑业企业法人单位中有限责任公司的结算收入为 10 031 012 万元,占总结算收入的 37.03%,私营企业 8 643 753 万元,占总结算收入的 31.91%,国有企业 5 040 741 万元,占总结算收入的 18.61%,集体企业 1 686 614 万元,占总结算收入的 6.23%。占从业人员比例最高的国有企业在收入方面却只占很小的比例,这表明,与其他所有制企业相比,国有建筑企业的经济效益是比较差的。这也反映出,辽宁省大力推行的建筑企业改制是正确和有益的,如何尽快推进国有建筑企业的改革和发展,提高国有企业的效益水平,是行业管理部门急需解决的问题。2008 年末,辽宁省不同注册类型建筑业企业工程的结算情况如图 2-24 和表 2-25 所示。

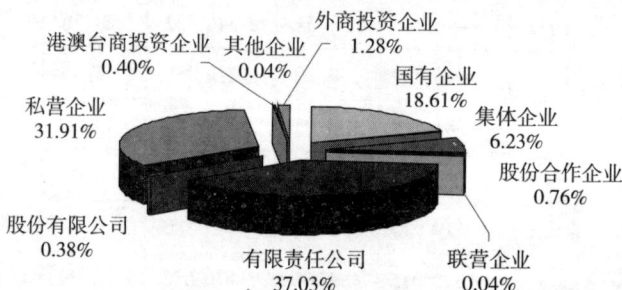

图 2-24 辽宁省不同注册类型建筑业企业工程的结算情况

表 2-25　辽宁省不同注册类型建筑业企业工程的结算情况

指　标	工程结算收入	
	数量/万元	比重/%
总　计	27 089 593	100.00
内资企业	26 632 543	98.31
国有企业	5 040 741	18.61
集体企业	1 686 614	6.23
股份合作企业	206 895	0.76
联营企业	11 162	0.04
有限责任公司	10 031 012	37.03
股份有限公司	102 134	0.38
私营企业	8 643 753	31.91
其他企业	10 233	0.04
港澳台商投资企业	109 129	0.40
外商投资企业	347 920	1.28

2.3.5.2　私营企业利润额占近一半

第二次经济普查数据显示,2008 年末,辽宁省建筑业利润总额 1 135 782 万元中,内资企业 1 094 893 万元,占 96.40%,其中私营企业 527 374 万元,占 46.43%,有限责任公司 331 445 万元,占 29.18%,国有企业 108 869 万元,占 9.59%,集体企业 69 387 万元,占 6.11%。

在各种所有制的建筑业企业中,私人企业的经济效益最好。在辽宁省建筑业企业法人单位中,私营企业的从业人数仅占全部企业法人单位从业人数的 30% 左右,但其占内资企业利润的比例高达 46.43%。2008 年末,辽宁省不同注册类型建筑业企业的利润情况如图 2-25 和表 2-26 所示。

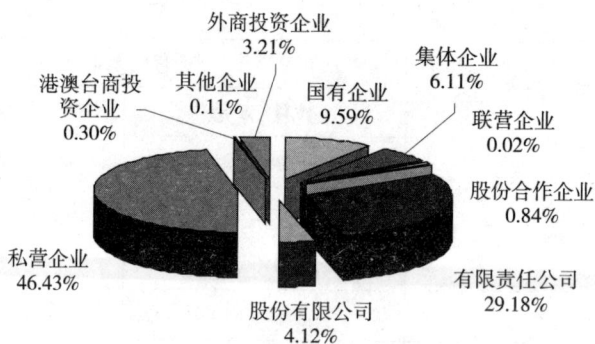

图 2-25　辽宁省不同注册类型建筑业企业的利润情况

表 2-26　辽宁省不同注册类型建筑业企业的利润情况

指　标	利润总额	
	数量/万元	比重/%
总　计	1 135 782	100.00
内资企业	1 094 893	96.40
国有企业	108 869	9.59
集体企业	69 387	6.11
股份合作企业	9 487	0.84
联营企业	263	0.02
有限责任公司	331 445	29.18
股份有限公司	46 828	4.12
私营企业	527 374	46.43
其他企业	1 241	0.11
港澳台商投资企业	3 429	0.30
外商投资企业	36 459	3.21

2.3.5.3　收入主要来自房屋和土木工程建筑业

第二次经济普查数据显示,2008 年末,辽宁省建筑业企业法人单位的
房屋和土木工程建筑业工程结算收入为 21 313 598 万元,占全部建筑业工

程结算收入总额的 78.68%。其中资质内企业 20 214 641 万元,占
74.62%。建筑安装业 4 130 018 万元,占 15.25%。其中资质内企业
3 413 158 万元,占 12.60%。建筑装饰业 1 198 078 万元,占 4.42%。其中
资质内企业占 2.50%。其他建筑业 447 900 万元,仅占 1.65%。其中资质
内企业占 0.68%。结算收入在资质内企业的分布情况大致和总收入的分
布情况一致。2008 年末,辽宁省建筑业企业法人单位的不同建筑行业的工
程结算收入情况如图 2-26 和表 2-27 所示。

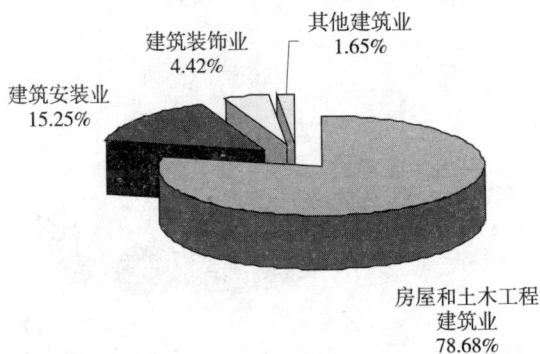

图 2-26　辽宁省不同建筑行业的工程结算收入情况

表 2-27　辽宁省不同建筑行业的工程结算收入情况

行　业	合　计		资质内企业		资质外企业	
	工程结算收入/万元	比重/%	工程结算收入/万元	比重/%	工程结算收入/万元	比重/%
总　计	27 089 593	100.00	24 487 650	100.00	2 601 943	100.00
房屋和土木工程建筑业	21 313 598	78.68	20 214 641	82.55	1 098 957	42.24
建筑安装业	4 130 018	15.25	3 413 158	13.94	716 860	27.55
建筑装饰业	1 198 078	4.42	676 028	2.76	522 050	20.06
其他建筑业	447 900	1.65	183 823	0.75	264 077	10.15

2.3.5.4 房屋和土木工程建筑业的工程效益最好

第二次经济普查数据显示,2008 年末,辽宁省建筑业企业法人单位的房屋和土木工程建筑业工程利润总额最高,为 760 212 万元,占全部建筑业工程利润总额的 66.93%,其中资质内企业占 58.47%。建筑安装业为 258 250 万元,占 22.74%。其中资质内企业占 16.18%。建筑装饰业为 88 581 万元,占 7.80%。其中资质内企业占 2.93%。其他建筑业为 28 739 万元,仅占 2.53%,其中资质内企业占 0.58%。2008 年末,辽宁省不同建筑行业的利润总额情况如图 2-27 和表 2-28 所示。

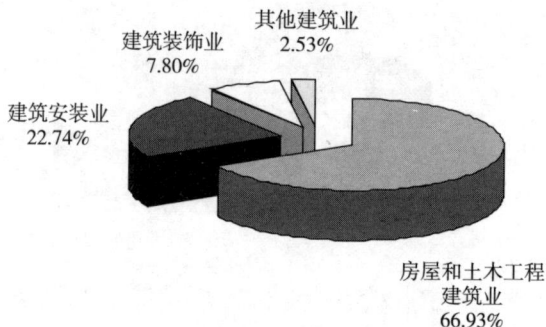

图 2-27 辽宁省不同建筑行业的利润总额情况

表 2-28 辽宁省不同建筑行业的利润总额情况

行　业	合　计		资质内企业		资质外企业	
	利润总额/万元	比重/%	利润总额/万元	比重/%	利润总额/万元	比重/%
总　　计	1 135 782	100.00	887 689	100.00	248 093	100.00
房屋和土木工程建筑业	760 212	66.93	664 038	74.81	96 174	38.77
建筑安装业	258 250	22.74	183 807	20.71	74 443	30.01
建筑装饰业	88 581	7.80	33 255	3.75	55 326	22.30
其他建筑业	28 739	2.53	6 589	0.74	22 150	8.93

2.3.6 辽宁省地区建筑业发展的特点

第二次经济普查数据显示,在辽宁省建筑业发展的同时,仍然存在着地区间的不均衡性。为此,本节多指标、多角度地探讨了辽宁省地区建筑业发展中存在的趋同性与异构性。

2.3.6.1 地区建筑业企业发展规模情况

由于各地区经济发展水平、人口分布、地理分布以及产业发展思路和侧重点不同,辽宁省地区间建筑业发展规模并不均衡。通过分析辽宁省建筑业地区发展规模的特点,寻求地区建筑业发展规模的共性与差异,既有利于各地区认识自身发展的优势和不足,又可为辽宁省建筑业的科学合理布局,促进辽宁省建筑业整体发展提供决策参考。

由图 2-28 和图 2-29 辽宁省企业法人单位和从业人员数量的帕累托曲线图可以看出,辽宁省各地区建筑业发展规模既存在着共性,也表现出明显的差异。辽宁省建筑业企业法人单位和从业人员主要集中在沈阳市和大连市,其他地区与这两个市的差距明显。

第二次经济普查数据显示,2008 年末,沈阳市和大连市建筑业企业法人单位和从业人员分别占辽宁省的 63.98% 和 50.13%。其中大连市建筑业企业法人单位 5 210 个,占辽宁省建筑业企业法人单位总数的 34.83%;沈阳 4 361 个,占 29.15%,大连市建筑业企业法人单位从业人员 421 144人,占辽宁省建筑业企业法人单位从业人员数的 32.83%,沈阳市 221 913人,占 17.30%。辽阳市的建筑业企业法人单位 260 个,占辽宁省的 1.74%,铁岭市为 239 个,占 1.60%;阜新市建筑业企业法人单位从业人员 28 856

人,占辽宁省企业法人单位从业人数的 2.25%,葫芦岛市 35 398 人,占 2.76%。阜新市和葫芦岛市建筑业发展规模与沈阳市和大连市相比,差距 很大。其他各地区间也存在着明显的差异,显示出辽宁省地区间建筑业发 展规模的不均衡性。

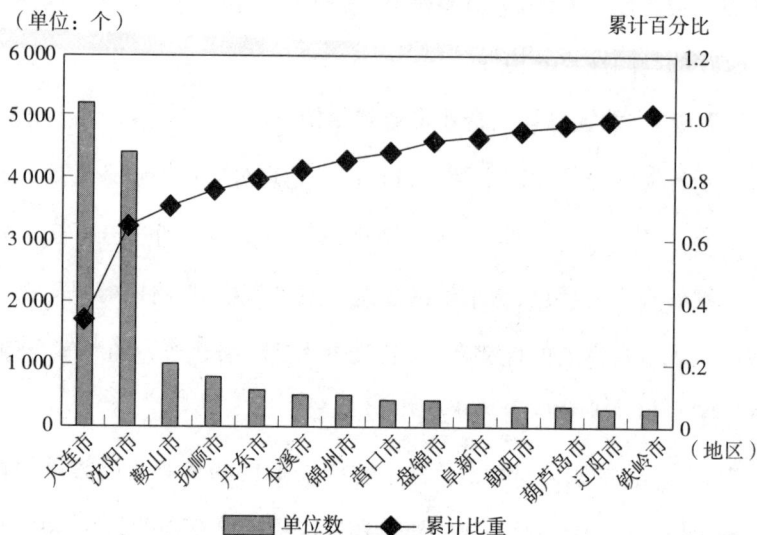

图 2-28 辽宁省地区企业法人单位数量分布的帕累托图

　　为了进一步考察地区建筑业发展规模的特点,我们以建筑业企业法人 单位和从业人员占辽宁省建筑业企业法人单位和从业人员的比重作为衡量 地区建筑业发展规模的代表指标,以第二次经济普查数据为分析样本,以辽 宁省 14 个省辖市为分析样品,进行聚类分析。这是由于聚类分析能够把发 展规模相近的地区划分为一组,有助于我们更好地从整体上把握辽宁省各 地区建筑业在规模上的差异,见表 2-29。

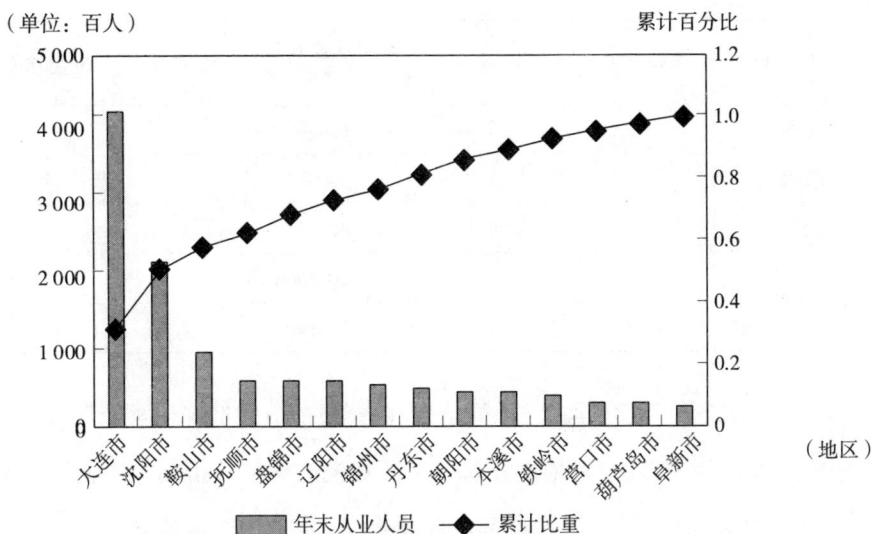

图 2-29　辽宁省地区法人单位从业人员数量分布的帕累托图

表 2-29　辽宁省地区建筑业企业法人单位数和从业人员情况及聚类结果

地　区	单位数/个	比重/%	年末从业人员/人	比重/%	聚类结果
总　计	14 959	100.00	1 282 706	100.00	
沈阳市	4 361	29.15	221 913	17.30	2
大连市	5 210	34.83	421 144	32.83	2
鞍山市	999	6.68	99 305	7.74	1
抚顺市	759	5.07	64 225	5.01	1
本溪市	459	3.07	47 372	3.69	1
丹东市	559	3.74	54 479	4.25	1
锦州市	432	2.89	55 784	4.35	1
营口市	373	2.49	35 604	2.78	1
阜新市	351	2.35	28 856	2.25	1

地　区	单位数/个	比重/%	年末从业人员/人	比重/%	聚类结果
辽阳市	260	1.74	62 582	4.88	1
盘锦市	372	2.49	63 097	4.92	1
铁岭市	239	1.60	42 741	3.33	1
朝阳市	293	1.96	50 206	3.91	1
葫芦岛市	292	1.95	35 398	2.76	1

由于动态聚类具有动态性、简洁性和直观性,故我们采取动态聚类进行分析。2008 年末,辽宁省地区建筑业发展规模的聚类分析的聚类树形图如图 2-30 所示。树形图显示,按照发展规模,可将辽宁省 14 个市划分为两个不同的类别:一类是建筑业规模大的地区,包括大连市和沈阳市。他们的建筑业企业法人单位和从业人员占辽宁省建筑业企业法人单位和从业人员的比重大致处于 15%—35%。另一类是建筑业规模一般的地区,包括剩余的 12 个市,他们的这两个指标主要在 2%—8%变动。这两类地区的建筑业规模差距是非常明显的。

聚类分析结果表明,辽宁省地区建筑业发展规模既存在一定的共性,也表现出很大的差异性,这种差异性与各地区经济发展水平息息相关。沈阳市和大连市的工业化与城市化水平明显高于辽宁省其他地区,他们的建筑业发展规模也表现出与其工业化和城市化进程的同步性。

2.3.6.2　地区建筑业企业资产负债情况

辽宁省地区建筑业除了在发展规模上表现出很大的差异性,在企业资产负债方面同样显示出较大的不同。

第二次经济普查数据显示,各地区之间的资产负债情况差异很大。

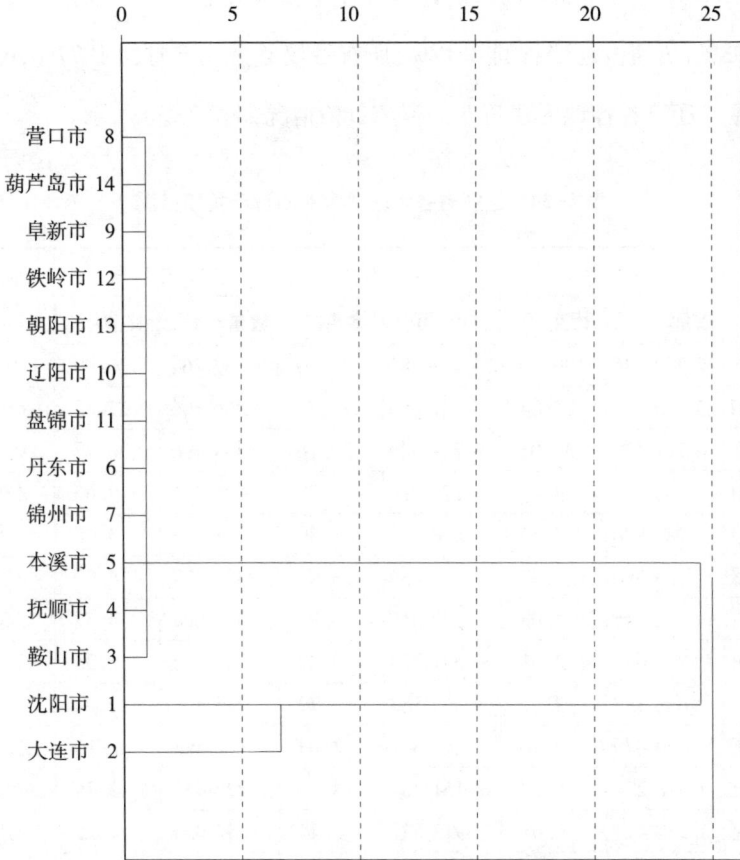

图 2-30　辽宁省地区建筑业企业法人单位数和从业人员数的聚类树形图

2008 年末,大连市建筑业企业法人单位的资产总额最高,为 6 711 485 万元,占辽宁省建筑业企业法人单位资产总额的 30.03%,沈阳市 5 373 219 万元,占 24.04%。大连市建筑业企业法人单位的资产负债额 3 711 989 万元,占辽宁省建筑业企业法人单位负债总额的 26.16%,沈阳市为 3 507 053 万元,占 24.71%。大连市建筑业所有者权益 2 999 496 万元,其中,实收资本 2 025 386 万元,沈阳市所有者权益 1 866 166 万元,其中,实收资本

1 450 685 万元。而葫芦岛市的建筑业企业法人单位资产总额仅占辽宁省的 2.03%,负债占辽宁省的 2.17%,所有者权益占辽宁省的 1.77%,差距十分明显。辽宁省各地区建筑业的资产负债情况如表 2-30 所示。

表 2-30 辽宁省各地区建筑业的资产负债情况

指 标	资 产		负 债		所有者权益		实收资本 /万元
	数量/万元	比重/%	数量/万元	比重/%	数量/万元	比重/%	
总 计	22 349 146	100.00	14 191 382	100.00	8 157 764	100.00	6 012 484
沈 阳	5 373 219	24.04	3 507 053	24.71	1 866 166	22.88	1 450 685
大 连	6 711 485	30.03	3 711 989	26.16	2 999 496	36.77	2 025 386
鞍 山	1 800 207	8.05	1 174 986	8.28	625 221	7.66	439 984
抚 顺	787 870	3.53	538 939	3.80	248 931	3.05	250 711
本 溪	753 586	3.37	427 059	3.01	326 527	4.00	226 834
丹 东	912 445	4.08	558 818	3.94	353 627	4.33	244 994
锦 州	784 646	3.51	541 713	3.82	242 933	2.98	233 850
营 口	641 357	2.87	395 566	2.79	245 791	3.01	173 552
阜 新	460 870	2.06	288 387	2.03	172 483	2.11	139 349
辽 阳	1 378 224	6.17	1 151 787	8.12	226 437	2.78	202 544
盘 锦	1 268 471	5.68	913 637	6.44	354 834	4.35	218 488
铁 岭	597 605	2.67	418 200	2.95	179 405	2.20	137 854
朝 阳	425 931	1.91	254 637	1.79	171 294	2.10	141 781
葫芦岛	453 231	2.03	308 611	2.17	144 620	1.77	126 473

2.3.6.3 地区建筑业经济效益情况

第二次经济普查数据显示,辽宁省 14 市的建筑业企业法人单位的收入与利润总额差距明显。2008 年末,大连市建筑业企业法人单位的工程结算收入为 7 715 865 万元,占辽宁省工程收入总额的 28.48%,沈阳市为 5 742 400 万元,占辽宁省的 21.20%,鞍山市为 2 525 051 万元,占辽宁省的

9.32%。大连市建筑业企业法人单位的利润为 383 540 万元,占辽宁省建筑业企业法人单位利润总额的 33.77%,沈阳市为 211 622 万元,占辽宁省的 18.63%,鞍山市为 173 701 万元,占辽宁省的 15.29%。其他各地区的工程收入总额和利润总额都相对较低,所占的比重与上述三个市的差距相当大。辽宁省各地区建筑业企业法人单位的工程结算收入和利润总额情况如表 2-31 所示。

表 2-31　辽宁省各地区建筑业企业法人单位的工程结算收入和利润总额情况

地　区	工程结算收入		利润总额	
	数量/万元	比重/%	数量/万元	比重/%
总　计	27 089 593	100.00	1 135 782	100.00
沈阳市	5 742 400	21.20	211 622	18.63
大连市	7 715 865	28.48	383 540	33.77
鞍山市	2 525 051	9.32	173 701	15.29
抚顺市	1 302 990	4.81	31 010	2.73
本溪市	901 006	3.33	65 299	5.75
丹东市	1 099 969	4.06	70 607	6.22
锦州市	1 174 427	4.34	21 724	1.91
营口市	819 727	3.03	51 431	4.53
阜新市	426 105	1.57	3 761	0.33
辽阳市	2 114 537	7.81	27 606	2.43
盘锦市	1 305 257	4.82	51 782	4.56
铁岭市	810 985	2.99	26 558	2.34
朝阳市	664 059	2.45	10 964	0.97
葫芦岛市	497 217	1.84	6 168	0.54

　　为了反映各地区在人均效益(按地区计算的从业人员人均创造的利润)方面的差异,我们引入了测量地区间经济差异常用的计量方法——泰

尔指数。泰尔指数分为两部分,一部分用来测度区域间的经济差异,另一部分用来测度区域内的经济差距,即泰尔指数值可以表示为区域间差异与区域内差异的和。泰尔指数的计算公式如下:

$$I = I_1 + I_2 \tag{2-1}$$

$$I_1 = \sum_{i=1}^{2} Y_i \ln \frac{Y_i}{P_i} \, , \, I_2 = \sum_{i=1}^{2} Y_i \left[\sum_{j} Y_{ij} \ln \frac{Y_{ij}}{P_{ij}} \right] \tag{2-2}$$

我们将辽宁省的 14 市划分为两类地区,一类是建筑业核心发达区域,包括沈阳市和大连市;另一类是非核心发达区域,包括辽宁省剩余的 12 个市。

在式(2-2)中,$i = 1$ 表示核心发达区域,$i = 2$ 表示非核心发达区域。I、I_1、I_2 分别表示辽宁省、两类区域间和区域内建筑业人均效益差异的泰尔指数。当 $i = 1$ 时,j 表示第 1 类中的地区单元,即沈阳市和大连市;当 $i = 2$ 时,j 表示第 2 类中的 12 个地区单元。Y_i 和 P_i 分别为各地区单元的建筑业企业法人单位利润总额和从业人员数占辽宁省建筑业企业法人单位利润总额和从业人员数的百分比。Y_{ij} 和 P_{ij} 分别是各地区单元的利润总额和从业人员占所属区域建筑业利润总额和从业人员的百分比。I_1/I 为区域间人均经济效益差距的泰尔指数贡献率,I_2/I 为区域内人均经济效益差异的泰尔指数贡献率,区域间和区域内泰尔指数贡献率的大小反映了区域间还是区域内差异对整体差异影响大。辽宁省地区建筑业人均经济效益差异的泰尔指数及其分解值如表 2-32 所示。

表 2-32 的计算结果显示,2008 年末,辽宁省建筑业人均经济效益的泰尔指数为 0.1091,大于 0,这表明,各地区间在人均经济效益上的差异是明显的。但人均效益在区域间和区域内的差异程度又明显不同,其中区域间

差异很小,其贡献率为 0.94%,区域内的差异为决定性的,其贡献率为 99.06%。这表明,辽宁省地区间人均经济效益的差距主要取决于区域内, 即第 1 类地区和第 2 类地区间在人均利润上并没有明显的不同,而在各自 区域内,特别是第二类区域内各地区的人均经济效益差异是非常明显的。

表 2-32　泰尔指数及其分解值

指　　标	I	I_1	I_2	I_1/I	I_2/I
数　　值	0.1091	0.0010	0.1081	0.94%	99.06%

2.3.6.4　地区建筑业的专业化水平情况

下面,我们考察地区建筑业在其地区内的相对发展水平,即建筑业在其 地区内的专业化程度。

我们采用区位商方法进行分析。区位商(LQ)分析是通过测定各产业 部门在各地区的相对专业化程度来间接反映区域间经济联系的结构和方 向。区位商可以用来比较不同地区和不同产业的比较优势,其测定指标有 就业人数、资产和收入等,计算出的区位商分别为劳动力集中度、资产集中 度、收入集中度等。

劳动力集中度的计算公式如下:

$$q_{ij} = \frac{e_{ij}/e_i}{E_{ij}/E_n} \tag{2-3}$$

q_{ij} 为 i 地区 j 产业的区位商,即劳动力集中度;其中 e_{ij} 为 i 地区 j 产业的 就业人数, e_i 为 i 地区的总就业人数; E_{ij} 为辽宁省 j 产业的从业人数; E_n 为 辽宁省的总从业人数,这里,我们设定 j 为建筑业。总从业人数采用的是第 二次经济普查获取的辽宁省第二、第三产业的总就业人数。

在式(2-3)将从业人数分别用资产和利润额代替,就计算出各自的区位商,即资产集中度和收入集中度。

区位商越大,说明该行业的集中度越高,在该地区内的专业化水平越高。一般来说,$q_{ij} > 1$,表明 i 地区 j 产业的专业化程度超过辽宁省平均水平,属于地区专业化部门;$q_{ij} < 1$,表明 i 地区 j 产业的专业化程度低于辽宁省平均水平,属于需要加大建设力度的部门;$q_{ij} = 1$,表明 i 地区 j 产业的专业化水平和辽宁省平均水平相当。表 2-33 给出了辽宁省 14 个市建筑业的劳动力集中度、资产集中度和收入集中度及排序情况。

从区位商分析可以看出,辽宁省各地区建筑业的专业化水平,即集中度存在显著的不均衡:其中法人单位数仅占辽宁省 1.74% 的辽阳市的建筑业劳动力、资产和营业收入的区位商均排在辽宁省第一位,其建筑业的专业化水平明显高于辽宁省的平均水平,建筑业高度集中。与之类似的还有盘锦市,其劳动力、资产和收入的区位商也显著高于辽宁省的平均水平。辽宁省建筑业发展水平最高的大连市和沈阳市则呈现出不同的集中度水平,大连市的劳动力集中度在辽宁省位居第二,收入集中度也处于高度集中的状态,但资产集中度却低于辽宁省平均水平。沈阳市的这三个指标的专业化程度均低于辽宁省的平均水平,位居 14 个地区的后列,说明沈阳市建筑业相对于其他产业是相对较慢的。

表 2-33　辽宁省各地区建筑业的区位商及排序

地　区	劳动力集中度	排名	资产集中度	排名	收入集中度	排名
沈　阳	0.818	11	0.847	13	0.744	14
大　连	1.347	2	0.919	11	1.167	8

地　　区	劳动力集中度	排名	资产集中度	排名	收入集中度	排名
鞍　　山	0.995	5	1.080	8	1.136	10
抚　　顺	1.023	4	1.336	5	1.264	5
本　　溪	0.963	8	0.970	9	0.905	11
丹　　东	0.948	9	1.859	2	1.898	2
锦　　州	0.982	6	1.130	6	1.300	4
营　　口	0.599	14	0.728	14	0.757	13
阜　　新	0.685	13	1.356	4	1.334	3
辽　　阳	1.420	1	2.053	1	2.152	1
盘　　锦	1.097	3	1.746	3	1.236	6
铁　　岭	0.839	10	1.094	7	1.158	9
朝　　阳	0.968	7	0.937	10	1.184	7
葫芦岛	0.798	12	0.912	12	0.827	12

2.3.7　辽宁省建筑业发展情况评价

2.3.7.1　基于产业竞争力的评价

为了评价辽宁省建筑业发展情况,本节利用份额—偏离法对辽宁省建筑业在两次经济普查时间间隔内的产业竞争力的变化情况进行实证分析。

份额—偏离法将某期间的区域经济发展状况与标准区(所在大区或者全国)作比较,该方法能够比较准确地评价区域内部门或产业的发展状况与标准区相关部门或产业相比的竞争力大小,且具有较强的综合性和动态性。

份额—偏离法是将一定时期内的区域经济增长额 G 分解为份额分量

N、结构偏离分量 P 和区域竞争力偏离分量 D，即 $G = N + P + D$，以这三个分量对区域经济总体及产业的发展速度和竞争力进行说明。这里，我们将 G 设定为建筑业主营业务收入。

根据份额—偏离法公式：

$$G = N + P + D \tag{2-4}$$

定义区域内行业 j 的基期规模为 e_{j0}，末期规模为 e_{jt}，标准区即全国的基期和末期的行业 j 规模分别为 E_{j0}，E_{jt}。这里，$j = 4$，分别是建筑业中的四个行业部门：房屋和土木工程建筑业、建筑安装业、建筑装饰业和其他建筑业。

定义 $G_j = e_{jt} - e_{j0}$ 为研究对象在考察期间内的规模增加额。$r_{jt} = (e_{jt} - e_{j0})/e_{j0}$ 和 $R_{jt} = (E_{jt} - E_{j0})/E_{j0}$ 分别表示研究区域和标准区相应行业的规模增长率。份额分量 $N_j = e_{j0} \times R$ 表示研究区域行业 j 以标准区增长速度产生的增长额。结构偏离分量 $P_j = e_{j0} \times (R_j - R)$ 表示研究区域与标准区相应行业的结构差异，是排除了研究区域相应产业增长速度与标准区的平均速度差异，而单独分析部门结构对产值增加值的影响和贡献。竞争力偏离分量 $D_j = e_{j0} \times (r_j - R_j)$ 表示假定研究区域与标准区相应产业的结构相同，增长速度不同所产生的竞争力差异，反映的是研究区域相应产业的相对竞争力。其中，$G = \sum_{j=1}^{4} G_j$，$N = \sum_{j=1}^{4} N_j$，$P = \sum_{j=1}^{4} P_j$，$D = \sum_{j=1}^{4} D_j$ 分别为各变量的总和，即反映整个标准区内的份额偏离程度。

我们以两次经济普查年份作为研究区间，其中 2004 年为基期，2008 年为报告期。以辽宁省建筑行业房屋和土木工程业、建筑安装业、建筑装饰业及其他建筑业为研究对象，以全国作为标准区参照，分析结果如表 2-34 所示。

表 2-34 以建筑业主营业务收入为变量的偏离——份额结果

(单位:亿元)

	G_j	N_j	P_j	D_j	$P+D$
总　计	1 436.53	1 310.61	5.94	116.75	122.69
房屋和土木工程业	1 067.97	1 095.29	82.10	-112.13	-30.03
建筑安装业	290.01	126.69	-45.13	208.14	163.01
建筑装饰业	50.14	71.76	-21.65	-0.15	-21.80
其他建筑业	28.42	16.86	-9.38	20.89	11.51

从表 2-34 可以看出,辽宁省建筑业主营业务收入增量 G 为 1 436.53 亿元,而按照全国平均增长速度,其收入增量应为 1 310.61 亿元,这表明,在两次经济普查期间,辽宁省建筑业总体发展速度高于全国平均水平,各行业部门中只有建筑安装业增量小于全国平均水平计算的增量,说明辽宁省建筑安装业的发展水平低于全国平均水平,是辽宁建筑业需要重点加强的部门。

从总体偏离情况上看,份额分量 N 占总体实际增量值 G 的比例很高,且远大于(P+D),这说明,在此期间,辽宁省建筑业产业规模优势比较明显,发展速度高于全国平均水平。同时也说明,辽宁省建筑业的发展主要来自于规模的扩大。

结构偏离分量 P 为 5.94 亿元,说明辽宁省建筑业各部门结构对产值有一定的贡献,但优势不明显。其中房屋和土木工程建筑业的 P 值为 82.10 亿元,明显高于其他部门且是唯一对建筑业结构贡献为正的部门,说明辽宁省建筑业的部门结构主要靠房屋和土木工程建筑业拉动,其他产业部门的结构贡献均低于全国平均水平,对整个建筑业结构贡献低甚至为负贡献率。

竞争力偏离分量 D 为 116.75 亿元,说明辽宁省建筑业总体竞争力较强,对辽宁省建筑业发展有一定的促进作用,但除建筑安装业外,其他部门的 D 值均为负值,抵消了建筑安装业带来的增量,这表明,辽宁省建筑业中这些产业部门的竞争力不足,发展较为缓慢,部门竞争力对辽宁省建筑业的发展有一定的阻滞。由此可以看出,建筑安装业在提升辽宁省建筑业竞争力、拉动其他产业部门、抵消总体竞争力偏弱方面发挥了重要作用。

2.3.7.2 基于所有制结构的分析

随着辽宁省建筑业改革的不断深化,建筑业所有制结构已经实现多元化,这是建筑业实现可持续发展,也是辽宁省建筑业与国际接轨的重要机制保证。

2008 年,全国及五省市建筑业所有制结构百分比如图 2-31 所示。由图 2-31 可以看出,辽宁省内资企业占辽宁省建筑业注册企业的比重明显低于全国平均水平和其他四个省市,港澳台商投资企业和外资企业比重高于全国平均水平和其他四个省市。这表明,辽宁省建筑业在招商引资方面做得较好,一定程度上促进了辽宁建筑业的发展。两次经济普查中,国有企业所占的比例如图 2-32 所示。由图 2-32 可以看出,近年来,各地区建筑业国企改革均取得了显著成就,辽宁省国有企业改制幅度更是明显快于其他地区。但从绝对值的角度看,辽宁省建筑业国有企业的比重仍有进一步下调的空间。

为了进一步考察两次经济普查中,辽宁省建筑业所有制结构的变化,我们对辽宁省 2004 年和 2008 年各注册类型企业绘制了百分比积累图 2-33 所示。

（单位：%）

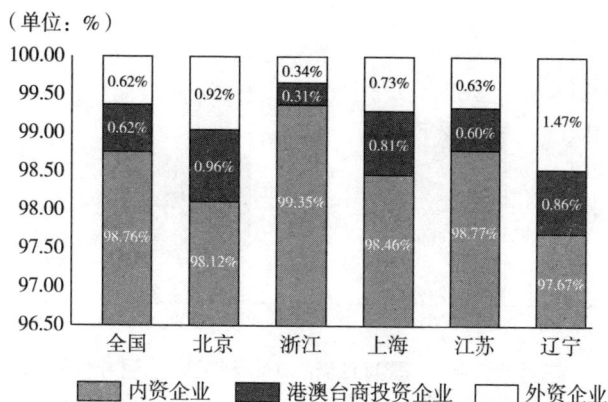

图 2-31　全国及五省市建筑业所有制结构百分比

（单位：%）

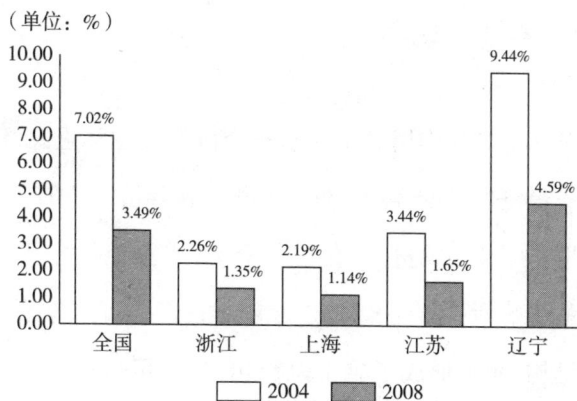

图 2-32　各地区国有企业百分比对比

由图 2-33 可以看出,辽宁省建筑业所有制改革已取得明显成效,从过去的国企当家,逐步走向产权结构多元化的道路,并加强外资引进。所有制结构改革促进了辽宁省建筑业的整体发展,而且随着所有制结构的进一步完善,辽宁省建筑业定能全面实现与国际化的接轨和促进产业优化升级,达到更好地促进辽宁省国民经济发展的目标。

（单位：%）

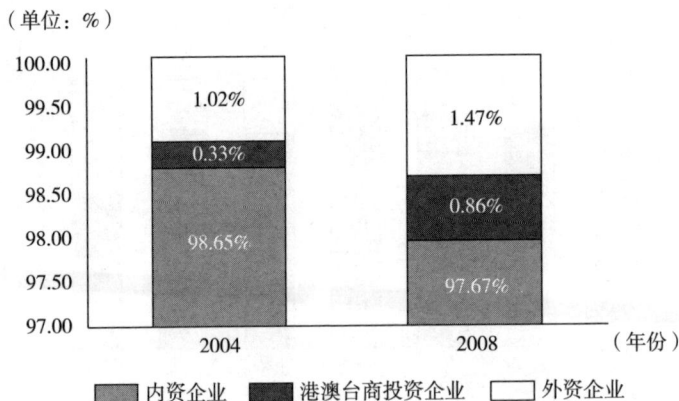

图 2-33　辽宁省建筑业所有制结构变化图

2.3.8　辽宁省建筑业发展中存在问题的归结

发挥建筑业的支撑作用对于辽宁省经济发展意义重大,建筑业也具备了支撑辽宁省经济发展的客观条件。与第一次经济普查的 2004 年相比,辽宁省建筑业取得了长足的进步,在辽宁经济中产业地位突出,在全国同行业中也有一定的影响力,所有制结构逐步趋于完善,形成了多种经济成分并存的产业产权结构,初步形成了施工总承包、专业承包和劳务分包的组织结构。但放眼全国,特别与浙江、江苏等建筑业发达省份相比,还存在明显的不足。不足不仅体现在产值、效益等可量化指标上,在不可量化指标方面,如市场机制、产业结构等也存在相当差距。

本节根据第二次经济普查数据及相关历史数据并结合辽宁省建筑业的发展实际,着重归结辽宁建筑业发展过程中存在的问题。

2.3.8.1　多数建筑企业竞争力不强

第二次经济普查数据显示,辽宁省大型骨干建筑企业少,建筑业市场以中小企业为主,企业数目虽然多,但规模较小,企业竞争力不强。从就业人数看,辽宁省全部企业法人单位的平均从业人数为 85.74 人,不及全国平均水平的 175 人的一半。其中国有企业平均为 268.2 人,非国有企业平均为百人左右。从资产水平上看,国有企业法人单位的平均资产为 6 950 万元,其他非国有企业的平均资产均在千万元左右,也处于较低的水平。

数量庞大的小企业,经营活动主要以建筑装饰和建筑安装工程为主,技术门槛低,业务单一,无法形成社会分工明确的经济效益高的集约型规模。在道路、桥梁、港口和码头建设等大工程、大项目的承揽上,由于企业资质等级、技术装备和人员素质等各方面条件的限制,没有资格参与。目前,辽宁省建筑企业主要以房建为主,增项大多是土石方、装饰装修、园林绿化等,地铁、港口、机场等资质项目基本处于空白状态。

2.3.8.2 有资质的企业数量少

建筑企业的资质等级划分是评定企业专业化程度的标准,资质外企业为企业水平不符合国家规定资质标准的,但仍然从事建筑业活动的企业。第二次经济普查数据显示,辽宁省建筑业企业资质外企业法人单位占企业法人单位总数的 70% 左右。辽宁省资质外企业虽然数量众多,但其从业人员却仅占建筑业企业法人单位从业人员数的 12%,资产仅占全部资产比重的 13%。由此可以看出,辽宁省资质外企业普遍规模小、技术能力相当有限。

由于建筑业的主要工程对于资质登记、技术、人员素质等有较高的要求,资质外企业在很多工程项目招标中将被直接排除在外,无法参与竞争。资质外企业过多,必将制约辽宁建筑企业的市场竞争力,不利于辽宁建筑业整体水平的提升。

2.3.8.3 建筑业整体效益水平不高

辽宁建筑业在经历了三十多年的改革发展之后,仍然没有摆脱低收益、低效率产业的行列。第二次经济普查数据显示,2008 年末,辽宁建筑企业法人单位平均总产值为 1 854.48 万元,与全国平均水平 3 035.42 万元相差近 40%。企业产值利润率水平也很低下。2008 年,辽宁建筑企业法人单位总产值 2 774.12 亿元,利润 113.58 亿元,产值利润率仅为 4.09%;辽宁房屋和土木工程建设利润率为 3.42%,建筑安装业为 6.68%,建筑装饰业为 7.27%,其他建筑业为 9.77%,建筑业各行业的产值利润率基本处于辽宁省各行业的最低水平。

收益水平低,表明辽宁省建筑企业的运营效率低下,还处于粗放式的管理方式,生产力要素及组合方式仍存在严重问题,还不能满足现代化产业的要求。这不仅影响辽宁省建筑业的产业地位,更重要的是会影响建筑业本身的成长发展。这种状况如果不能尽快改变,辽宁建筑企业将不可能具备 21 世纪所必需的竞争能力。而且,建筑企业经济效益如果长期处于低效益状态,必将制约行业的可持续发展,甚至带来其他负面影响。

此外,辽宁建筑企业法人单位在人均年产值和人均利润额上差距巨大,人均年产值为人均利润额的 218 倍,表明辽宁建筑行业还处在劳动力密集型阶段,在应用技术合理性方面存在巨大差距。

2.3.8.4 产业经营结构不尽合理

由份额—偏离法分析结果显示,在全国范围内,辽宁建筑业有着较快的规模发展速度和较高的竞争力,辽宁建筑业发展速度略微高于全国平均水平,且其产值增加主要来自规模优势。份额—偏离法分析还显示,在建筑行业各部门中,房屋和土木工程的结构偏离分量为正值,说明该部门拥有较快的规模发展速度,相比之下,其他部门的结构偏离分量为负值,说明这些部门发展规模缓慢,且对整个建筑业行业的规模发展产生消极作用。

进一步,由建筑安装业和其他建筑业竞争力偏离分量为正可以看出,辽宁建筑业安装和装饰部门具有较强的产业竞争力,应将其作为重点发展方向。辽宁建筑企业生产活动主要集中在房屋和土木工程建设上,几乎占整个建筑业生产活动的70%,而建筑业安装和装饰部门规模仍然偏小,因此,当前辽宁建筑业生产经营结构并不合理,有必要进一步调整。特别是,应该将建筑业安装和装饰部门作为下一步发展的方向和突破口,而且也迎合了当前的市场需求。随着人们生活水平的提高,人民对建筑业安装和装饰等的要求越来越高、需求越来越多,这也必将为安装和装饰业的发展带来巨大的发展机遇。

2.3.8.5　所有制结构还有待进一步完善

目前,辽宁建筑行业改制工作基本结束,已经形成了多种经济成分并存的产业结构,产业资本结构正逐步趋向合理。近年来,国有及国有控股的建筑企业个数在建筑业企业总数中的比重呈下降趋势,2008年末,国有企业法人单位数量占全部法人单位数量的比重已降到4.59%,而城乡集体企业、股份合作企业、联营企业、私营企业、中外合资企业的数量及所占比重则呈上升趋势。此外,与其他省份相比,辽宁建筑业吸纳港澳台商和外资企业较多,这说明辽宁在吸引外资方面做得是比较好的,外资的引进对于促进辽宁建筑业发展是有利的。

所有制结构的逐步优化,有利于增强企业的活力和竞争力,但辽宁建筑企业在所有制结构方面仍存在一定的问题。例如,在部分股份制企业中,股权设置还不尽合理,领导层所持股普遍比职工层高。在民营独资企业中,法人治理结构还没有真正形成,多为家族式企业管理模式,还没有建立起真正的现代企业制度。

2.3.8.6　建筑业区域发展不平衡

在辽宁建筑业快速发展的同时,各市间的发展并不均衡,存在较强的异构性。本章对辽宁省建筑业发展的区域差异进行了泰尔指数分解,分解结果表明,辽宁建筑业发展的绝对差异是比较大的,各市间存在着明显的非均衡性。其中作为建筑业强市的沈阳市和大连市,其建筑业发展水平明显优于其他地区,这两个地区的建筑业注册单位和吸纳劳动力的数量占到了辽宁省的一半以上。地区间发展差距过大将不利于辽宁建筑业整体的可持续发展。

2.4　本章小结

本章利用全国经济普查资料,对我国建筑业发展特点做了全景式描述。包括企业法人单位数量及性质、就业、产值、房屋竣工面积、资产及所有者权益、工程结算收入及利润等情况及分布特点。通过全景式描述,归结了我国建筑业发展中存在的问题——国内建筑业市场对外开放度不高,缺少来自国外优秀建筑业企业的竞争;建筑业细分行业间发展不均衡,房屋建筑业发展空间逐渐减小;虽然两次经济普查期间我国建筑业发展水平有所提高,但依旧处于劳动力密集型阶段;建筑业区域发展的不平衡等。最后根据归结出的问题并提出了若干政策建议。

本章还利用2008年辽宁第二次经济普查提供的较为全面的建筑业发

展资料,总结了辽宁建筑业发展的特点,归纳了限制辽宁建筑业对经济发展支撑作用的问题所在。在辽宁建筑业发展的同时,仍然存在着地区间的不均衡性。辽宁建筑业发展中的不足之处可以概括为如下方面:多数建筑企业竞争力不强;有资质的企业数量少;建筑业整体效益水平不高;产业经营结构不尽合理;所有制结构还有待进一步完善;建筑业区域发展不平衡。

第3章 建筑业在经济中发挥支撑作用的必然性及困难性

建筑业是我国的支柱产业之一,对国民经济拉动力强、影响系数高,建筑业的技术进步和节能降耗水平在很大程度上影响并决定着我国经济增长方式的转变和未来经济发展的速度与质量。可以说,建筑业的兴衰对我国经济发展的作用是举足轻重的。

3.1 建筑业在我国经济发展中起支撑作用的必然性

3.1.1 对 GDP 的贡献突出

按照国际惯例,如果某产业增加值占 GDP 的比重达到 6%—8%,则可列入支柱产业。近十年来,我国建筑业增加值占 GDP 的比重如图 3-1 所示。由图 3-1 可知,自 2009 年我国建筑业增加值占 GDP 的比重首次超过 6%以来,该比重一直保持较为稳定状态,为我国经济稳步发展起到积极作用①。

（单位：%）

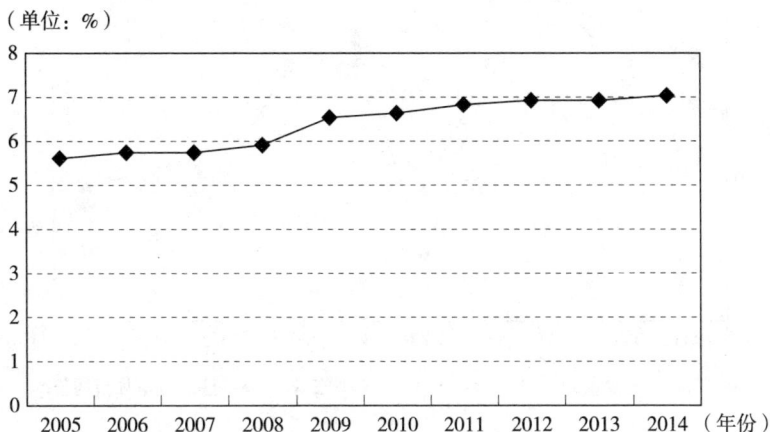

图 3-1 　2005—2014 年我国建筑业增加值占 GDP 的比重

数据来源：国家统计局网站。

　　我国国内生产总值、工业增加值和建筑业增加值增长情况如图 3-2 所示。由图 3-2 可见,近十年来,建筑业增加值的增长率一直高于国内生产总值增长率和工业增加值增长率。这表明建筑业对我国经济发展拉动作用明显。

　　部分国家以 GDP 增长率与建筑业增加值增长率的比值来表示的建筑业发展对经济增长的带动作用如图 3-3 所示。由图 3-3 可知,与建筑业较为发达国家相比,我国 GDP 增长率与建筑业增加值增长率的比值处于较高水平,显示了建筑业对我国经济增长的重要性。

---

　　① 支柱产业指的是支撑一个国家经济规模和增长的主要经济生产部门。在静态上,支柱产业在国民经济中占有较大比重,与其他产业的技术关联度较高。在动态上,支柱产业是指在国民经济发展过程中具有较大的需求收入弹性、生产率上升率高,有可能在未来经济中占有较大的比重、能够对相关产业的发展具有较大的带动作用的产业。国家统计局宣布,2003 年中国建筑业的增加值占国内生产总值的比重为 6.9%,仅次于工业、农业、商业,居第四位,成为国民经济的支柱产业之一。

（单位：%）

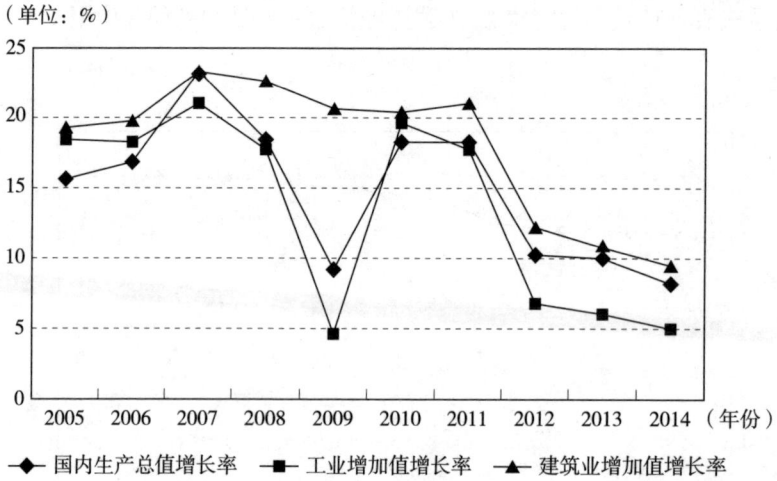

图 3-2 2005—2014 年我国 GDP、建筑业增加值及工业增加值增长率

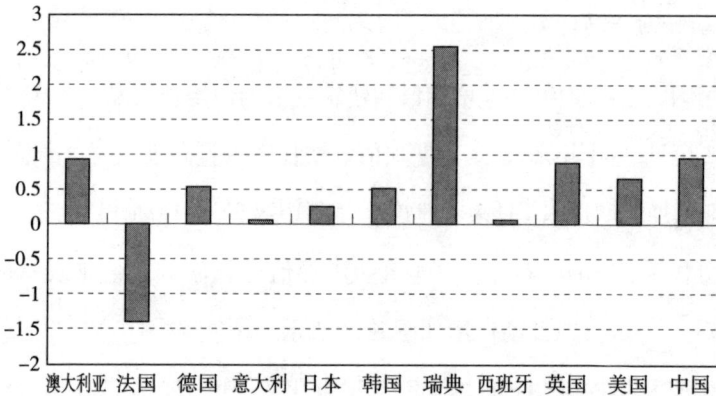

图 3-3 2013 年部分国家 GDP 与建筑业增加值增长率的比值

数据来源：http://stats.oecd.org/。

3.1.2 建筑业吸纳就业能力有提升空间

根据第三次全国经济普查，建筑业对全社会就业影响较大。2013 年，建筑业法人单位从业人数为 5 320.7 万人,占全部行业法人单位从业人数的 14.94%。仅低于制造业法人单位从业人数的 12 515.0 万人,远高于其他行业。制造业和建筑业的法人单位从业人数占全部行业的一半,他们为社会提供了大量的工作岗位。除上述两个行业外,仅批发和零售业,公共管理、社会保障和社会组织两大类行业法人单位从业人数高于 2 000 万人,其他行业从业人数集中在 1 000 万人以下。

2000—2013 年,我国建筑业从业人数占总就业人数的比重如图 3-4 所示,由图 3-4 可知,我国建筑业从业人数占总就业人数比重呈上升趋势。部分建筑业发达国家的情况如图 3-5 所示。由图 3-5 可知,我国建筑业从业人数占总就业人数比重还处于相对较低水平。2013 年,我国建筑业就业人数占总就业人数的比重为 5.8%,而同期,日本为 7.9%,韩国为 7.0%,德国为 6.8%。由此可见,未来我国建筑业的就业吸纳能力还有提升空间。

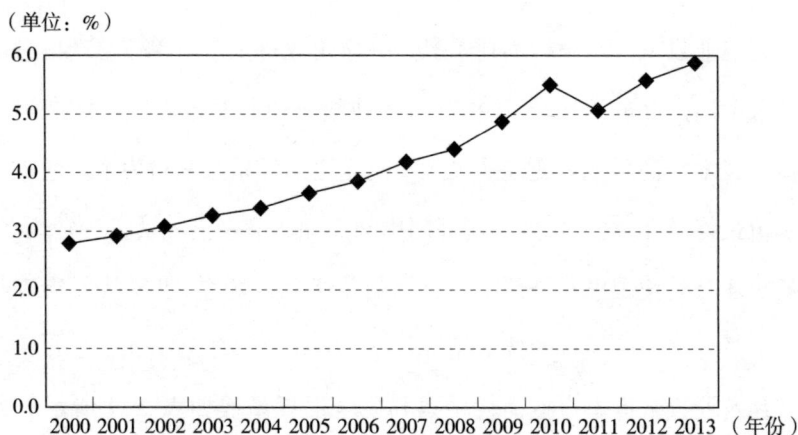

（单位：%）

图 3-4　2000—2013 年我国建筑业从业人数占总就业人数的比重

（单位：%）

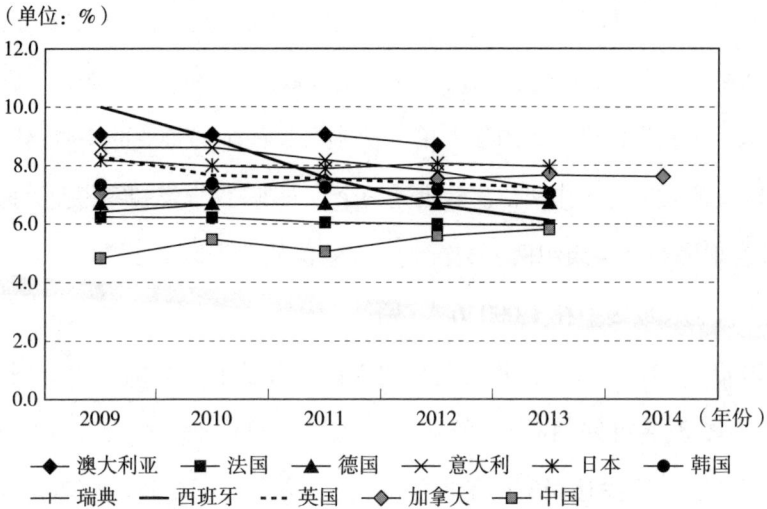

图 3-5　部分国家建筑业从业人数占总就业人数的比重

数据来源：http://stats.oecd.org/；http://data.stats.gov.cn/。

3.1.3　建筑业对国民经济各部门影响较大，受其他部门影响较小

　　建筑业投入产出直接消耗系数是指建筑业每生产 1 单位总产出对国民经济各部门产品的消耗量，该指标可反映建筑业与其他国民经济部门之间直接的技术经济联系。建筑业投入产出完全消耗系数是指为生产建筑业部门单位最终产品，对国民经济各部门中间产品的完全消耗量，该指标既反映了建筑业与其他国民经济部门间直接的技术经济联系，也反映了建筑业与国民经济各部门间间接的技术经济联系。

　　建筑业投入产出直接消耗系数和完全消耗系数如表 3-1 所示。由直接消耗系数看，建筑业每生产 1 单位总产出对非金属矿物制品业部门产品，金属产品制造业部门产品，机械设备制造业部门产品，运输仓储邮政、信息

传输、计算机服务和软件业部门产品的消耗量明显高于其他部门。由完全消耗系数看,建筑业对国民经济部门的影响较广,尤其是生产建筑业部门单位最终产品,对采矿业、化学工业、非金属矿物制品业、金属产品制造业、机械设备制造业,以及运输仓储邮政、信息传输、计算机服务和软件业部门中间产品的完全消耗量较大。

表 3-1　建筑业投入产出直接消耗系数和完全消耗系数

部　门	直接消耗系数		完全消耗系数	
	2010 年	2007 年	2010 年	2007 年
农、林、牧、渔业	0	0	0.06	0.05
采矿业	0.01	0.01	0.26	0.24
食品、饮料制造及烟草制品业	0	0	0.04	0.04
纺织、服装及皮革产品制造业	0	0	0.04	0.04
其他制造业	0.02	0.02	0.11	0.11
电力、热力及水的生产和供应业	0.01	0.01	0.14	0.16
炼焦、燃气及石油加工业	0.01	0.02	0.1	0.12
化学工业	0.03	0.04	0.21	0.22
非金属矿物制品业	0.23	0.21	0.31	0.28
金属产品制造业	0.16	0.19	0.39	0.48
机械设备制造业	0.08	0.08	0.32	0.34
建筑业	0.01	0.01	0.01	0.01
运输仓储邮政、信息传输、计算机服务和软件业	0.11	0.09	0.21	0.18
批发零售贸易、住宿和餐饮业	0.03	0.03	0.1	0.09
房地产业、租赁和商务服务业	0	0	0.04	0.04
金融业	0.01	0.01	0.06	0.06
其他服务业	0.02	0.01	0.05	0.05

数据来源:国家统计局网站。

建筑业感应度系数是指当国民经济部门增加 1 个单位的最终使用时，建筑业部门需要为其他部门生产而提供的产出量，即建筑业受到的需求感应程度，该指标反映了所有产业发展对建筑业的影响。建筑业影响力系数是指建筑业部门增加 1 个单位的最终使用时，需要国民经济各部门为其生产提供的产出量，即建筑业对国民经济各部门所产生的需求幅度，该指标反映了建筑业对整个国民经济各产业的影响力。

国民经济 17 个部门的影响力系数和感应度系数如图 3-6 所示。由图 3-6 可知，与其他行业相比，建筑业的影响力系数位于较高水平，但感应度系数明显低于其他行业。这说明，建筑业对其他行业发展的影响力较大，但对其他行业发展的感应力很小。这在一定程度上表明，建筑业发展带动了我国整体经济的发展，由于其发展受其他行业影响较小，又对经济发展的稳定性起到了积极作用。

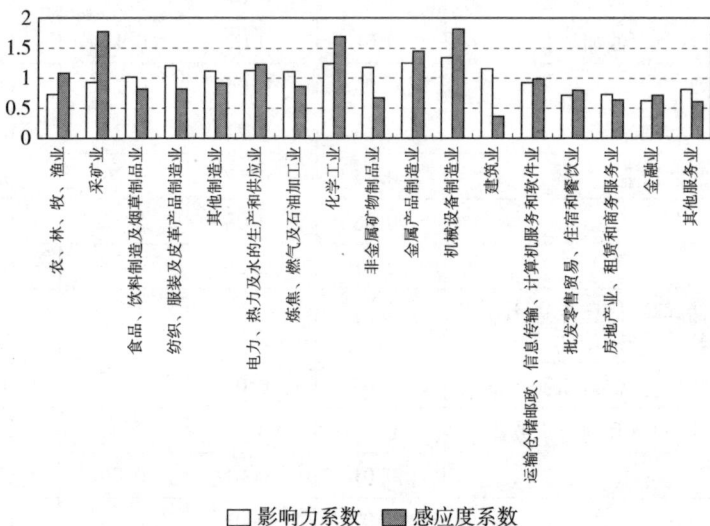

图 3-6　国民经济 17 个部门的影响力系数和感应度系数

3.1.4　我国建筑业增长弹性大且稳定

建筑业增长弹性系数用建筑业增加值增长率与 GDP 增长率的比值表示。若弹性系数大于 1，说明建筑业增长率与 GDP 增长率呈正向变化，即随着经济的不断发展，一些增长弹性较好的行业会因经济增长而得到更好的发展。根据 OECD 数据库的数据计算出 2008—2013 年中国、美国等建筑业增长弹性系数见图 3-7。

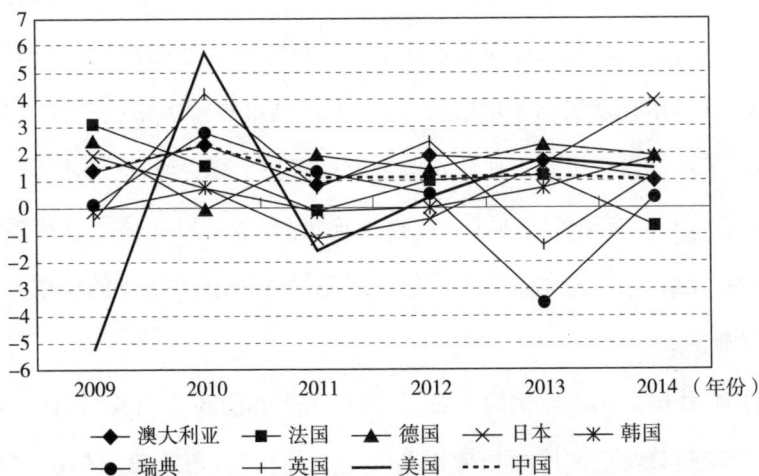

图 3-7　部分国家建筑业增长弹性系数

数据来源：http://stats.oecd.org/。

由图 3-7 可知，和其他国家相比，我国建筑业增长弹性系数较为稳定且大于 1，说明我国建筑业增长弹性大，随着经济水平的提高，建筑业增加值会相应地有所增长。

3.2 建筑业在经济发展中起支撑作用的困难性

3.2.1 建筑业产值比重提升空间有限

根据产业经济理论,各国建筑业的发展存在一定相似规律。图 3-8 和图 3-9 分别为中国、美国、韩国建筑业增加值占 GDP 的比重和人均 GDP。对比图 3-8 和图 3-9 可知,我国人均 GDP 水平明显低于美国和韩国,但建筑业增加值占 GDP 的比重却明显高于经济和城市较为发达的美国和韩国。这说明,在城市化发展到一定阶段后,会出现城市规模扩张缓慢,城市对交通、商业等基础设施以及工业建筑等需求稳定甚至减少现象。这时,建筑业将主要转入对旧有建筑的改建和维修方面,建筑业的发展速度自然缓慢下来。与此相对应的是,建筑业增长速度减慢,其在国民经济中的比重会稳定甚至逐渐下降。

目前,我国处于工业化的中后期,由图 3-1 和图 3-2 可见,国内生产总值增长率、建筑业增加值增长率近几年呈下降苗头,建筑业增加值占 GDP 的比重暂时处于一个较为稳定的状态。但可以预见,随着我国经济发展和城市化推进,建筑业增加值占 GDP 的比重提升的空间会越来越小,甚至可能出现逐渐下降趋势,继续保持建筑业在国民经济中的重要地位存在较大困难。

（单位：%）

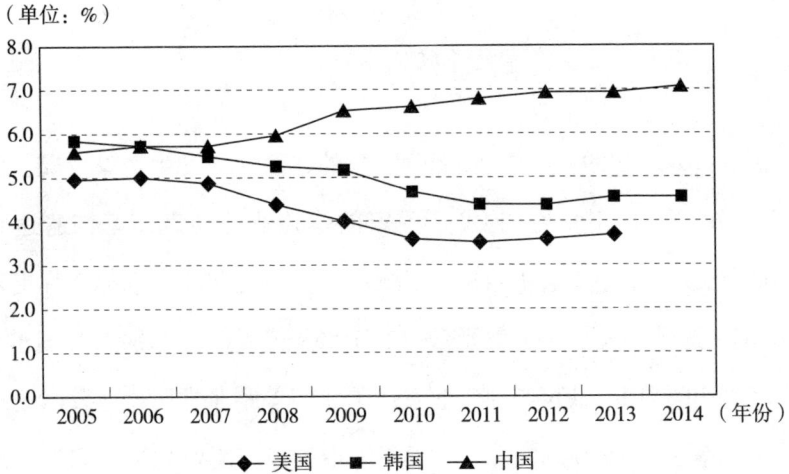

图 3-8　2005—2014 年中美韩建筑业增加值占 GDP 的比重

数据来源：http://stats.oecd.org/。

（单位：美元）

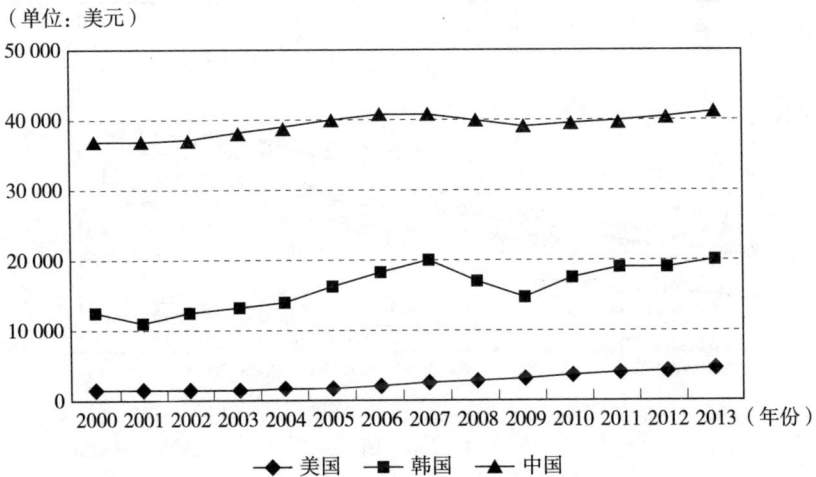

图 3-9　2000—2013 年中美韩的人均 GDP（2000 年为基期）

数据来源：世界银行数据库。

3.2.2 建筑业劳动生产率处于较低水平

图 3-10 为 1999—2011 年部分国家的建筑业劳动生产率情况。由图
3-10 可知,进入 21 世纪,较发达国家的建筑业劳动生产率普遍达到了
40 000 美元/人以上。其中西班牙、法国、荷兰的建筑业劳动生产率更是高
达 96 849 美元/人、74 884 美元/人和 71 868 美元/人,分别是我国的 8.4
倍、6.5 倍和 6.2 倍,我国与建筑业发达国家间差距非常明显。我国建筑业
劳动生产率还处于较低水平,不利于我国推进建筑工业化进程和参与国际
建筑业市场竞争。

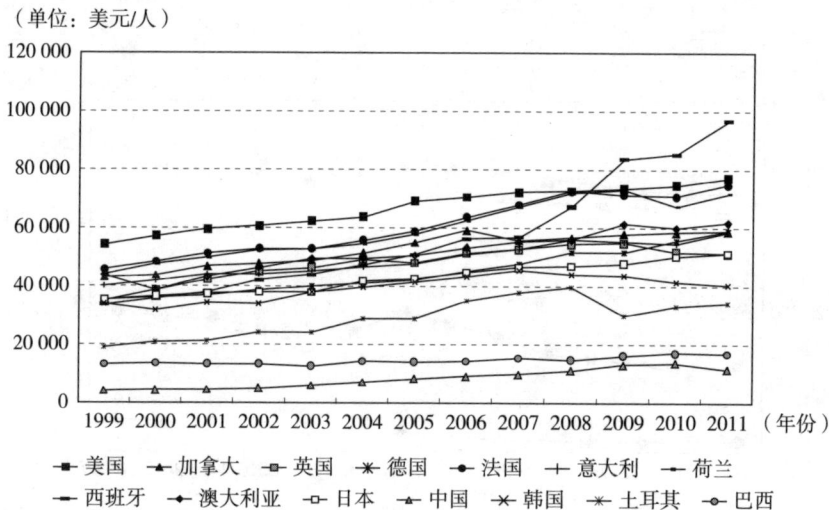

图 3-10　1999—2011 年部分国家建筑业劳动生产率

3.2.3 地区间建筑业发展不均衡

2013 年,我国 31 个省区市建筑业增加值占地区 GDP 和全国建筑业增加值的比重如图 3-11 所示。

（单位：%）

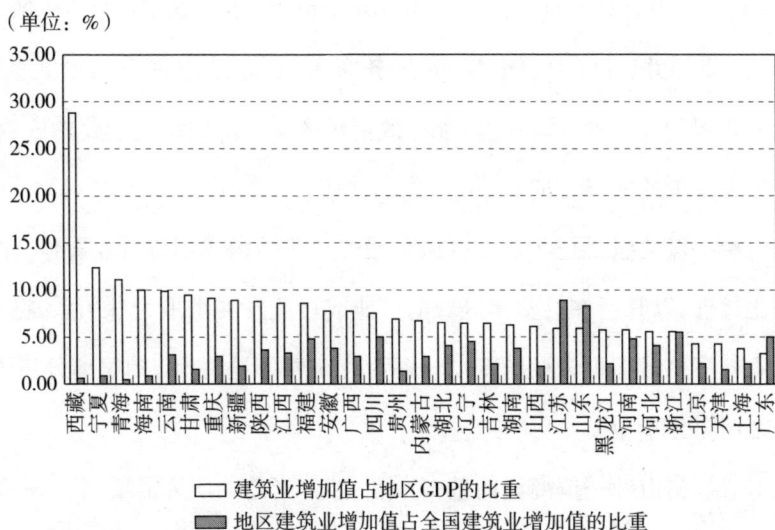

图 3-11 2013 年我国地区建筑业增加值占地区 GDP 和全国建筑业增加值的比重

由图 3-11 可知,尽管西藏、宁夏等地区建筑业增加值占地区 GDP 的比重很高,但建筑业增加值占全国建筑业增加值的比重却很低。与此相对的,江苏、山东等地区的建筑业增加值占该地区 GDP 比重不高,但他们建筑业增加值占全国建筑业增加值的比重却很高。结合前文全国地区总承包和专业承包建筑业企业个数、直接从事生产经营活动平均人数的帕累托曲线来看,我国建筑业存在地区发展不均衡的问题。各省份建筑业增加值在全国建筑业增加值中比重的差异进一步表明,我国地区间建筑业发展不均衡的现象明显。

3.2.4　细分行业间存在结构不均衡问题

3.2.4.1　份额—偏离法

20 世纪 60 年代，Dunn、Perloff 和 Lampard 等相继提出了份额—偏离法（SSM）。20 世纪 80 年代初，Dunn 集各家所长，总结出现在的形式。SSM 法具有较强的综合性和动态性，能有效揭示区域或部门结构变化的原因，并确定未来发展的主导方向。

份额—偏离法是把所研究区域单元的产业结构或细分行业看作一个动态变化过程，以其所在的整体区域的产业或行业发展水平为参照系，将产业或行业经济总量在报告期的变动分解为总偏离分量 N、结构偏离分量 P 和竞争力偏离分量 D。

本节根据份额—偏离法的基本原理，结合当前的研究需要，建立份额—偏离法数学模型，模型如下：

$$G_j = N_j + P_j + D_j$$

$$N_j = R_0 \times b_{0j}$$

$$P_j = (r_0 - R_0) \times b_{0j}$$

$$D_j = (r_{0j} - r_0) \times b_{0j} \tag{3-1}$$

$$r_{0j} = (b_{tj} - b_{0j})/b_{0j}$$

$$r_0 = (b_t - b_0)/b_0$$

$$R_0 = (B_t - B_0)/B_0$$

其中, j 表示所研究的区域, b_0 和 b_t 表示 $[0-t]$ 时期内期初和期末 j 地区的建筑业的经济规模, B_0 和 B_t 表示 $[0-t]$ 时期内期初和期末的全国经济规模。

3.2.4.2　四个细分行业总产出偏离分量比较

我们选择第二次、第三次全国经济普查中建筑业的相关数据,以 2008 年为基期,2013 年为报告期,计算建筑业的四个细分行业——房屋建筑业、土木工程建筑业、建筑安装业、建筑装饰和其他建筑业的总产出的总偏离分量、结构偏离分量和竞争力偏离分量如表 3-2 所示。

由表 3-2 可知,土木工程建筑业总产出的总偏离分量份额为 79.35%,高于房屋建筑业的 43.12%、建筑装饰和其他建筑业的 36.37%,说明土木工程建筑业对我国经济增长的依赖程度高,也反映近五年我国土木工程建筑业规模变化较大,增长效应明显。建筑安装业的总偏离分量份额为 -1 227.33%,说明我国建筑安装业随着经济增长出现了严重的负偏离。可见四个细分行业在两次经济普查期间发展并不均衡。

四个细分行业的结构偏离分量份额皆为正值,建筑安装业为 141.57%,明显高于房屋建筑业、土木工程建筑业、建筑装饰和其他建筑业,这说明近几年来受产业结构调整等影响,建筑业内部结构发生了较大变化,不同细分行业对结构调整感应度不同导致建筑业结构不均衡问题严重。

各细分行业的区域竞争力偏离分量份额也有较大差异,建筑安装业为 1 185.76%,房屋建筑业、土木工程建筑业、建筑装饰和其他建筑业仅为 10.10%、-23.43%、16.34%,细分行业间竞争力差异明显。

细分行业的结构不合理,竞争力差距增大,不利于建筑业整体水平的提升和发展。

表 3-2 建筑业细分行业总产出的偏离—份额表

地 区	N_j	P_j	D_j	G_j	N_j/G_j	P_j/G_j	D_j/G_j
房屋建筑业	31 447.7	34 117.4	7 362.2	72 927.4	43.12%	46.78%	10.10%
土木工程建筑业	14 593.2	8 106.6	-4 308.9	18 390.8	79.35%	44.08%	-23.43%
建筑安装业	4 407.1	-508.3	-4 257.8	-359.0	-1 227.33%	141.57%	1 185.76%
建筑装饰和其他建筑业	2 680.4	3 485.0	1 204.5	7 369.9	36.37%	47.29%	16.34%

3.2.5 建筑行业技术敏感性较差

进入 21 世纪以来,尽管我国不断加大对建筑行业技术投入,但效果有限,从后文的柯布—道格拉斯生产函数可以看出,我国建筑业技术水平仅为 0.1037,处于较低水平。一直以来,我国建筑业技术基础相对薄弱,建筑业技术水平与建筑业发展的需要存在相当差距。此外,由于建筑业感应度系数较低,受其他行业发展的影响较小,很难吸收其他行业技术进步带来的溢出效应。

综合来看,建筑业技术敏感性较差已成为制约建筑业可持续发展的瓶颈,但随着项目管理软件不断优化升级、3D 打印技术等的出现,建筑业技术水平在未来有巨大的发展潜力。

3.3 建筑业对辽宁经济发展的作用及潜力空间

——基于第二次经济普查数据的实证分析

从"八五"开始,建筑业在我国国民经济中的作用逐渐突出,地位不断提高。20 世纪 90 年代,国家将建筑业作为我国国民经济的支柱产业列入了经济发展战略,并赋予建筑业新的历史使命。同全国的情况一样,多年来,建筑业一直是辽宁经济的优势产业之一,其产值在东北三省一直居于首位,对辽宁经济的发展起到了重要的支撑作用,为辽宁经济增长作出了重要的贡献。但与此同时,辽宁建筑业也面临着严峻的挑战,挑战不仅来自日臻完善的市场经济体制和运行规则、国内兄弟省市和国际建筑企业的竞争,也来自其自身的体制性障碍等因素。近年来,辽宁建筑业总产值在全国建筑业十大省市的排名仅列于 7—9 位,与广东、江苏、浙江、山东等省份相比差距较大。如何才能抓住我国振兴东北老工业基地、开发大西北战略的建筑商机,克服金融危机的不利影响,加快改革步伐,实现向建筑大省强省的历史性跨越是辽宁建筑业在新的发展阶段必须面对的重要现实难题,也是辽宁建筑业深化改革所要解决的重要理论问题。

多年来,辽宁建筑业一直受到各级政府和学者们的高度重视,建筑经济已经成为当今学术界关注的重点之一。但从理论和实践上如何评价辽宁建筑业在辽宁经济中的地位、建筑业对辽宁经济发展的作用与影响及未来的趋势如何、辽宁建筑业自身发展中存在哪些不足等问题还缺乏比较科学系统的研究,而这些问题的研究对于正确地认识、评价辽宁建筑业的发展现状以及促进辽宁省建筑业的可持续发展来说具有重要的理论和现实意义。

辽宁省第二次经济普查所获取的资料为我们对上述问题进行科学客观的研究提供了最为可靠的、充分的数据资料。本节在理论分析的基础上,通过深入地挖掘利用辽宁省第二次经济普查资料,探讨如下问题:如何认识建筑业对辽宁经济发展的支撑作用及其未来的发展潜力空间;如何归结当前辽宁建筑业发展中存在的问题以及解决这些问题的对策建议等。

3.3.1 建筑业对辽宁经济发展的作用

建筑业对国民经济的拉动力强、影响系数高,而且建筑业的技术进步和节能降耗水平也在很大程度上影响并决定着辽宁经济增长方式的转变和未来经济整体发展的速度与质量。可以说,建筑业的兴衰对辽宁经济发展的作用是举足轻重的。

与2004年的第一次经济普查相比,辽宁建筑业产业规模不断扩大,生产保持快速发展的势头,各项指标再创新高。第二次经济普查资料显示,2008年年末,辽宁建筑业企业法人单位完成建筑业总产值2 774.12亿元,比2004年增长了1.1倍;实现利润88.24亿元,比2004年增长了1.98倍。可以说,作为辽宁国民经济的重要产业之一,建筑业的重要地位和作用正日益凸显,对辽宁省的经济发展起到了重要的支撑作用。

3.3.1.1 对地区生产总值贡献突出

建筑业已经成为辽宁省地区生产总值的主要贡献者。自2000年以来,建筑业增加值占辽宁地区生产总值的比重一直呈上升趋势,占GDP比重逐年提高。除了2000年之外,所有年份的建筑业增加值占GDP比重均稳定在5%以上,2006年和2009年更是超过6%,其中,2009年比重达到了6.5%。按照国际惯例,如果某产业增加值占GDP的比重达到6%至8%之间,则可被列为支柱产业。参照这一标准,建筑业已经成为辽宁省经济的支柱产业。

辽宁建筑业增加值占第二产业增加值比重也同样呈现出逐年递增的趋势。2000—2009年,辽宁建筑业增加值占GDP和工业增加值比重的变动情况如图 3-12 所示。

（单位：%）

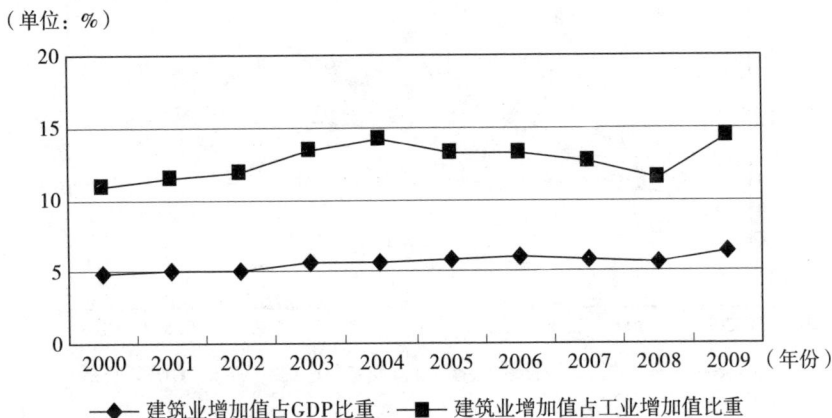

图 3-12 辽宁建筑业增加值占 GDP 和工业增加值比重

由图 3-12 可见,建筑业增加值占第二产业增加值的比重从 2000 年的 10.9%稳步增加到 2009 年的 14.3%,而且,近些年来,建筑业增加值占辽宁 GDP 的比重比工业中的任何一个行业都高。

2001—2008 年,辽宁建筑业 GDP 增长率、GDP 及工业 GDP 增长速度 的变动情况如图 3-13 所示。由图 3-13 可见,除了 2004 年和 2007 年建筑 业增加值的增长速度低于工业增加值和 GDP 的增长速度之外,其他所有年 份,建筑业增加值的增长速度都明显高于工业增加值和 GDP 的增长速度。 建筑业已经成为拉动辽宁省国民经济快速增长的重要力量。

3.3.1.2 对其他产业的拉动作用明显

建筑业是国民经济的基础性产业和先导性产业,关系到国计民生的方 方面面,存在着产业关联度强、带动系统大的特点,建筑业的健康快速发展 有利于形成国民经济全产业的良性循环。

产业关联度是指各产业在投入产出上的相关程度,表现为各产业之间

（单位：%）

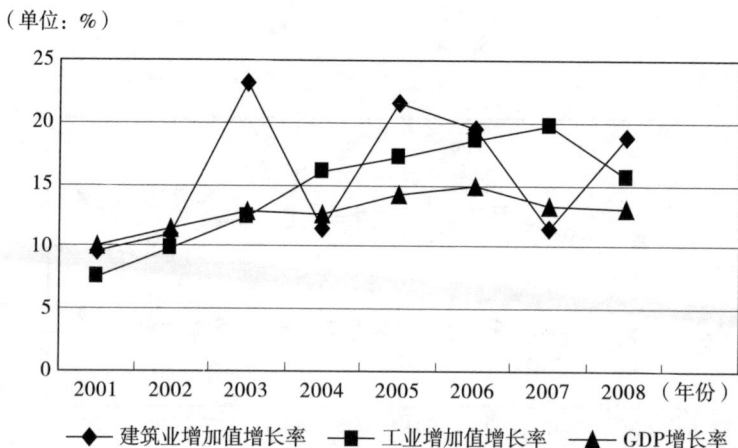

图 3-13　辽宁 GDP、建筑业 GDP 及工业 GDP 增长速度

相互供给和相互需求的联系。建筑业的发展一方面为其他产业部门的发展提供更广阔的市场，诱发其他产业部门更大的发展，对整个国民经济起到更强的带动作用；另一方面，建筑生产带来的需求能够为其他产业的产品提供巨大的市场出路，向其他产业部门提出更高的要求，建筑业的发展能够极大地带动如建材、钢铁、电力、交通运输等相关产业的发展。尤其在当前我国经济还没有完全走出全球金融危机，急需扩大内需的背景下，辽宁省更是需要发展建筑业这样产业关联度大，对其他产业拉动作用明显的产业。

建筑业与其他产业的相互带动作用可以通过产业的影响力系数和感应度系数来测算。根据对我国产业影响力系数和感应度系数的测算①，1990年之后，建筑业的影响力系数一直在 1 以上，且呈逐年加大之势。目前，我国建筑业的影响力系数仅略低于制造业，列各行业的第二位。影响力系数

————————

① 孙成双、王要武、常远：《建筑业对国民经济的带动作用分析》，《建筑经济》2010 年第2 期。

大,说明建筑业对其他部门所产生的影响程度超过平均影响水平,对国民经济的拉动作用非常大。我国建筑业的感应度系数则在所有行业中最小,远小于 1。感应度系数小,说明当国民经济各部门均增加一个单位最终使用时,建筑业所受到的需求感应程度低于全社会的平均感应程度。建筑业的感应度系数比其他产业的都小,说明建筑业的发展受国民经济其他行业发展的拉动力不大。

综合建筑业的影响力和感应度分析可知,建筑业与其他产业的相互作用主要以建筑业对国民经济和其他产业部门的推力为主。因此,政府部门在制定发展政策时应该充分认识到建筑业的发展特点,不能依赖其他行业发展后再来对其进行拉动,而是应该采取积极的方式发展建筑业,进而推动其他产业的发展。

3.3.1.3　是就业率提高的重要来源

建筑业在国民经济产业结构中属于劳动密集型产业,能容纳大量的劳动力。无论是发达国家,还是发展中国家,建筑业都是提供就业机会的重要来源,许多发达国家建筑业就业人数占全社会就业人数都达到 5% 左右。对辽宁来说,也是如此。第二次经济普查数据显示,2008 年年末,辽宁省建筑业法人单位从业人数为 128.27 万人,占全部第二和第三产业法人单位从业人数的 12.3%。在第二产业和第三产业的所有行业中位列第二位,仅次于制造业的法人单位从业人数,更是远高于其他行业的法人单位从业人数,高于处于第三位的批发和零售业近 5 个百分点。更为重要的是,同建筑业前后关联的其他部门所创造的直接和间接就业人数更是远远超过了建筑业本身的就业人数。

此外,建筑业还为解决辽宁农村剩余劳动力的出路问题起到了积极的作用,合理有序地发展建筑业,可以为更好地解决辽宁省"三农"问题提供重要支持。据统计,进城务工的农村富余劳动力集中在建筑行业的超过了1/3。在辽宁面临突出的"就业问题""三农问题"的形势下,建筑业的发展无论对于促进辽宁农村劳动力转移、调整农村产业结构,还是加快城镇化进程以及发展农村经济和社会稳定都将起到无法替代的基础性作用。

3.3.1.4 是辽宁固定资产形成的主要动力之一

从建筑业对形成固定资产投资的作用角度,可以说,没有建筑业就不能实现其他行业的扩大再生产,当然也难以谈及国民经济的快速发展了。建筑业为社会提供和维护建设环境,是固定资产形成的主要动力之一。只要旧建筑物或其他建成物的拆除速度不超过建成速度,建筑业的产出就会逐年积累,这个积累过程是"固定资产形成"。相关研究显示,我国全社会50%以上的固定资产投资要通过建筑业才能形成新的生产能力或使用价值,建筑业的增加值对固定资产形成的贡献占所有部门全部增加值贡献的25%以上。

建筑安装工程是辽宁省全社会固定资产投资构成的重要组成部分。数据显示,2008 年1—5 月份,辽宁完成的全社会固定资产投资 40 264.2 亿元中,建筑安装工程为 24 854.8 亿元,占 61.7%,这尚不包括与建筑相关联的8 368.7 亿元的设备、器具的采购。

在拉动辽宁经济增长的三驾马车中,投资对经济的拉动作用仍居首位,今后要保持辽宁经济的长期稳定、健康、持续发展,依旧离不开投资的稳定增长。建筑业投资作为带动固定资产投资增长的重要因素,是辽宁经济增长的重要推动力量。

3.3.1.5 为小企业提供进入和发展机会

从第二次经济普查数据可以看出,辽宁建筑业在很大程度上是由众多小公司组成的,也就是说,建筑业为许多小企业提供了进入和发展的机会,同时也在调节社会收入分配方面起着非常重要的作用。

3.3.2 辽宁建筑业与经济增长的关系

对建筑业与辽宁省经济增长的关系进行研究,有助于进一步理解建筑业在辽宁经济发展中的地位和作用,从而为依托宏观经济环境制定辽宁建筑产业政策提供理论依据。

3.3.2.1 辽宁建筑业与经济增长关系的理论模型

不论地区经济增长还是建筑业的增长都是一个较长时期的过程,故只有在较长的时间内进行考察才能客观地评价它们的动态关系。而且,由历史数据我们可以明显地观察到辽宁省经济增长和建筑业发展都具有的非平稳性特征,因此,在非平稳框架下考察二者的关系显然更恰当。

在经济计量工具中,描述变量间长期均衡关系最有效的计量工具是协整模型。协整模型从分析时间序列的非平稳性入手,研究非平稳经济变量之间蕴含的长期均衡关系,能够有效地避免在使用传统计量经济学方法进行回归分析时导致的“伪回归”问题。

对变量进行协整检验的经济意义在于,如果两个变量之间具有协整关系,那么尽管这两个经济变量具有各自的长期波动规律,但它们之间会存在一个长期稳定的比例关系。故我们采用协整模型来实证分析辽宁省建筑业发展与经济增长之间的长期动态关系。

在实证分析中,我们以建筑业增加值和辽宁省地区生产总值作为指标变量,分别记为 CONGDP 和 GDP,以 1991—2009 年为分析样本期。为了消除在经济序列建模中通常存在的异方差问题,在建模之前,我们还对 CON-GDP 和 GDP 分别作了对数变换,对数变换后的变量分别记作 LNCONGDP 和 LNGDP。

3.3.2.2 平稳性检验

建立协整模型需要的是平稳时间序列,否则有可能导致伪回归,致使回归方程得不到有意义的参数估计。检验时间序列的平稳性通常用单位根检验,单位根检验主要包括 Diekey-Fuller 和 Augmented Diekey-Fuller(ADF)检验等。其中,ADF 检验方法的基本思路可用式(3-2)表示:

$$\Delta y_t = \alpha + \beta t + \gamma y_{t-1} + \sum_{j=1}^{k} \delta_j \Delta y_{t-j} + \varepsilon_t \qquad (3-2)$$

式(3-2)中,α ,β ,γ ,δ_j 分别为参数,ε_t 为随机误差项,是服从独立同分布的白噪声过程,t 为趋势因素。

在 ADF 检验中,我们采用麦金农临界值。解释自相关性的 Δy_{t-j} 的最佳滞后期 k 的选取标准为:保证残差项不相关的前提下,同时采用 AIC 准则与 SC 准则,将使二者同时为最小值时的 k 作为最佳滞后期。关于检验方程中是否包括常数项、常数和线性趋势项或二者都不包括。这里选择的标准为,通过变量的时序图观察,如果序列好像包含有趋势(确定的或随机的),序列回归中应既有常数又有趋势项。如果序列没有表现任何趋势且有非零均值,回归中应仅有常数项。如果序列在零均值波动,检验回归中应既不含有常数又不含有趋势项。ADF 检验结果如表 3-3 所示。

由表 3-3 可以看出,变量 LNCONGDP 和 LNGDP 水平值的 ADF 统计量在 5% 的显著水平上接受原假设,表明它们均为非平稳的时间序列。同时,它们的一阶差分序列的 ADF 统计量则拒绝了原假设,这表明,LNCONGDP 和 LNGDP 均为单位根过程,可以检验 LNCONGDP 和 LNGDP 之间是否具有协整关系。

表3-3 相关变量的 ADF 检验结果

变　量	ADF 统计量	ADF 检验的临界值		是否平稳
		5%的显著性水平	10%的显著性水平	
LNCONGDP	0.2360	−3.0521	−2.6672	否
LNGDP	−0.8240	−3.0521	−2.6672	否
ΔLNCONGDP	−7.6727	−3.7921	−3.3393	是
ΔLNGDP	−3.1225	−3.0659	−2.6749	是

3.3.2.3 建筑业增加值与 GDP 的协整关系检验

关于 LNCONGDP 和 LNGDP 协整关系的检验与估计,本节采用 Johansen 检验法。

考虑 p 阶 VAR 模型:

$$y_t = A_1 y_{t-1} + \cdots + A_p y_{t-p} + B x_t + \varepsilon_t \tag{3-3}$$

在式(3-3)中,y_t 是一个含有非平稳的 $I(1)$ 变量的 k 维向量,x_t 是一个确定的 d 维向量。VAR 模型可改写为:

$$\Delta y_t = \Pi y_{t-1} + \sum_{i=1}^{p-1} \Gamma_i \Delta y_{t-i} + B x_t + \varepsilon_t \tag{3-4}$$

其中,$\Pi = \sum_{i=1}^{p} A_i - I$,$\Gamma_i = -\sum_{j=i+1}^{p} A_j$。

Granger 定理指出,如果系数矩阵 Π 的秩 $r < k$,那么,存在 $k \times r$ 阶矩阵 α 和 β,它们的秩都是 r,使得 $\Pi = \alpha\beta'$,并且 $\beta'y_t$ 是稳定的。这里,r 是协整关系的数量(协整秩),β 的每列是协整向量,α 中的元素是向量误差修正

模型 VEC 中的调整参数。Johansen 方法是在无约束 VAR 的形式下估计 Π 矩阵,然后求出 β,从而检验出协整秩(秩(Π) = $r < k$),并得出协整向量。

协整检验对滞后阶尤为敏感,不恰当的滞后阶可能导致虚假协整。我们采用 AIC 准则和 SC 准则对 p 值进行选择,即选取当二者同时为最小值时的阶数。在 p 值确定后,再对协整回归中是否具有常数项或时间趋势进行验证。Johansen 检验结果见表 3-4。

由表 3-4 可见,在 1% 的显著水平上只有一个协整向量,也就是说,从长期看,辽宁省地区生产总值与建筑业增加值之间存在唯一的协整关系。

表 3-4　Johansen 检验结果

协整向量的个数	特征值	迹统计量	5%显著性水平的临界值	10%显著性水平的临界值
0 个 *	0.691636	32.78225	25.32	30.45
至多 1 个	0.475213	11.60574	12.25	16.26

注:"*"表示在 5% 的显著性水平下拒绝原假设。

基于我国经济数据的特征,即使协整存在,也可能含常数和时间趋势,因此我们在作 Johansen 极大似然估计检验时均考虑了含有常数和时间趋势的情况,并根据 SC 准则、AIC 准则确定最佳滞后阶数的方程形式。最终我们选取的协整方程:

$$\text{LNCONGDP} = -9.6633 + 0.5918\text{LNGDP} - 0.2295@\text{TREND}(1991)$$
$$(-5.6324)\quad(2.3551)\qquad(-3.7415)\qquad\qquad(3-5)$$

由协整方程可见,LNCONGDP 与 LNGDP 及时间趋势之间存在长期均衡关系,LNCONGDP 受到 LNGDP 和时间趋势项的双重影响。从长期看,在其他条件不变的假定下,若 LNGDP 增加 1 个单位,则 LNCONGDP 就会相应增加 0. 5918 个单位。

3. 3. 2. 4　误差修正模型

协整检验虽已证明变量间存在协整关系,但无法度量变量偏离共同随机趋势时的调整速度,为此需引入误差修正模型,误差修正项 EC 的大小表明了从短期非均衡向长期均衡状态调整的速度。

我们首先取最大滞后阶数为 4,使残差满足白噪声的要求,然后逐步去掉不显著和可以忽略的变量,得到如下的最终模型:

$$D(LNCONGDP) = -0.04546EC(-1) + 1.1038D(LNGDP(-1)) +$$
$$(-1.6984) \qquad (3.6915)$$

$$0.4251D(LNGDP(-2))$$

$$(1.9587)$$

其中,EC 是误差修正项,D 表示一阶差分,LNGDP(-1)表示 GDP 的滞后一期值,EC(-1)表示多元回归方程残差的一期滞后项。

误差修正模型显示了不同滞后期变量对当期变量的影响程度及显著性水平。由误差修正模型的拟合结果可见,辽宁省建筑业增加值与 GDP 之间存在紧密关系。从短期波动来看,滞后一期和二期的 LNGDP 对当期 LN-CONGDP 的影响均在 5% 显著性水平上显著,滞后一期的 LNGDP 比滞后二期的 LNGDP 对当期 LNCONGDP 的影响大。滞后一期与二期的 LNGDP 对建筑业增加值对数的影响系数分别为 1. 1038 和 0. 4251。而 LNCONGDP 的滞后项对其自身的影响不显著。

在误差修正模型中,误差修正系数是表示误差修正项对建筑业增加值变化的调整速度,该系数值为-0. 2514,这说明,LNGDP 和 LNCONGDP 的长期稳定关系以-0.2514的调整力度将非均衡状态拉回到均衡状态,即建筑业增加值的实际值与均衡值的差距能很快被校正。由于误差修正项的系数为负,这个结果与误差修正的负反馈机制相一致,即前一期建筑业增加值高于或低于其均衡点的值时,误差修正项的负值系数对当期值起反向调整作用,从而导致当期建筑业增加值的回落或上升。

3.3.2.5 结论

通过辽宁建筑业增加值和GDP的协整模型及误差修正模型的拟合结果,我们可以得出结论,辽宁省建筑业和经济增长之间具有长期稳定的均衡关系。辽宁省地区生产总值每变动1个单位,建筑业总产值就会相应变动0.5918个单位,这是一个比较高的数字,充分反映了现阶段建筑业在辽宁经济中的重要地位。从理论层面来看,这一数字对于解释经济实践具有较强的说服力。经济成长理论认为,一个地区为了实现经济起飞,必须要进行大规模的基础资本积累,在这个阶段,建筑业必然会在国民经济中占据主导地位。

多年以来,辽宁经济的发展依靠的是一种较为典型的要素投入增长方式,要素投入对经济增长的贡献率相当高。各级政府采取了包括扩大内需、进行大规模的基础设施建设的调控手段,这些措施为建筑业的持续发展提供了广阔的空间,自然也造成了建筑业超前发展的局面。在要素投入型增长方式中,这种增长方式必然会在长期显现建筑业带动国民经济增长的特征。

3.3.3 辽宁建筑业在经济发展中支撑作用的潜力空间

建筑业对国民经济的重要作用是至关重要的,但建筑业的发展趋势如何,其在未来较长的一段时间内是否会继续对辽宁经济发展起到支撑作用,是我们非常关心和关注的。本节将采用横向比较和纵向分析的研究方法,从未来层面探讨辽宁建筑业在国民经济发展中所起支撑作用的潜力空间。

3.3.3.1　基于截面数据的比较分析

表 3-5 给出了由第二次经济普查所获得的 2008 年年末我国 11 个主要建筑强省的主要经济技术指标。由表 3-5 不难看出,在主要的经济指标中,辽宁一般处于 8、9 位,这基本符合辽宁在所选取 11 个省市中的建筑业发展地位和综合实力。

2008 年年末,辽宁建筑业企业法人单位建筑业总产值、施工面积位列第 8 位,工程结算收入和利润总额分别位列第 7 和第 9 位,基本上与辽宁建筑业的产值和利润、利税情况相符合,说明辽宁建筑业企业所创造的效益不高。

在企业法人单位的就业规模上,辽宁位列第 8 位,虽仅为排名第 1 位的江苏省的四分之一,但考虑到辽宁人口总数及辽宁省从业人数总数,这个数字还是比较可观的,其建筑业从业人数占全产业从业人数的百分比位列全国前列。辽宁建筑业企业法人单位的劳动生产率排在第 3 位,处于比较靠前的位置,是各项经济指标中最好的一项。这说明辽宁建筑企业在机械装备、技术含量方面有一定的优势,人均创造的产值较高。劳动生产率较高,但总产值排位却不靠前,这也反映辽宁建筑业当前较大的问题是建筑业发展规模较低,如何尽快扩大规模,充分利用国内和国际市场,做大做强是辽宁建筑业发展过程中值得思考的一个地方。

表 3-5　我国主要建筑强省的主要经济技术指标

地 区	总产值/亿元	排序	施工面积/万平方米	排序	工程结算收入/亿元	排序
北 京	3 207.70	6	4 880.70	11	4 046.20	4
河 北	2 169.39	10	7 009.87	7	2 075.25	9
辽 宁	2 774.11	8	6 707.33	8	2 437.89	7
上 海	3 580.64	5	5 723.90	10	3 724.38	6
江 苏	9 477.00	1	40 272.99	1	7 113.39	1
山 东	4 515.80	4	34 083.10	3	3 467.00	5
湖 南	2 392.80	9	9 907.50	5	1 980.80	10
广 东	3 618.14	3	10 777.46	4	4 153.07	3
重 庆	1 673.87	11	6 485.30	9	1 470.58	11
四 川	2 805.96	7	9 841.57	6	2 422.40	8
浙 江	8 421.10	2	37 367.50	2	6 945.80	2

地 区	利润总额/亿元	排序	从业人数/万	排序	劳动生产率/（万元/人）	排序
北 京	87.70	10	72.90	11	44.00	1
河 北	98.55	6	131.90	7	16.44	7
辽 宁	88.24	9	128.27	8	21.62	3
上 海	118.40	5	103.00	10	34.76	2
江 苏	352.27	1	541.77	1	17.49	6
山 东	180.80	4	321.80	3	14.03	9
湖 南	112.10	8	160.90	6	14.87	8
广 东	185.45	3	189.96	5	19.04	4
重 庆	89.14	7	124.50	9	13.44	10
四 川	80.27	11	214.98	4	13.05	44
浙 江	214.70	2	472.40	2	18.82	5

数据来源：各省区市第二次经济普查网站。

由截面数据的比较可见,辽宁建筑业发展具有一定基础,但在规模和效益上还很欠缺,在所列的 11 个省市中处于中等偏下的水平,这既与辽宁近年的总体经济发展水平相对于东部沿海省市具有一定差距有关,也反映辽宁建筑业的发展还存在一定的深层次问题。

通过横向对比,我们也看到了辽宁建筑业发展的巨大空间。如果经过努力,能够将辽宁省建筑业各项指标达到目前的全国中等水平,那么辽宁建筑业的发展空间将是相当大的,各项指标基本上均有 30% 左右的提高,也就是说,辽宁建筑业对国民经济支撑作用的潜力空间是很大的。

借助振兴老东北工业基地及开发大西北战略商机,我国建筑业正面临一个前所未有的机遇和宝贵的发展空间,而且伴随着我国城镇化进程的推进,今后的几十年,我国基本建设、房地产等固定资产投资规模将长期保持在较高的水平,可以说我国建筑业正处于历史上最好的发展时期,产业成长的前景十分广阔。

对于辽宁建筑业来说,也面临着同样持续稳定发展的新机遇,在宏观经济环境的有力支撑和有效推动下,只要政策得当,辽宁建筑业必将大有作为,会发挥对经济发展更大的支撑作用。可以预计,21 世纪将成为辽宁建筑业快速、持续、和谐发展的新时代。

3.3.3.2　对辽宁建筑业对国民经济支撑作用的判断

前文的建筑业产业发展模式只是说明了建筑业发展的一般性趋势,要想具体地判断某一国家或地区该产业发展所处的位置和未来发展态势,还需要定量地考察建筑业与经济发展之间的数量关系。对于这一问题,国内外学者已作了不少的研究,取得了一些研究成果。其中,比较权威的是英国学者 Crosthwaite,通过对 1998 年 ENR 公布的 150 个国家建筑业支出的比重和人均 GDP 关系的数量分析后认为，人均 GDP 低于 785 美元的欠发达国家的建筑业支出比重是上升的；人均 GDP 在 786—9655 美元的国家的建筑业支出比重逐渐达到顶点；当人均 GDP 达到 9656 美元以上时，建筑业支出比重将逐步下降。

2009 年，辽宁省人均生产总值为 34 898 元，折合 5 132 美元[①]，对比 Crosthwaite 的标准，辽宁恰好处于建筑业发展的第二阶段，而且，目前的人均 GDP 水平仅相当于达到顶点值 9 655 美元的 53%，离建筑业达到成熟顶点还有很长的时间。这也预示着，辽宁建筑业将在较长一段时期里有良好的增长潜力和不可或缺的产业地位。充分挖掘建筑业的增长潜力，继续提升它在辽宁经济中的比重，发挥其在辽宁经济发展中的支撑作用无疑是必要的，也是极有可能实现的。

国内学者金维兴、陆歆弘等对建筑业产值比重与人均 GDP 的关系也进行了定量化研究，他们研究了 34 个国家的截面数据发现，建筑业增加值在 GDP 中的比重随人均 GDP 增长而呈现三次曲线关系：即先上升后下降，然后随人均 GDP 增长再次上升，中国建筑业正处在向这一顶点攀升的过程中。这一结论说明，建筑业将长久地在我国国民经济中占据重要地位，建筑业在辽宁省的地位和作用也不例外。

而且，由于我国人口众多，特别是农村人口众多，在相当长的时间里，将会有大量人口涌入城市。到 2020 年，我国城市化水平将提高到 50% 左右[②]，这意味着城市化率每年需提高约 1.5 个百分点。迅猛的城市化进程

---

① 按 1 美元=6.7988 元人民币换算。
② 许晓芳、肖元真、吴泉国：《我国建筑业发展前景预测和对策措施》，《上海市经济管理干部学院学报》2009 年第 7 期。

必然伴随着建筑业的高速发展,这也是建筑业迅猛发展的另一个重要支撑
要素。

3.3.4 对策与建议

与经济发达省市相比,辽宁建筑业发展还存在一定的差距,主要表现为
产业规模小,外向度较弱,经营机制不活,市场竞争力不强,仍然没有摆脱低
收益、低效率等问题的困扰。在面对快速变化的国际和国内市场环境及信
息技术带来产业结构变化的挑战的情况下,辽宁建筑业要想完成省政府提
出的,到"十二五"末,达到辽宁省全社会建筑业年总产值突破 1 万亿元,建
筑业增加值达到 3000 亿元,迈入全国前 5 名;省内建筑企业总量达到 1 万
家;完成 400 亿元税收;打造 500 万人建筑大军,把辽宁打造成建筑业强省
的目标[①],还需要做出更多的变革和努力。

我们认为,辽宁建筑业的发展需要政府扶持和自我调节的共同作用,需
要各级政府及建筑业主管部门提高认识,加快建筑行业产业结构调整,促进
经济发展方式转变,并在财政税收、人才培养、企业科技创新、企业融资等方
面予以引导和扶持。

3.3.4.1 加快大型品牌企业、龙头企业的培育

龙头企业对一个地区建筑业的带动作用是非常重要的,但从第二次经
济普查数据看,辽宁建筑业发展的一个突出问题是产业规模小。与国内建
筑强省大省相比,虽然辽宁省建筑企业众多,但规模大的核心企业、龙头企

---

① 辽宁省政府:《关于加快全省建筑业发展的若干意见》,2009 年 6 月。

业少,辽宁迫切需要促进形成一批综合实力强、资产规模大、社会信誉好的大型建筑企业或企业集团。

各级政府必须坚持抓大放小、扶优扶强的原则,鼓励有实力的企业实施跨专业、跨地区的重组与合并,加快优势企业的资本、人员、技术和品牌扩张,尽快形成一批具有综合实力的建筑业企业集团。政府要从政策层面消除大企业集团发展过程中的一些体制性障碍,积极为企业在人才引进、市场准入、融资、政策咨询等方面提供支持和服务,减少企业在重组兼并方面的行政性束缚。例如,可以采取对全年完成建筑业总产值和上缴税金首次超过一定标准的建筑企业在财政上给予奖励,从税收上给予一定的优惠政策,促进企业做大做强。

此外,还要大力实施引进战略,加大吸引国内外大型建筑企业,特别是国内和国际 500 强企业到辽宁落户,并从税收、人才培养以及企业融资等方面实行优惠政策和特殊扶持。力争尽快达到省政府提出的,到 2014 年辽宁年产值百亿元建筑企业达到 10 家,50 亿元建筑企业达到 20 家的目标,为辽宁建筑业在新的历史时期的发展构建骨干和核心力量。

对于数量庞大的中小型建筑企业来说,则要鼓励和引导它们向专业化、特色化和技术型方向发展,加强与大企业的协作配套,培育出一批经营特色明显、科技含量较高、市场前景广阔的专业企业。支持和鼓励他们进入地铁、隧道、水利等高端专业施工企业基础设施和高技术含量工程建设领域,逐步提升中小企业的高端建筑市场的专业施工能力。

3.3.4.2 通过创新求发展

一直以来,辽宁建筑业都存在着经济效益低的问题,特别是长期的利润低,第二次经济普查数据也给出了直接的证据。对于建筑业企业来讲,只有解决好经济效益低的问题,才能有较为充足的资本解决增加值率低、资本构成低和科技含量低的问题。

辽宁建筑业产值比重和增加值增长率低于国内建筑强省,更远低于国际同行业的正常水平,其主要原因是建筑企业的经营方式单一、技术进步缓慢,难以迅速适应市场环境和市场需求的变化。要想从根本上解决这一问题,辽宁省建筑业必须以开拓创新的发展思路,不断地在建筑经济活动中引进新构思、新过程、新方法、新产品、新服务。

各级政府主管部门要积极引导建筑企业进行产业结构调整,逐步改变单一土建的经营模式,产业结构调整应该成为建筑业企业永远的追求。采取有效措施,支持和鼓励建筑龙头企业致力于向工程总承包方向发展,中型骨干企业向市政、道路、桥梁、装饰、安装和园林等高附加值的专业领域延伸,小型低资质企业则向劳务分包方向发展。

3.3.4.3　鼓励企业拓宽产业领域

建筑企业要不断地开拓建筑服务的新领域、新空间,充分发挥现有技术、资源的使用价值,不能仅将目光集中到房地产建设中。在横向上,建筑企业要更广泛地介入到地铁、铁路、隧道、机场、码头、桥梁和轨道交通等基础设施施工领域,创造更高产业附加值。在纵向上,建筑企业要向新型建材、科技服务业和制造业延伸,加速产业融合。政府要加大力度,切实鼓励和支持企业特别是大型的建筑企业集团扩大经营范围,开展综合经营。

3.3.4.4　强化建筑企业节能减排标准,加大政策扶持

节能减排既是贯彻落实科学发展观、构建社会主义和谐社会、推进经济结构调整、转变发展方式、实现经济和社会可持续发展的必然要求,也是建

筑业发展的大势所趋。建筑企业在生产过程中既要坚持提高建筑物节能减排性能,又要降低建造过程中的能耗,这既是国家对节能减排的要求,也是建筑企业自身提高企业效益降低生产成本的要求。

对于政府来讲,要切实加快建筑节能的推广建立和完善建筑节能工作的激励和处罚机制。一方面,应通过制定法律法规来强化节能减排。对于已经出台的相关强制性措施,要求企业必须遵守。对于达不到节能要求的建筑设计,不颁发许可证,在工程竣工验收时坚决不放行,对于整改后仍达不到标准的应予以处罚,并勒令继续整改。另一方面,加大政策扶持力度。由于节能建筑的建设、改造工作量大,需要大量资金投入,因此亟须政府出台相关的经济鼓励政策,引导市场走向,优化资源配置。

对于辽宁省来说,可以借鉴发达国家的经验,对于达到房屋建筑节能标准的可以享受税收抵扣政策等,对节能建筑提供优惠贷款政策。如美国对新建节能建筑实施减税政策,凡在现有标准基础上节能 30% 以上和 50% 以上的新建建筑,每套房可以分别减免税 1 000 美元和 2 000 美元。

从政府层面讲,在建筑节能新技术、新材料和新产品的研发、推广和应用等方面还不够重视。节能建筑需要大量的相关技术支持,如果辽宁企业能够在这一方面率先取得突破的话,无疑将在国内占据领先地位,这对于辽宁建筑业在未来市场中占据更大的份额将起到决定性的作用。为此,各级政府应加强这方面的扶持和鼓励力度,建立建筑业节能减排激励机制,要积极争取国家节能减排等科技研发专项补助,并对取得明显成效的单位和个人予以经济上的奖励。

3.3.4.5 坚持以人为本,培育高素质的建筑队伍

拥有一定层次专业技术人员的建筑施工队伍,是建筑企业参与市场竞

争的基本条件。目前,辽宁省建筑企业在人才培养方面决策滞后,还难以满足市场对企业管理标准化、规范化的要求,高端管理人才短缺更是成为制约建筑企业竞争力提高的首要问题。为此,辽宁建筑行业需大力开发人才资源,拓宽人才交流渠道,充分利用人才资源。要通过全面实施"建筑业高层次人才培养工程"和"建筑业高技能人才培训工程",造就出一批熟悉国内外建筑市场运作的高级经营管理人才及具有较强科技创新、应用、攻关能力的专业技术人才。

另外,由于建筑业是劳动密集型产业,生产一线操作人员绝大部分是农民工,培养农民工操作技能特别是快速培养一批高级技工,对于提高工程质量和安全水平、增加企业效益具有十分重要的意义。从第二次经济普查的数据来看,辽宁建筑从业人员中具有资质的人数还很低,大量的从业人员都没有技术和职业技能,一线作业人员持证上岗率偏低。因此,必须切实抓好农民工的培训工作,要建立起有效机制,强化对农民工的准入培训和岗位技能培训,努力提高建筑业从业人员的素质。

农民工的培训工作需要企业和政府两方面的合力才能够完成。对于政府来讲,一方面可以通过税收、财政补贴等手段鼓励企业建立切实有效的农民工培训机制。如济南市在建筑业企业发生的职工教育经费支出方面,不超过工资薪金总额 2.5% 的,准予税前扣除;超过的部分,准予在以后纳税年度结转扣除。另一方面,政府还可以直接参与农民工的培训问题,对于参加技能培训的农民工给予一定的财政补贴。如为尽快提高农民工职业技能和农民工个人收入,大连市政府出台政策,对全市建筑业农民工职业技能培训予以成本补贴,并计划自 2008 年起的三年内,大连 30 万建筑业农民工将全部得到免费培训并实现持证上岗。

3.3.4.6 大力推进科技进步

目前,辽宁建筑行业科技含量普遍较低,企业科技创新能力薄弱,普遍缺乏国际先进水平的工艺技术和工程技术,不注重技术开发和科研成果的应用,很少企业拥有自己的专利技术和专有技术。因此,急需加大对建筑企业自主创新的政策扶持。积极鼓励高等级建筑业资质企业和专业骨干企业与高等院校及科研院所加强合作,建立企业研发中心或技术中心,构建以市场为导向、骨干企业为主体、高等院校和科研院所为依托、中介机构为纽带的建筑业技术创新体系。

为了加大建筑科技推广力度,用高新技术改造提升建筑业,推动传统建筑业向现代建筑业的转变,政府主管部门应加快制定完善的建筑业科技政策和发展规划,鼓励新产品、新技术、新工艺性的使用、限制和强制淘汰的技术、工艺、材料和设备目录,组织实施各类科技示范工程,加强新型建材和节能技术的研究开发。同时,要大力倡导"绿色环保型建筑"和"节能省地型建筑"。

3.3.4.7 大力拓展省外和国外市场

辽宁建筑业外向度发展不高,省外特别是境外产值占建筑业总产值的比重还相当低。2009 年,建筑强市大连市的建筑业境外产值只占其总产值的 2.8%。辽宁省建筑业应大力实施"走出去"战略,以振兴东北老工业基地和实施西部大开发战略为契机,采取得力措施,巩固和提高辽宁建筑企业在国内的市场份额,集中优势力量,开拓京沪、东北和西部市场。与此同时,积极发展海外工程承包和劳务合作业务,引导企业积极开拓国际建筑市场。

政府主管部门应将扩大外出施工作为做大做强辽宁建筑业的重点来

抓,不断增加辽宁省建筑企业在省外和国外的市场份额。特别是鼓励具有
实力和优势的大企业跨省、跨境谋求发展,参与国内外建筑市场竞争,开展
工程项目总承包或项目管理业务。要加大对“走出去”的建筑企业支持力
度,从政策、资金上大力支持对省内建筑企业承揽省外、国外工程,对于承揽
省外、国外工程并取得收入的建筑企业,由所在市给予适当补助,并在资质
升级、评优等方面给予扶持。金融部门要对外出施工企业给予融资方面的
扶持,重点解决好授信额度问题。同时,积极倡导中小企业与省内外大企业
开展工程分包和劳务协作。

3.3.4.8　加强政府管理力度,营造良好竞争环境

随着市场经济体制的逐步完善,省内建筑市场开放程度与日俱增,这必
将加剧省内外和国内外企业的全面竞争。因此,政府要合理地引导企业进
行良性竞争,避免违法违规的恶性竞争,政府要充分发挥其指导和引导作
用,完善相关法律法规,通过规则约束不法企业的行为,规范建筑市场秩序,
加强对建筑企业和从业人员的管理,为企业营造一个公平合理的竞争环境,
充分利用市场的资源配置作用带动企业健康有序发展。

实践表明,建筑行业的规范对于建立公开、公正、平等竞争的竞争环境,
实现对工程招标活动的有效监管,解决招投标弄虚作假以及从源头上预防
和治理腐败等都发挥了重要作用。因此,政府相关部门要加强管理、规范运
作,取消地方保护和行业垄断企业,健全市场规则,加强市场管理,努力形成
统一开放、竞争有序的建筑市场,为国内外先进建筑企业的进入和把辽宁省
建筑企业推向国际市场创造有利条件。

3.4　本章小结

本章从对国内生产总值的贡献情况、就业吸纳能力、与其他部门关联度和发展弹性四方面与美国、韩国等建筑业较为发达国家作对比,论证了建筑业在我国经济发展中发挥支撑作用的客观条件及必然性。根据第三次全国经济普查资料并结合建筑业发展的国际实践,从建筑业未来发展空间、劳动生产率、地区发展均衡度、行业结构、技术敏感度等方面探讨了我国建筑业发展中存在的困难。

本章还以辽宁省为典型地区,从横向和纵向角度论述建筑业支撑辽宁经济发展的潜力空间。研究表明,建筑业对辽宁经济有重要支撑作用,建筑业和经济增长具有长期稳定的均衡关系。辽宁建筑业面临着持续稳定的发展新机遇,在宏观经济环境的有力支撑和有效推动下,只要政策得当,辽宁建筑业将大有作为,辽宁建筑业将在较长一段时期里有良好的增长潜力和不可或缺的产业地位。

第4章 建筑业在我国经济中的作用与趋势展望

建筑业对我国经济发展的历史作用不可否认,但未来发展趋势如何,在未来较长的一段时间内是否会继续对中国经济发展起到支撑作用,这是我们非常关心和关注的问题。本章从中外对比入手,基于第三次全国经济普查资料及世界银行和 OECD 等组织的数据库,通过与部分典型建筑业强国的对比分析,定位中国建筑业在经济发展中的作用及未来潜力,以期为我国建筑业未来发展的政策决策提供参考。

4.1 建筑业在国民经济发展中的作用体现

建筑业是伴随着工业化和城市化进程发展起来的。根据产业经济理论,处于工业化发展初期的国家,其建筑业产值比重一般较低,但有很好的上升势头。随着城市化和工业化进程的加快,大量农村人口向城市转移,城市规模不断扩张导致公共设施、住房和商业设施等的建设需求巨大。工业化过程导致对基础设施、厂房和办公建筑等需求大增。二者共同促进了建筑业的发展,主要表现为建筑业产值比重随着人均 GDP 的增加而快速增长。这里,我们把人均 GDP 作为国民经济发展的代表指标。

进入工业化后期,城市化发展到一定阶段后,会出现城市规模扩张缓慢,城市对交通、商业等基础设施以及工业建筑等需求稳定甚至减少的现象,这时建筑业的方向主要转向对旧有建筑的改建和维修,建筑业的发展速度会自然放缓。与此相对应,建筑业增长速度减慢,在国民经济中的比重会逐渐下降。但建筑业的产值仍可能呈现增长态势,出现"建筑业衰而不退"的趋势。这是由于建筑业提供的是人类生活必需的产品,同时为发挥建筑物的功能所必需的维护、改造和更新的需求,不会随着产业的成熟而消失。

此外,工业化水平的提高会继续为建筑产业提供需求。故如果建筑业自身能够实现一定的结构性突破,优化产业结构并结合较先进的技术支持,其产值比重还可能在新一轮的经济发展中再次上升。

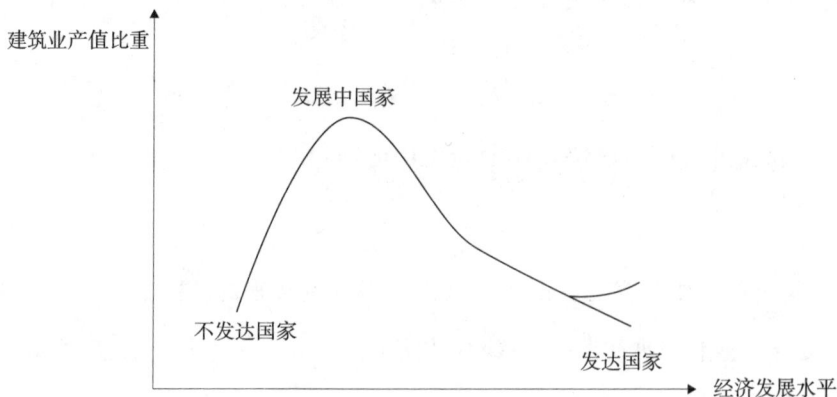

图 4-1 建筑业产业发展模式

建筑业产业发展模式如图 4-1 所示。由图 4-1 可以看出,建筑业产值比重随着国民经济的发展在达到某一顶点之后,会开始回落,从而形成倒"U"型曲线,但这一倒"U"型曲线不是常规的,其右尾部呈缓慢递减趋势,而是有可能出现翘尾并重新上升的可能性。

描述一个产业的发展轨迹和现阶段发展水平,可以采用处于不同经济发展阶段的国家同一时点该产业发展的截面数据进行横向研究,或该产业若干年来发展的历史数据进行纵向研究。若产业长期发展的历史数据无法得到或者需要多国历史数据综合分析该产业成长发展轨迹时,通常采用截面数据进行横向分析;若需要对某一时间段内产业的发展趋势或者多国该产业发展水平比较研究时,通常采用历史数据进行纵向分析。本节从横向和纵向两方面对建筑业在我国经济中作用的现状进行分析。

4.1.1　基于多国截面数据的横向分析

由于在不同发展阶段,建筑业和国家经济发展面临不同的形势,故在不同发展阶段下研究二者的关系,所得到的建筑业发展演变轨迹可能差异较大。例如,Crosthwaite(2000)利用 1996—1998 年的数据对世界多国建筑业产值比重和人均 GDP 的关系进行分析。结果发现,二者呈二次曲线关系。金维兴和陆歆弘等(2003)利用 1990—1998 年的数据对我国建筑业产值比重与人均 GDP 关系进行研究。结果显示,我国建筑业增加值占 GDP 比重随人均 GDP 增长呈三次曲线关系。

那么,在新的历史阶段,建筑业在我国国民经济中的地位如何呢?我们借鉴前人的研究成果,采用横向研究的方法,对 2000 年后世界多

国人均 GDP 与建筑业产值占 GDP 比重的关系进行分析,定位目前中国
建筑业发展所处的阶段,为建筑业在我国经济中的作用研究提供参考
依据。

4.1.1.1　人均 GDP 与建筑业生产总值关系的实证分析

经济理论表明,建筑业发展存在一定的内在规律性,一国的个别情况不
足以影响整个建筑业的发展趋势,且各国经济环境和产业政策等客观因素
对建筑业的影响都是有限的、随机的,故建筑业产值在国民经济中的比重沿
某一趋势发展且围绕该趋势在一定区间内波动。

基于该理论,我们采用建筑业产值比重来体现一国建筑业占国民经济
的份额即产出规模,用人均 GDP 衡量一国经济发展水平。建筑业产值比重
来源于 GGDC 的 WIOD 数据库,人均 GDP 数据来源于世界银行数据库。为
消除经济波动的影响,我们对由 WIOD 数据库和世界银行数据库得到的 39
个国家 2000 年后的建筑业产值比重和人均 GDP 数据进行算术平均处理。
这里,建筑业产值比重采用现价本国货币计算,对各国以现价美元为单位的
人均 GDP 利用 GDP 缩减指数进行了调整,统一换算为以美元为单位的
2000 年可比价。该模型不考虑汇率和购买力平价对人均 GDP 的影响。

以 CW 代表建筑业产值比重,G 代表人均 GDP,lnG 为人均 GDP 的对
数,分别用线性方程、二次曲线和三次曲线进行趋势拟合得到的结果如表
4-1 所示。由表 4-1 的拟合结果可知,只有三次曲线通过了 F 检验,P 值为
0.0430,小于 5%,故该回归方程有统计意义。三次曲线的系数及常数项的 t
检验的 p 值均小于 5%,说明方程参数显著。DW 统计量为 1.9449,可认为
模型不存在自相关。

表 4-1　39 国建筑业产值比重与 **LNGDP** 关系的拟合结果

变　量	建筑业产值比重 CW		
	线性方程	二次曲线	三次曲线
常数	11.7323 (0.0001)	9.8722 (0.6007)	297.5656 (0.0127)
lnG	−0.4111 (0.1519)	0.0119 (0.9977)	−100.6767 (0.0150)
$(\ln G)^2$	—	−0.0236 (0.9205)	11.5506 (0.0148)
$(\ln G)^3$	—	—	−0.4376 (0.0145)
Prob(F-statistic)	0.1519	0.3615	0.0431
R^2	0.0547	0.0549	0.8051
Durbin-Watson	1.9094	1.9045	1.9449

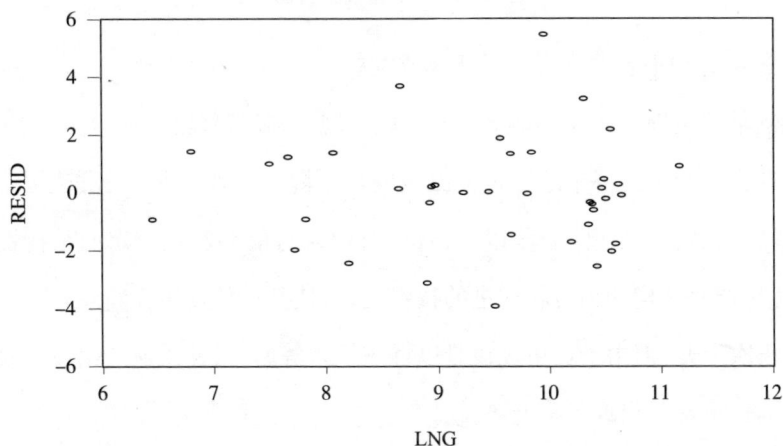

图 4-2　三次曲线的拟合残差图

三次曲线的残差如图 4-2 所示，从图 4-2 可知，回归方程的残差分布符合同方差的假设。三次曲线的拟合情况如图 4-3 所示。由图 4-3 可以看出，三次曲线较好地拟合了 39 个国家数据的变动情况。

（单位：%）

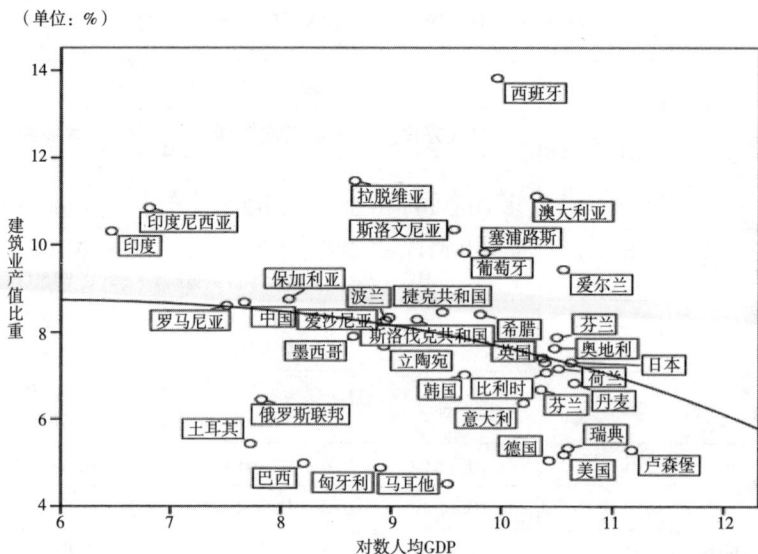

图 4-3　三次曲线拟合图

　　图 4-3 的拟合曲线展示了建筑业发展的后半部分——倒"U"型曲线的右尾部呈现缓慢递减并翘尾上升。翘尾出现后,随着经济的进一步发展,建筑业产出在国民经济中的比重又出现明显下降。由此可见,当发达国家经济和城市化发展到一定阶段以后,若建筑业自身能够实现一定的结构性突破,优化产业结构并结合较先进的技术支持,使其产值比重在新一轮经济发展中再次上升,但由于城市规模难以继续扩张等原因,建筑业产出在国民经济中的比重又会出现下降趋势。

　　目前,我国建筑业处于倒"U"型曲线右尾部的关键位置。即在今后的一段时间内,随着经济发展和城市化的推进,如果我国建筑业可以通过优化产业结构,提高技术水平和劳动生产率,从而实现结构性的突破,那么,我国建筑业将走入"翘尾"上升阶段,建筑业的产出在国民经济中的比重可以得到进一步提升。

4.1.1.2　城镇化率与建筑业生产总值关系的实证分析

据经济学理论,除经济发展水平外,城市化进程也与建筑业发展息息相关。基于上节的研究方法,采用建筑业产值比重代表建筑业占国民经济的份额即产出规模,城镇化率代表一国城镇化水平建立线性回归模型。其中建筑业产值比重据由 GGDC 的 WIOD 数据库计算得到,城镇化率数据来源于世界银行数据库。分析中,我们对由 WIOD 数据库和世界银行数据库得到的 39 个国家 2000 年后的建筑业产值比重和城镇化率的数据做了算术平均处理,以消除波动的影响。建筑业产值比重采用现价本国货币计算。

以 CW 代表建筑业产值比重,X 代表城镇化率,得到线性趋势拟合结果如表 4-2 所示。

表 4-2　39 国建筑业产值比重与城镇化率的线性拟合结果

变　量	系　数	标准差	t 检验
C	12.5793	1.5446	8.1438
X	-0.0658	0.0210	-3.1213
线性方程	R^2	DW 值	F 检验
	0.9084	1.9948	9.7427

由表 4-2 中 39 国建筑业产出占总产出的比重与城镇化率的回归拟合结果可知,回归方程通过了 F 检验,回归方程有统计意义。线性方程中,城镇化率系数及常数项 t 检验的 p 值均小于 5%,参数显著。DW 检验值为 1.9948,可以认为模型不存在自相关。回归方程的残差如图 4-4 所示,由图 4-4 可知,回归方程的残差分布符合同方差的假设。

三次曲线拟合情况如图 4-5 所示,该方程较好地展现了 39 个国家数据的变动情况。由图 4-5 可知,随着城镇化率的增长,建筑业产出比重呈下

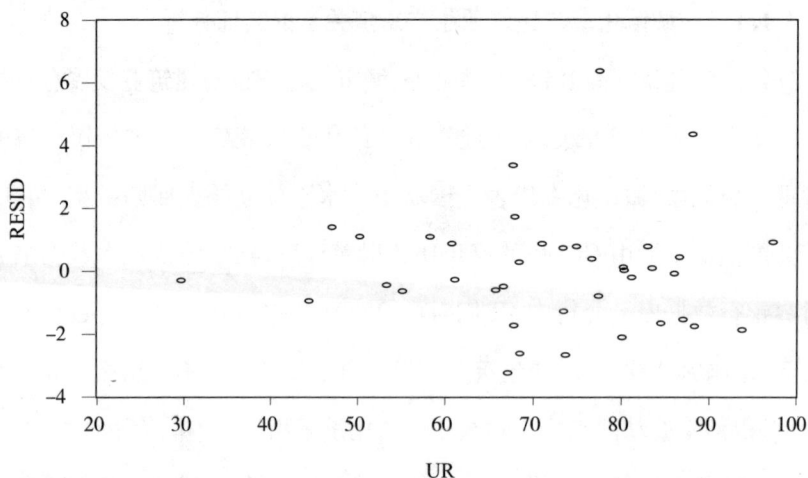

图 4-4　回归方程残差图

降趋势。由此可见,虽然目前包括中国在内的一些国家的建筑业产值的绝对量递增,但建筑业产值比重最终将出现下降趋势。

（单位：%）

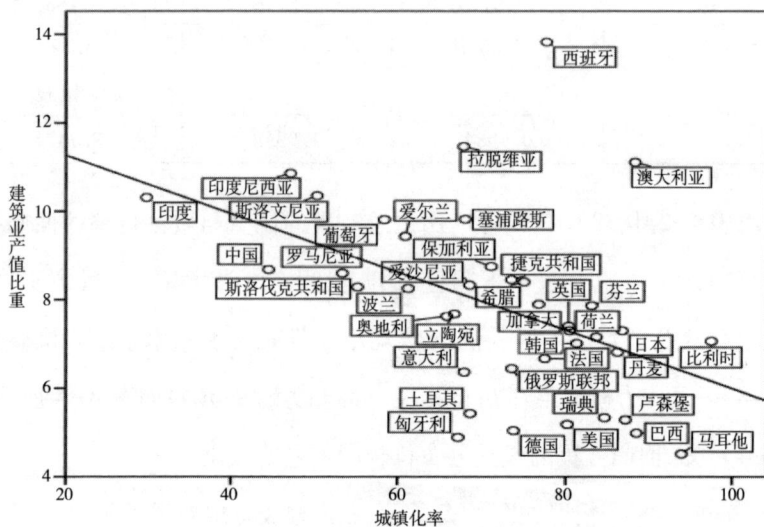

图 4-5　线性方程拟合图

4.1.2　基于多国历史数据的纵向分析

从多国纵向比较出发,我们选取 2000—2014 年 11 个具有代表性国家的 GDP 和建筑业增加值数据,通过建筑业增加值占 GDP 比重、推动力系数、贡献力度、贡献率、推动力度、就业吸纳能力等指标分析建筑业在我国经济发展中的作用。

4.1.2.1　建筑业占我国国民经济比重相对较高

为反映建筑业生产规模、速度和效益,我们以建筑业增加值代表建筑业发展状况,用其占国内生产总值比重代表该产业在国民经济中的作用。利用 OECD 的数据计算得到包括中国在内的 11 个国家建筑业占国民经济比重如图 4-6 所示。

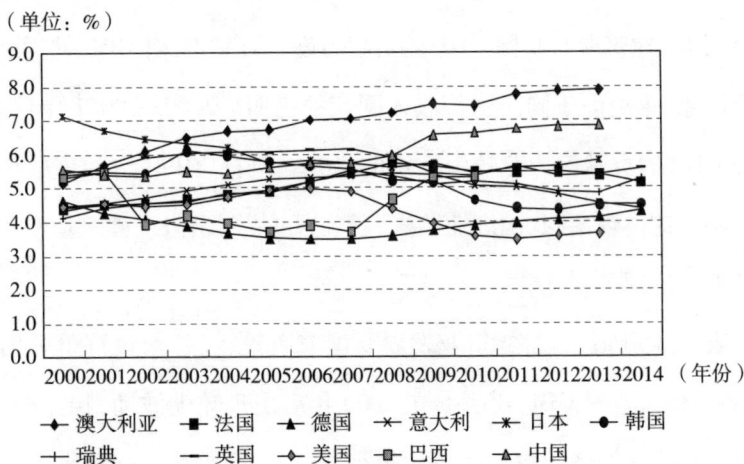

图 4-6　部分国家建筑业占国民经济的比重

由图 4-6 可知,近年来,相比于其他建筑业较为发达国家,建筑业在我国国民经济的比重低于澳大利亚,但高于其他国家。可见,建筑业在我国国民经济中的重要性。但这也反映出,目前,我国建筑业占国民经济的比重很可能已接近高点,未来该比重增长空间有限。

4.1.2.2 建筑业对国民经济保持较高贡献但水平相对较低

利用下式计算出建筑业对国民经济的贡献度 F_t 和贡献率 R_t 分析建筑业对我国国民经济贡献情况。

$$F_t = \frac{V_t - V_{t-1}}{G_{t-1}} \tag{4-1}$$

$$R_t = \frac{V_t - V_{t-1}}{G_{t-1}} \tag{4-2}$$

其中, t 为年份, F_t 为 t 年的贡献力度, R_t 为 t 年的贡献率, V_t 为 t 年的建筑业增加值, G_t 为 t 年的一国 GDP。

根据式(4-1)和式(4-2)得到的计算结果如表4-3和表4-4所示。由表4-3可知,建筑业对我国 GDP 的贡献力度一直是正,对 GDP 的贡献高于美国等国家,也略高于同属中等收入国家的巴西。2000—2011 年,建筑业对我国 GDP 的贡献保持着较为稳定的提升。但自 2012 年起,该数值出现明显下降。这体现出,我国产业结构调整已开始发挥作用,建筑业在国民经济中的地位出现了弱化。

由表4-4可知,由于建筑业发展受国家政策、工程承包订单等因素的影响,各国建筑业对 GDP 贡献率在 2000 年后出现较大波动,相比而言,我国建筑业对国民经济的贡献率波动较小,且呈上升趋势。但相较于建筑业较为发达国家,我国建筑业对国民经济的贡献率水平相对较低。

2009 年,我国建筑业对国民经济的贡献率为 13.6%,远高于其他年份,

这可能是由于该年份我国房地产投资较热，中央投入 330 亿建设廉租房，高
铁项目的大力投入、城市化进程的推进等因素共同作用的结果。

表 4-3　部分国家建筑业对 GDP 贡献度

（单位：%）

国家	2000	2001	2002	2003	2004	2005	2006	2007	2008	2009	2010	2011	2012	2013	2014
澳大利亚	-0.8	0.9	0.8	0.9	0.7	0.6	0.9	0.6	0.7	0.5	0.6	0.8	0.3	0.3	—
法国	0.4	0.3	0.2	0.2	0.4	0.3	0.5	0.6	0.4	-0.3	0.0	0.2	0.1	0.0	-0.2
德国	-0.2	-0.2	-0.2	-0.2	-0.1	-0.1	0.1	0.2	0.2	0.0	0.3	0.3	0.2	0.2	0.3
意大利	0.3	0.5	0.3	0.4	0.4	0.3	0.2	0.3	0.1	-0.2	-0.2	0.1	-0.3	-0.3	-0.2
日本	-0.2	-0.5	-0.3	-0.1	-0.1	-0.4	0.1	0.0	-0.3	-0.2	-0.2	0.1	0.1	0.2	—
韩国	-0.1	0.5	0.6	1.1	0.3	0.1	0.2	0.3	0.0	0.2	-0.1	0.1	0.1	0.1	0.2
瑞典	0.2	0.5	0.3	0.2	0.5	0.1	0.7	0.7	0.1	-0.4	0.5	0.1	-0.1	0.0	0.6
英国	0.8	0.3	0.7	0.5	0.4	0.3	0.4	0.4	-0.1	-0.6	0.2	0.5	-0.2	0.1	0.4
美国	0.5	0.2	0.1	0.3	0.5	0.5	0.3	0.1	-0.4	-0.5	-0.2	0.0	0.3	0.2	—
巴西	-0.1	0.9	-0.9	0.8	0.2	0.2	0.7	0.3	1.3	1.6	0.7	—	—	—	—
中国	0.4	0.4	0.5	0.9	0.9	1.0	1.1	1.3	1.3	1.2	1.3	1.3	0.8	0.7	—

数据来源：http://stats.oecd.org/。

表 4-4　部分国家建筑业对 GDP 贡献率

（单位：%）

国家	2000	2001	2002	2003	2004	2005	2006	2007	2008	2009	2010	2011	2012	2013	2014
澳大利亚	-12.3	13.6	12.3	12.0	9.3	7.2	10.3	7.5	9.7	16.8	6.5	13.8	12.9	8.4	—
法国	6.6	7.3	5.8	8.2	7.9	8.7	10.5	11.3	17.0	8.8	-0.9	5.7	6.4	-3.9	-12.9
德国	-6.9	-7.8	-11.4	-35.8	-4.8	-8.3	2.7	3.7	8.4	-0.2	7.2	5.6	9.0	7.6	9.5
意大利	5.6	9.5	9.3	11.4	9.5	11.1	6.2	6.5	10.2	6.2	-12.0	2.6	17.5	77.3	-43.7
日本	-19.5	53.9	26.2	227.3	-9.6	-127.8	19.0	-2.6	11.0	3.8	-6.7	-2.4	8.9	22.2	—

续表

国家	2000	2001	2002	2003	2004	2005	2006	2007	2008	2009	2010	2011	2012	2013	2014
韩国	-1.0	6.6	5.1	16.5	3.9	2.6	3.5	4.1	-0.6	4.2	-0.9	-0.1	3.1	8.3	4.9
瑞典	3.9	11.7	8.3	5.5	10.4	4.1	10.5	10.6	0.5	14.9	6.5	2.5	-17.8	1.9	17.2
英国	12.6	7.7	13.2	8.0	6.5	6.0	7.1	6.5	-2.9	25.0	3.7	13.3	-7.4	6.1	10.0
美国	7.0	7.6	1.8	6.0	7.8	8.1	5.7	2.7	-25.6	25.2	-6.5	0.9	6.2	5.5	—
巴西	-1.3	6.7	-6.0	6.0	1.8	1.4	5.4	2.4	17.9	9.3	5.4	—	—	—	—
中国	3.7	3.9	5.0	6.6	5.0	6.7	6.5	5.8	7.1	13.6	7.0	7.4	7.7	7.1	

数据来源：http://stats.oecd.org/。

4.1.2.3　我国建筑业推动力低于样本国家的平均水平

为分析各国建筑业对国民经济推动力的大小，我们引入推动力强度指标。若推动力强度大于1，说明建筑业对国民经济的推动力积极，超出其自身在 GDP 中所占的份额。

$$G_t = \alpha V_t + \beta \tag{4-3}$$

$$p = \frac{\alpha}{mean(V_t/G_t)} \tag{4-4}$$

这里，G_t 为一国第 t 年的 GDP，V_t 为第 t 年的建筑业的增加值，α 为推动力系数，β 为常数，p 为推动力强度。

2000—2014 年部分国家的推动力强度的计算结果如图 4-7 所示。由图 4-7 可知，我国建筑业推动力强度为 228.8%，说明建筑业对 GDP 推动积极，超过了自身在 GDP 中所占的份额。从国际比较看，我国建筑业推动力系数低于韩国的 517.6% 和德国的 381.6%，高于澳大利亚的 148.1% 和日本的 58.4%。在所选择的样本国家中，我国建筑业推动力强度低于平均水平。这就是说，如果未来能进一步提高我国建筑业推动力强度，那么建筑业会对我国经济的可持续发展发挥更为重要的作用。

（单位：%）

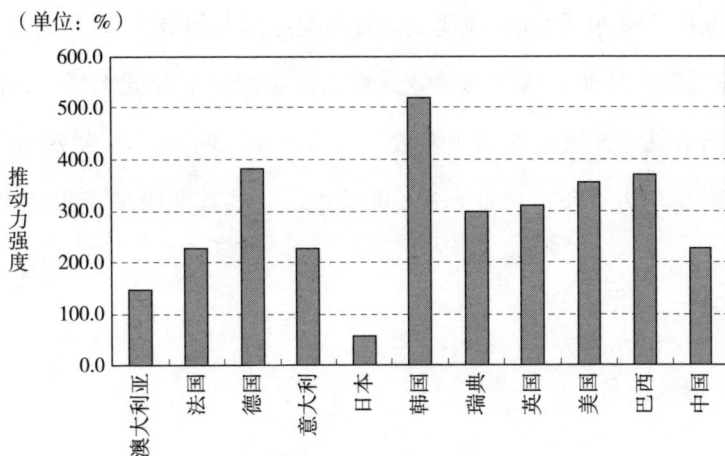

图 4-7　部分国家建筑业对 GDP 的推动力强度

数据来源：http://stats.oecd.org/。

4.1.2.4　就业吸纳能力低于建筑业发达国家

根据前文分析，我国建筑业就业吸纳能力呈上升趋势，近年来建筑业就业人数不断增加。

（单位：%）

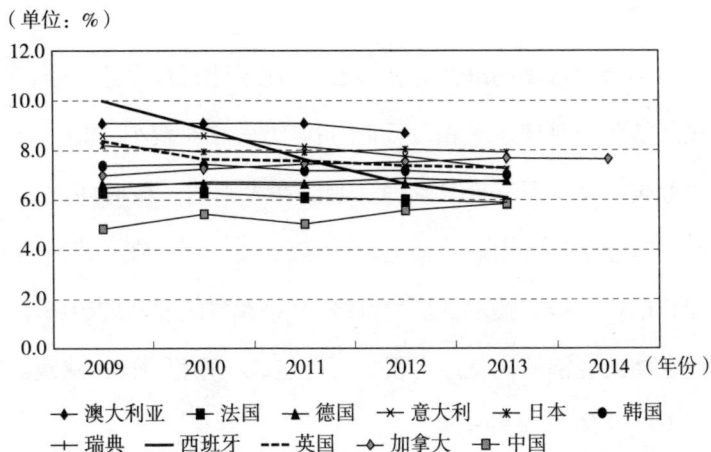

图 4-8　部分国家建筑业从业人数占总就业人数比重

数据来源：http://stats.oecd.org/；http://data.stats.gov.cn/。

但从图 4-8 来看,和其他建筑业较为发达国家如日本、韩国、德国等相比,我国建筑业从业人数占总就业人数的比重还处于较低水平。2013 年,我国建筑业就业人数占总就业人数比重为 5.8%,同期日本为 7.9%,韩国为 7.0%,德国为 6.8%,由此可见,我国建筑业的就业吸纳能力还有提升空间。

4.1.3　结果分析

目前,我国已处于工业化中后期,虽然建筑业增加值的绝对量继续呈出增长态势,但建筑业增加值占国民经济的比重却出现了增长无力的苗头。根据前文基于多国截面数据的横向分析可以看出,若不考虑国家政策等因素对建筑业发展的影响,未来,随着人均 GDP 的继续上升,我国建筑业产出占总产出的比重会出现一定程度的下降,并进入趋势转折的关键点。

结合多国历史数据的纵向分析来看,相比于建筑业发达国家,我国建筑业对国民经济的贡献率水平相对较低、贡献力度相对较小,加上该行业就业吸纳能力和技术水平还有提升空间,因此,在未来的一段时间内,建筑业依旧可以在我国经济发展中占重要地位,体现重要作用。在一段时间后,若能够完成建筑产业结构和技术的优化升级,并寻找建筑业新的经济增长点,我国建筑业在国民经济的比重还有很大可能进入"翘尾"阶段,建筑业在经济中的作用不能低估。

4.2　我国建筑业未来发展的驱动要素

4.2.1　基于柯布—道格拉斯生产函数的实证分析

柯布—道格拉斯生产函数为：

$$Y = AK^{\alpha}L^{\beta} \tag{4-5}$$

其中，Y 代表产量，A 代表技术水平，K 代表投入的资本量，L 代表投入的劳动量，α 为资本投入的产出弹性，β 为劳动投入的产出弹性。

分析中，用到的投入与产出包括建筑业企业实收资本、建筑业企业从业人员数和建筑业总产值，经济发展水平变量包括人均国内生产总值和城镇化率。数据来源于统计年鉴。由于建筑业企业实收资本在 2004 年、2013 年和 2014 年有缺失，本章用两种方法进行处理，一种是用线性插值法进行插值，另一种是直接删除 2004 年、2013 年和 2014 年的样本数据。

4.2.1.1　先插值再拟合的预测

首先使用线性插值法对建筑业企业实收资本在 2004 年、2013 年和 2014 年进行插值，得到 2004 年的建筑业企业实收资本为 7 356.09 亿元，2013 年建筑业企业实收资本为 25 579.71 亿元，2014 年建筑业企业实收资本为 29 359.21 亿元。

以建筑业企业实收资本和建筑业企业人员数为自变量，以建筑业总产值为因量拟合（4-5）。由 Matlab 计算得到 $A = 0.1037$、$\alpha = 0.9529$、$\beta = 0.6551$，即

$$Y = 0.1037K^{0.9529}L^{0.6551} \tag{4-6}$$

根据拟合结果可知,目前,我国建筑业整体技术水平低,产业化程度低,技术基础相对薄弱,与建筑业发展的需要还存在相当差距。当前,建筑业的技术水平 A 仅为 0.1037,其对于建筑业产值的影响很小,已成为限制我国建筑产值提升的瓶颈。技术水平在未来具有巨大的发展潜力,若能提升技术水平的话,必将对建筑产值产生直接影响。

此外,适应建筑业发展需要的高效的企业技术创新体系和行业科技进步的新机制尚未形成,企业技术创新能力不够、科技投入不足、科技政策不配套、科技体制不健全等仍是束缚和制约建筑业科技进步的主要障碍。因此,提高建筑业技术创新能力,对于促进建筑业持续发展具有重要意义。

由 $\alpha = 0.9529$、$\beta = 0.6551$ 可知,建筑业产值主要依赖于建筑业实收资本,其次是建筑业的人力资源。其中,建筑业企业实收资本对建筑业产值增长空间贡献已趋于饱和,建筑业人力资源在未来会有较大增长空间。故我国建筑业当前最需要提高的是技术水平及人力资源的作用。

2000—2014 年,我国建筑业总产值实际值与拟合值如图 4-9 所示。

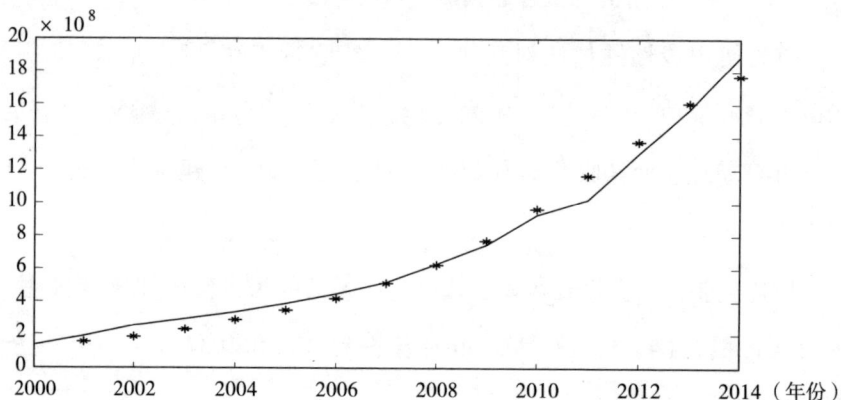

图 4-9 基于柯布—道格拉斯生产函数的建筑业总产值拟合效果

这里,"﹡"为实际值,曲线为拟合值。由图 4-9 可见,基于柯布—道格拉斯生产函数的建筑业总产值的拟合效果较好。

最后,根据柯布—道格拉斯生产函数预测 2015 年的建筑业总产值。首先对 2015 年的建筑业企业实收资本进行插值,得到 2015 年实收资本为 33 138.71 亿元。其次对 2015 年建筑业企业从业人员数进行插值,得到 2015 年建筑业企业从业人员数为 5 392.80 万人。将 2015 年的 K 和 L 代入式(4-6),得到 2015 年的建筑业总产值为 223 716.46 亿元。

4.2.1.2 不插值直接拟合的预测

直接利用原始的完整数据,即不包括 2004 年、2013 年和 2014 年的 12 组数据,拟合柯布—道格拉斯生产函数,得 $A = 0.0050$、$\alpha = 0.9999$、$\beta = 0.8578$,即

$$Y = 0.0050K^{0.9999}L^{0.8578} \tag{4-7}$$

建筑业总产值实际值与拟合值如图 4-10 所示。将 2015 年的 K 和 L 代入式(4-7),得到 2015 年建筑业总产值预测值为 263 654.90 亿元,比 4.2.1.1 中的预测值稍高。

4.2.2 基于 BP 神经网络的建筑业总产值预测

4.2.2.1 输入向量和输出向量

以建筑业从业人员数和建筑业企业实收资本作为输入向量,建筑业总产值为输出向量。

4.2.2.2 数据归一化处理

在实际应用中,由于各指标的量纲不尽相同,为了便于网络训练,先将

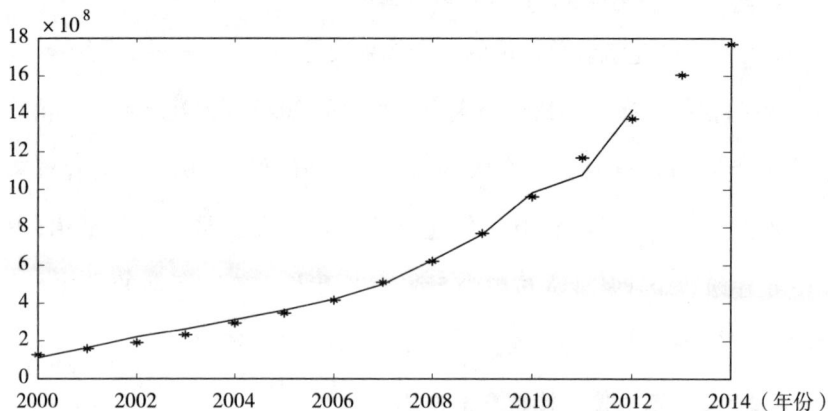

图 4-10　基于柯布—道格拉斯生产函数的建筑业总产值直接拟合效果

数据进行标准化处理。本节采用 Matlab 中的 mapminmax 函数对数据归一化,计算仿真误差时再用 mapminmax 函数的"reverse"命令将数据反归一化。

4.2.2.3　BP 网络的建立与训练

Matlab 神经网络工具箱中提供函数来创建一个前向型 BP 神经网络。常用的调用格式为:

$$net = newff(P,T,[S_1,S_2,\cdots,S_{n-1}],\{F_1,F_2,\cdots,F_n\},train) \qquad (4-8)$$

其中,P 为输入样本;T 为期望响应;S_i 为网络各层的神经元数目;F_i 为网络各层的传递函数类型;$train$ 为训练函数。

计算中设置两层神经元,第一层神经元的数目为 7,第二层神经元的数目为 1;隐含层采用 tansig 函数;输出层采用 purelin 函数;训练函数采用动量的梯度下降法 trainlm。在数据归一化之后,建立和训练 BP 网络。

Matlab 程序默认选取 70% 的数据组,即 10 组为训练组,15% 的数据组,即 2 组为测试组。训练结果如图 4-11 所示。

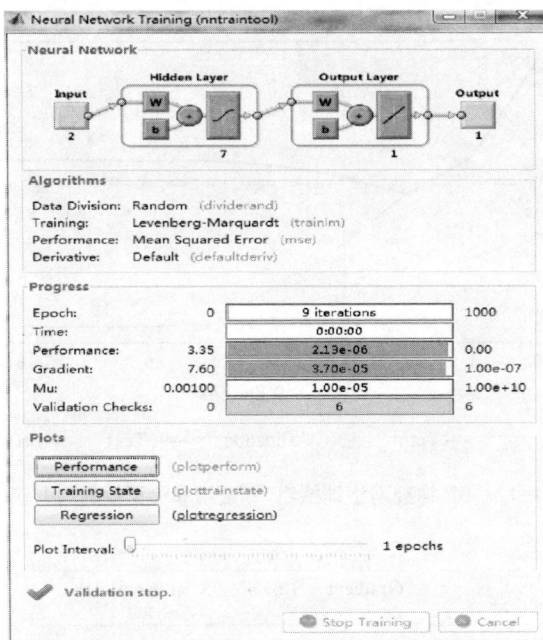

图 4-11　BP 神经网络训练结果

由图 4-11 可见,该神经网络由两层神经元组成,第一层神经元的数目为 7,第二层神经元的数目为 1;训练函数为 trainlm,经过 9 次迭代,实现均方误差 mse 达到 3.70e-05。图 4-12 为 BP 神经网络训练组、测试组和验证组的均方误差。

由图 4-12 可见,验证组的均方误差在第 3 次迭代时达到最优,均方误差 mse 为 0.0046278。

BP 神经网络训练状态图如图 4-13 所示。由图 4-13 可见,梯度在第 9 次迭代时,达到 3.6974e-05,Mu 值为 1e-05,验证检查为 6。

BP 神经网络仿真效果如图 4-14 所示。由图 4-14 可见,BP 神经网络对建筑业总产值的仿真效果较好。

Best Validation Performance is 0.0046287 at epoch 3

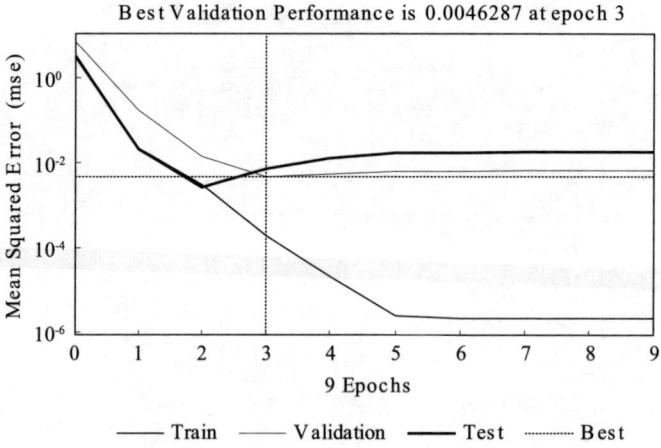

图4-12　BP神经网络训练组、测试组和验证组的均方误差

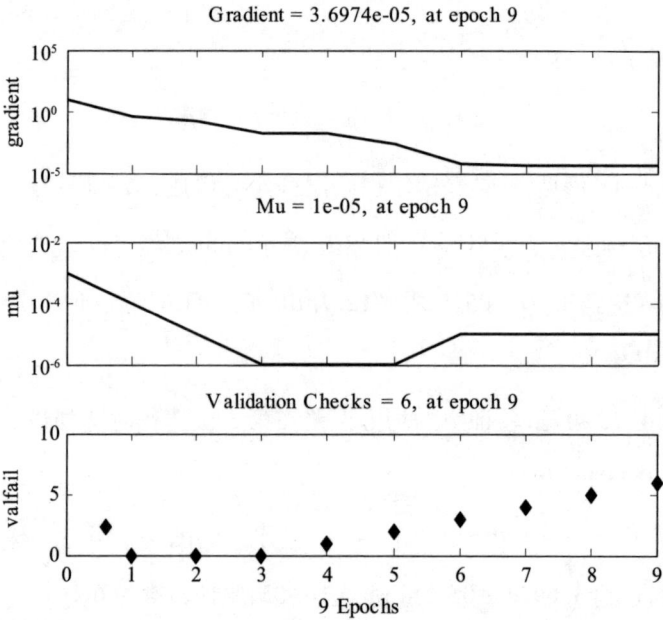

图4-13　BP神经网络训练状态图

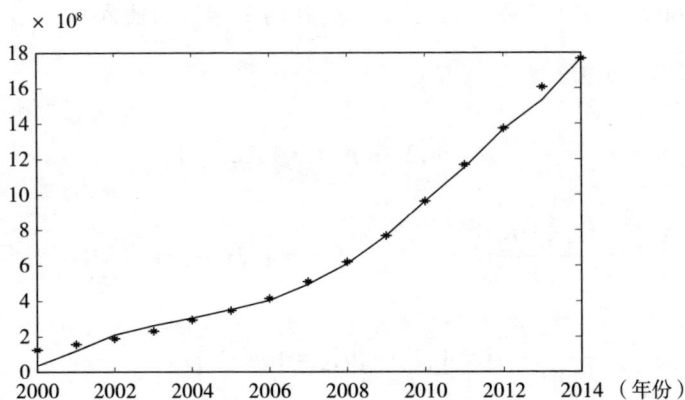

图 4-14　BP 神经网络仿真效果

4.2.2.4　基于 BP 神经网络对建筑业总产值预测

利用训练好的网络得到 2015—2017 年建筑业总产值的预测值分别为 183 287.70 亿元、185 876.19 亿元和 187 270.75 亿元。BP 神经网络对建筑业总产值未来趋势的预测情况如图 4-15 所示。但由于实际数据较少,考虑到逻辑的缜密性和准确度,需要对结果做检验。

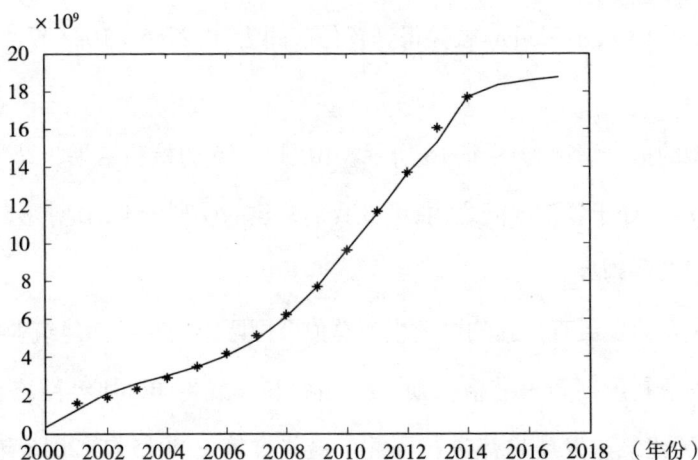

图 4-15　BP 神经网络对建筑业总产值的预测趋势图

以 2000—2014 年数据为基础数据,在两个年份间插入 9 个测试数据,测试数据可表示为:

$$Y_{ti} = Y_t + i\frac{Y_{t+1} - Y_t}{10}, i = 1,2,\cdots,9; t = 1,2,\cdots,13$$

$$K_{ti} = K_t + i\frac{K_{t+1} - K_t}{10}, i = 1,2,\cdots,9; t = 1,2,\cdots,13 \qquad (4-9)$$

$$L_{ti} = L_t + i\frac{L_{t+1} - L_t}{10}, i = 1,2,\cdots,9; t = 1,2,\cdots,13$$

其中,Y_1 为 2000 年的建筑业总产值,K_1 为 2000 年的建筑业投入资本,L_1 为 2000 年的建筑业劳动投入量;Y_{ti} 是第 t 年的第 i 个测试总产值,K_{ti} 是第 t 年的第 i 个测试资本投入,L_{ti} 是第 t 年的第 i 个测试劳动投入量。

针对测试数据求置信区间。由于样本标准方差未知,所以采用 t 分布估计数据,置信区间为:

$$\left[\bar{Y} - t_{1-\frac{\alpha}{2}}\frac{s}{\sqrt{n}}, \bar{Y} + t_{1-\frac{\alpha}{2}}\frac{s}{\sqrt{n}} \right] \qquad (4-10)$$

取 $\alpha = 0.01$,由 Matlab 软件得到置信区间为 $[0.2785 * 10e+09, 1.232 * 10e+09]$。

模型的拟合情况如图 4-16 所示。由图 4-16 的检验结果,126 个测试数据有 65 个处于置信区间之内,可见我们构建的模型较准确地拟合了我国建筑业的发展趋势。

建筑业的发展直接影响国内生产总值及国际市场对我国建筑业的资本投入。本节利用柯布—道格拉斯生产函数和非线性 BP 神经网络构建模型,对我国建筑业发展趋势进行预测。最终推算出 2015 年、2016 年、2017 年我国建筑业的总产值分别为 183 287.70 亿元、185 876.19 亿元、

187 270.75 亿元,呈小幅增长趋势。

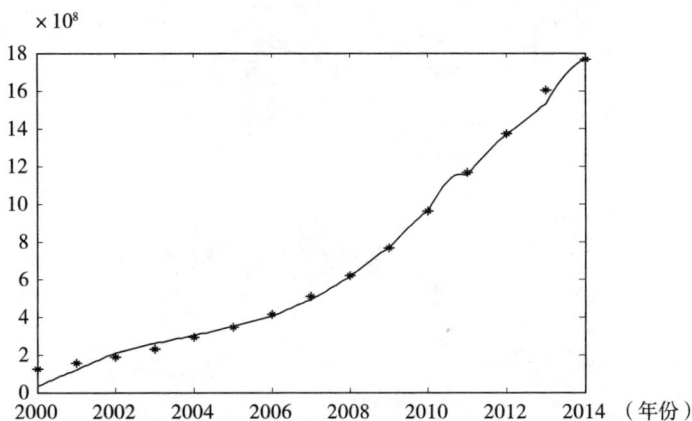

图 4-16　BP 神经网络拟合我国建筑业发展趋势

4.2.2.5　增加变量后的总产值预测

考虑到在技术水平、资本投入、劳动投入这几个变量的基础上,再增加国家政策、产业结构、从业人员素质、流动资金利用率等变量,得到的预测数据可能会更准确。故我们继续增加人均 GDP 和城镇化率两个指标,建立新的神经网络模型。

据图 4-17,该神经网络的第一层神经元的数目为 7,第二层神经元的数目为 1;训练函数为 trainlm,经过 19 次迭代实现均方误差 mse 达到 2.19e-19。

图 4-18 为 BP 神经网络训练组、测试组和验证组的均方误差。验证组的均方误差在第 17 次迭代时达到最优,均方误差 mse 为 0.0016804。

图 4-19 为 BP 神经网络训练状态图。由图 4-19 可见,梯度在第 19 次迭代时,达到 1.5422e-09,Mu 值为 1e-10。

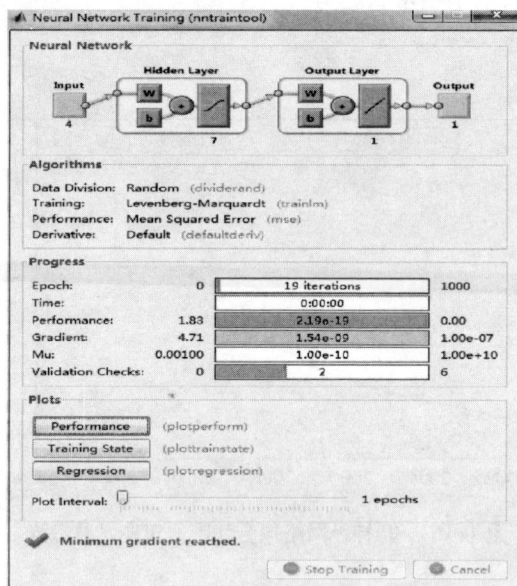

图 4-17　BP 神经网络训练结果

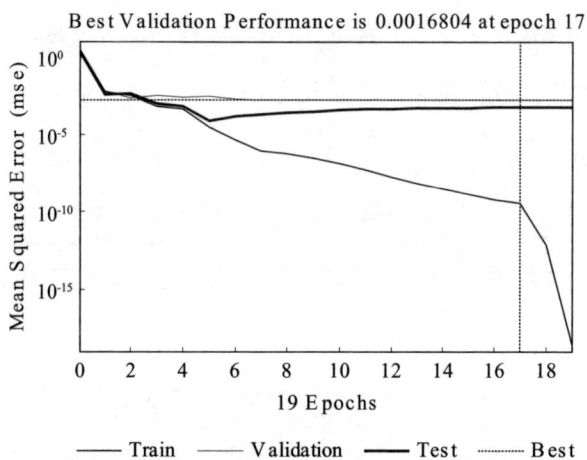

图 4-18　BP 神经网络训练组、测试组和验证组的均方误差

对比图 4-14 和图 4-20 可知,增加了人均 GDP 和城镇化率后,BP 神经

Gradient = 1.5422e-09, at epoch 19

Mu = 1e-10, at epoch 19

Validation Checks = 2, at epoch 19

19 Epochs

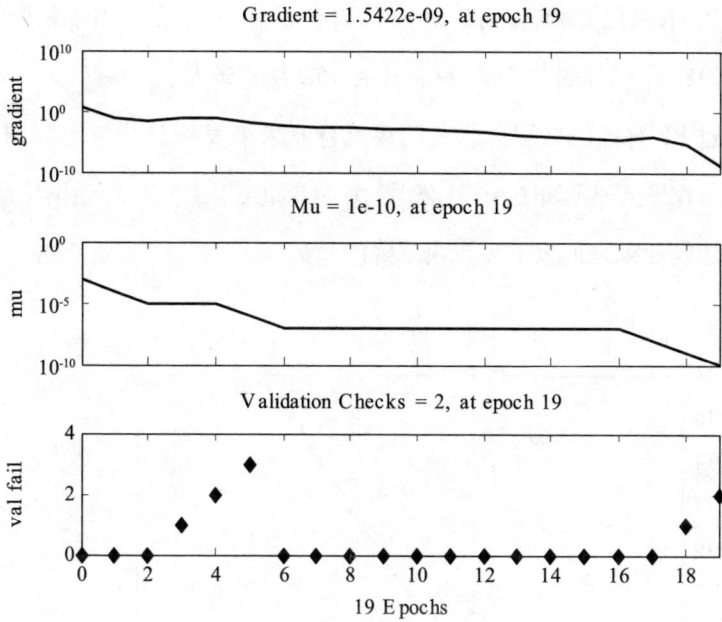

图 4-19　BP 神经网络训练状态图

网络的拟合效果显著增强。

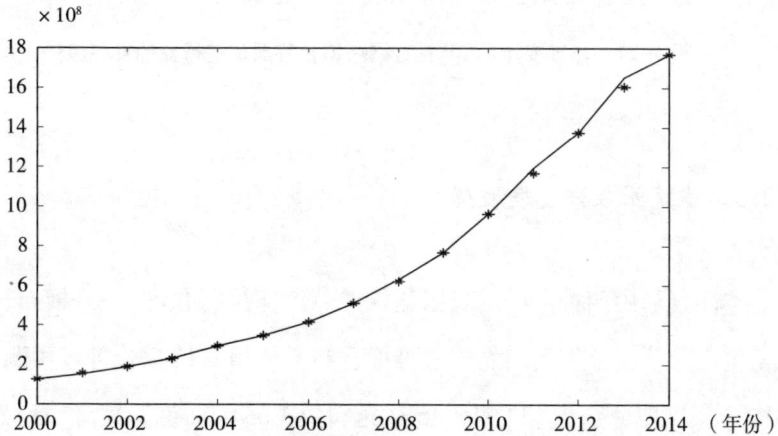

$\times 10^8$

2000　2002　2004　2006　2008　2010　2012　2014　（年份）

图 4-20　增加变量后 BP 神经网络仿真效果

利用训练好的网络得到 2015—2017 年的建筑业总产值的预测值分别为 172 218. 22 亿元、158 792. 09 亿元和 152 386. 36 亿元。

通过 BP 神经网络拟合的我国建筑行业未来发展趋势情况如图 4-21 所示。对比图 4-15 和图 4-21 发现,增加变量后采用 BP 神经网络所预测的我国建筑业未来的发展呈现出下降的趋势。

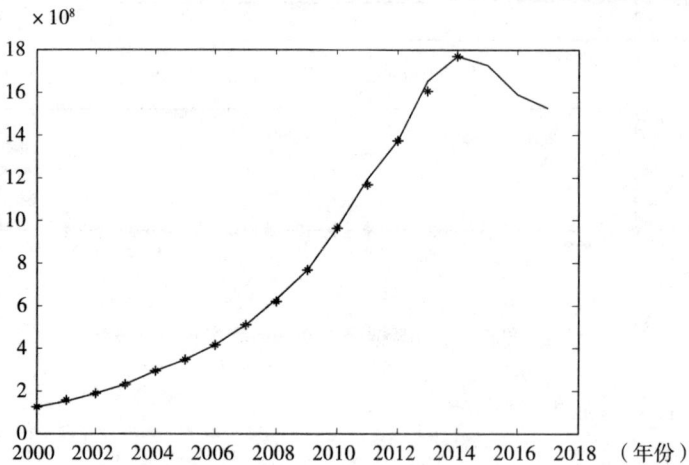

图 4-21　增加变量后 BP 神经网络拟合我国建筑行业的发展趋势

4.2.3　建筑业未来发展展望

本部分利用两种方法对我国建筑业总产值进行预测,一是柯布—道格拉斯生产函数。分别利用先插值再拟合和不插值直接拟合进行预测,得到 2015 年预测值分别为 223 716. 46 亿元和 263 654. 90 亿元。另一种方法是基于 BP 神经网络的预测。首先使用建筑业从业人员数和建筑业实收资本进行拟合,得到 2015—2017 年的建筑业总产值预测值为 183 287. 70 亿元、

185 876. 19 亿元、187 270. 75 亿元。其后又增加人均 GDP 和城镇化率变量建立新的神经网络模型进行预测,得到 2015—2017 年的建筑业总产值预测值为 172 218. 22 亿元、158 792. 09 亿元、152 386. 36 亿元。验证分析表明,增加自变量后的 BP 神经网络的拟合效果更精确,也就是说,我国建筑业总产值未来很有可能出现下降的趋势。

由柯布—道格拉斯生产函数的参数估计结果可知,目前,我国建筑业整体技术水平较低,反映了我国建筑业的粗放型发展。科学技术是第一生产力,但 2000 年至今,建筑业迅速增长的主要动力仍为资本和劳动投入,这说明,我国建筑业投入结构不合理。

随着人力资本成本的逐步增高,建筑业应积极寻求技术进步,这对适应建筑业发展需要的高效的企业技术创新体系和行业科技进步的机制提出考验。未来建筑业的竞争不再局限于资本和劳动投入,而应侧重于科技水平的竞争。

对比资本投入产出弹性和劳动力产出弹性可以发现,建筑业资本投入对建筑业的产值起到了至关重要的作用。然而,未来其对建筑业总产值增长贡献十分有限。建筑业人力资源,对建筑业总产值增长还有较大空间。因此,建筑业应重视人力资源,充分利用人才优势实现未来的发展。

总的来说,我国建筑业总产值自 2000—2014 年逐年递增,2015 年后可能会出现增长乏力的情况。我国建筑业当前最需要提升的是技术水平以及充分发挥人力资源的作用,使建筑业的产值继续增长。

4.3 对策与建议

4.3.1 继续优化产业结构,力争尽快实现行业发展的结构性突破

根据横向比较,目前,我国建筑业处于关键位置,建筑业增长速度放缓,产出在国民经济中的比重接近倒"U"型曲线尾部。随着经济发展和城市化推进,建筑业增长空间越来越小。我国应学习建筑业发达国家的经验,继续加大调整产业结构力度,优化地区和细分行业的资源配置,使行业发展实现结构性的突破,使我国建筑业走入"翘尾"上升阶段,使建筑业产出在国民经济的比重进一步提升。

4.3.2 提高建筑业技术水平,推进建筑工业化

根据柯布—道格拉斯生产函数,目前,我国建筑业整体技术水平低,工业化程度低,技术基础相对薄弱,与建筑业发展的需要存在相当差距。建筑业的技术水平已成为限制建筑产值提升的瓶颈,如果未来能提升技术水平,将对建筑产值产生直接影响。同时,适应建筑业发展需要的高效的企业技术创新体系和行业科技进步的新机制尚未形成。企业的技术创新能力不够、科技投入不足、科技政策不配套、科技体制不健全等问题仍是束缚和制约建筑科技进步的主要障碍。因此,提高建筑业技术创新能力,对于推动建筑产业工业化,促进国民经济和社会可持续发展具有重要意义。

此外,我国建筑业劳动生产率相对建筑业发达国家还处于较低水平,提

高建筑业技术水平,推进建筑工业化,有助于提升我国建筑业劳动生产率,有利于我国建筑企业参与国际竞争。

4.3.3 优化人力资源配置

我国建筑业就业吸纳能力呈上升趋势,但相比其他建筑业较为发达国家如日本、韩国、德国等,我国建筑业从业人数占总就业人数比重还处于较低水平,我国建筑业就业吸纳能力还有提升空间。结合柯布—道格拉斯生产函数,资本投入对建筑业产值未来增长贡献已趋饱和,建筑业企业人力资源有较大增长空间。故在产业结构调整的同时,应注意建筑人力资源结构的相应调整。

4.4 本章小结

本章采用多国截面数据横向比较与历史数据纵向分析相结合,揭示了我国建筑业发展规律和潜力,从历史、现实及未来层面探讨建筑业在我国经济发展中的作用。研究发现,在不考虑国家政策等因素对建筑业发展影响的前提下,随着人均 GDP 继续上升,未来我国建筑业产出占总产出比重会出现一定程度的下降,并进入趋势转折的关键点。但如果实现建筑产业结构和技术的优化升级,并寻找建筑业新的经济增长点,我国建筑业在国民经济的比重很有可能进入"翘尾"阶段。最后,通过柯布—道格拉斯生产函数和 BP 神经网络对我国建筑业总产值进行预测,并发现增加人均 GDP 和城市化率变量后的 BP 神经网络的拟合效果更精确。

第5章 我国建筑业在国际竞争中的优势与不足

　　我国对外承包工程是在 20 世纪 50 年代对外提供经济援助的基础上发展起来的。改革开放以后,我国建筑企业正式走向国际市场开展对外承包和劳务合作。1979—1981 年,我国建筑行业对外承包工程合同金额分别为 0.33 亿美元、1.40 亿美元和 2.76 亿美元,三年完成的营业额总和仅为 1.23 亿美元。随着改革开放的深入,我国建筑行业在国际市场上的发展逐步加快。

　　图 5-1 为 1982—2013 年我国建筑行业对外承包工程经营情况。由图 5-1 可见,自 2000 年我国实施"走出去"战略以来,建筑业在国际市场的发展更为迅速。建筑行业对外承包工程合同数由 2000 年的 2 597 份增加到 2013 年的 11 578 份,合同金额由 2000 年的 117.19 亿美元增加到 2013 年的 1 716.29 亿美元,年均增长 17.32%,工程完成营业额由 2000 年的 83.78 亿美元增加到 2013 年的 1 371.43 亿美元,年均增长 21.76%。目前,中国已成为全球工程承包市场的大国,是一支在国际上可与欧美日韩相竞争的重要力量。

　　但同时还应该清醒地看到,我国参与国际承包市场竞争的实力还有待提升。图 5-2 给出了 2006—2013 年我国建筑行业对外承包工程合同与完成营业额增长率情况。由图 5-2 可见,2008 年的全球金融危机对我国建筑

（单位：亿美元）　　　　　　　　　　　　　　　　（单位：%）

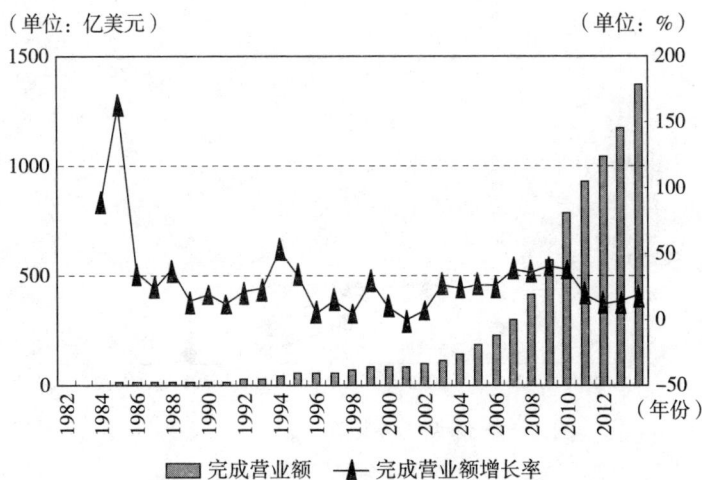

图 5-1 我国建筑行业对外承包工程经营情况

数据来源：中国统计年鉴 2014。

行业对外承包工程影响并不明显，对外承包工程合同与完成营业额增长率变化不大。这不是我国建筑业国际竞争力的增强，而是欧美国家竞争力受金融危机的影响而削弱。随着全球建筑业走出金融危机的阴影，各国参与建筑业国际市场的竞争加剧，我国对外承包合同金额增长率与完成营业额增长率就出现了明显的下降，这些都在一定程度上反映出我国建筑业在国际竞争力方面的不足。

据《环球建筑观察》和《牛津经济报》共同公布的研究报告显示，2009 年，全球建筑业总产值约为 7.5 万亿美元，2020 年，全球建筑业总产值预计将增长 70% 左右，达到 12.7 万亿美元。由此可见，国际建筑业市场蕴藏着巨大的潜力。我国有必要加大开拓国际建筑业市场业务的力度，努力提升我国承包商在国际承包市场上的竞争力，这不仅可以拓宽我国建筑企业的收入来源，也有利于我国建筑企业学习建筑业发达国家的先进经验，解决当

（单位：%）

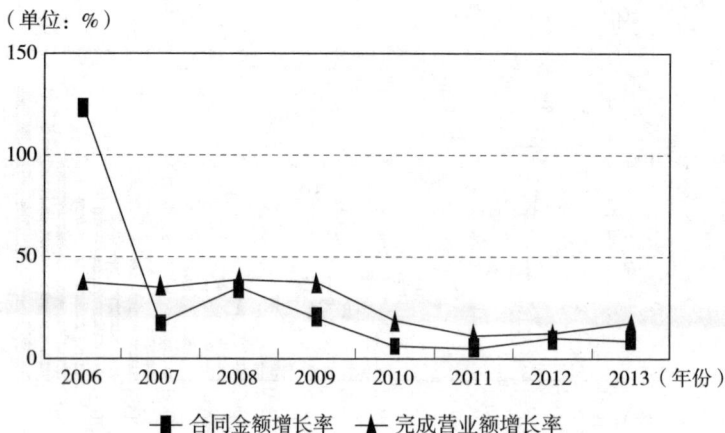

图 5-2　我国建筑行业对外承包工程合同与完成营业额增长率

数据来源：中国统计年鉴 2014。

前我国建筑行业发展过程中出现的问题，提升在国际市场中的综合竞争力。

这就需要我们以发展的眼光重新定位我国建筑业在国际竞争中的地位，分析其优势与不足，并借鉴国外经验提出有操作性的促进我国建筑业国际竞争力的发展路径。

5.1　国际建筑行业市场情况①

5.1.1　国际建筑行业总体情况

5.1.1.1　全球建筑行业市场从经济动荡中复苏但复苏基础不牢固

图 5-3 为 2004—2013 年国际承包市场 225 强国际市场营业额及增长

---

①　《工程新闻纪录》（ENR）被誉为"国际工程界晴雨表"，每年发布系列年度国际承包商榜单和研究报告如国际承包商前 225 强榜单、400 强榜单。据估计，目前国际承包商 250 强榜单所占据的全球建筑行业市场份额超过 90%。本章数据主要来自于 ENR 公布的最新数据。

率变化趋势。由图 5-3 可见,21 世纪初,房地产和金融危机所引发的世界范围内的经济危机而带来的经济衰退,使建筑行业现在才逐渐恢复起来,国际承包市场的规模重新回到了上升通道。

但结合当前世界经济形势可知,国际建筑行业的复苏情况不容乐观。发达国家经济复苏乏力,多数发展中国家经济增长出现内生性下滑,全球经济驱动力不足必然要拖累建筑业的全面复苏。2008 年,国际金融危机爆发,全球 GDP 增速从 2007 年的 4.0% 下降至 2008 年的 1.6%、2009 年的 -2.0%。伴随着全球经济动荡,国际承包市场 225 强国际市场营业额增长率由 2007 年的 38.2% 下降到 2008 年和 2009 年的 23.4% 与 0.4%。2010 年,美国经济面临二次探底、欧洲的主权债务危机等不利因素直接导致国际承包市场 225 强国际市场营业额呈现负增长。2011 年,全球建筑行业市场开始从经济动荡中走出,国际承包市场 225 强国际市场营业额增长率恢复到 18.1%,其中一个重要原因是全球为应对经济危机,加大了基础设施投入的力度。但 2011—2013 年,国际承包市场 225 强国际市场营业额增长率又由 18.1% 下滑至 6.5%。

5.1.1.2　海外贸易承包壁垒制约国际建筑行业市场发展

图 5-4 给出了 2004—2013 年国际承包市场 225 强企业新签合同金额增长率变化情况。由图 5-4 可以看出,金融危机爆发前四年,国际市场新签合同金额增长率明显高于国内市场。金融危机爆发后,除 2011 年外,2008—2013 年,国际承包市场 225 强企业国内市场新签合同金额增长率明显高于国际市场。这表明,虽然为应对经济危机,各国政府出台经济刺激计划,加大了对基础设施投入的力度,但是各国政府更青睐于本土承包商,贸易承包壁垒加大,制约了国际承包市场份额的增加。

（单位：十亿美元）　　　　　　　　　　　　　　　　（单位：%）

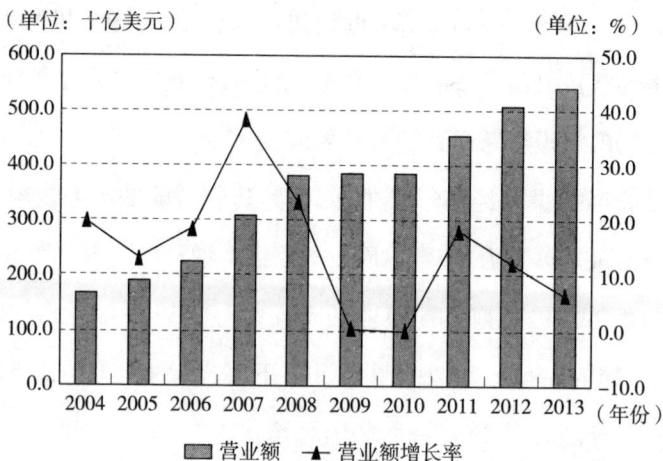

图 5-3　2004—2013 年国际承包市场 225 强国际市场营业额及增长率①

数据来源：ENR，Aug.25/Sep.1，2014。

（单位：%）

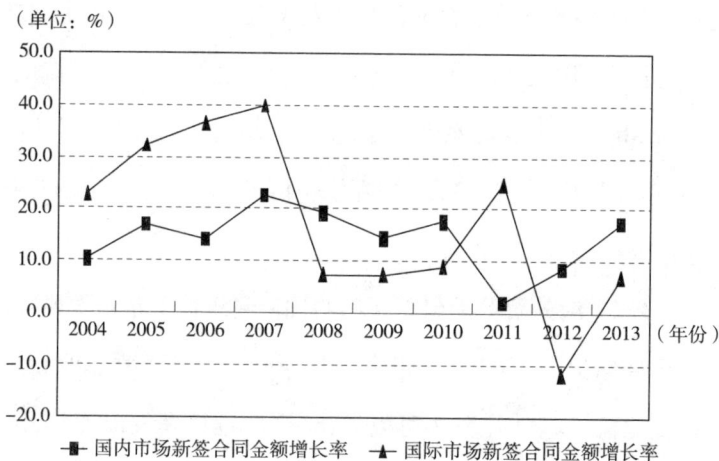

图 5-4　2004—2013 年国际承包市场 225 强企业新签合同金额增长率②

数据来源：ENR，Aug.25/Sep.1，2014。

---

① 为反映国际承包市场的发展趋势，2012—2013 年数据统计范围调整为国际承包商 250 强中的前 225 强。

② 为反映国际承包市场的发展趋势，2012—2013 年数据统计范围调整为国际承包商 250 强中的前 225 强。

5.1.1.3　国际承包商整体经营水平有所好转

表 5-1 为 2012—2013 年国际承包商 250 强企业盈亏情况表。由表 5-1 可见,2013 年,国际承包商 250 强在国内市场实现盈利的有 154 家,亏损的有 31 家;在国际市场实现盈利的有 162 家,亏损的有 26 家。与 2012 年相比,国际承包商 250 强在国内国际市场上的实现盈利的企业都有所增加,分别增加 20 家和 24 家。结合图 5-3 和图 5-4 来看,2012—2013 年,国际承包商 250 强的整体经营水平在好转。

表 5-1　2012—2013 年国际承包商 250 强企业盈亏情况

项　目	盈利企业数		亏损企业数	
	2012 年	2013 年	2012 年	2013 年
国内市场	134	154	30	31
国际市场	138	162	26	26

数据来源:ENR,2013—2014。

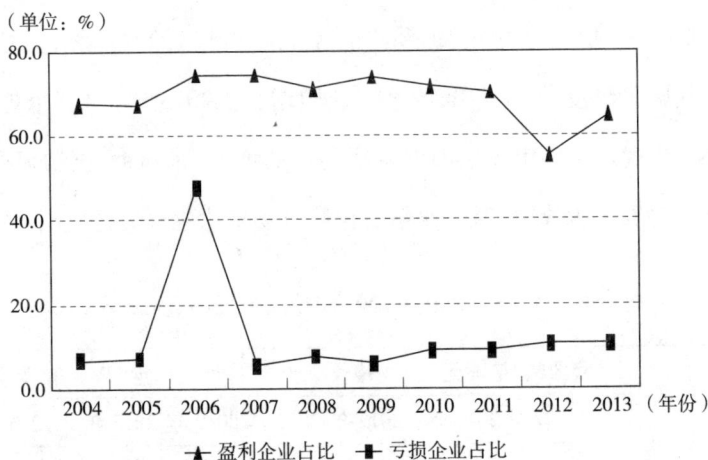

图 5-5　2004—2013 年国际承包商 225/250 强的盈亏情况
数据来源:ENR,2004—2013。

图 5-5 为 2004—2013 年国际承包商 225/250 强在国际市场上的盈亏企业占比趋势。由图 5-5 可见,尽管国际承包商 250 强的整体经营水平有所好转,但在国际市场上企业的盈利能力仍不理想,亏损企业比重变化不大。

5.1.1.4 国际承包商 250 强的亚/澳市场份额略下降,欧美国市场份额回升

表 5-2 和图 5-6 反映了国际承包商 250 强的区域市场经营情况。由表 5-2 和图 5-6 可见,近十年来,世界区域市场在不断发生着变化。截至 2013 年,亚洲/澳洲市场已连续三年保持全球第一大承包市场地位,但占全球市场份额略有下降,下降了 0.3 个百分点。欧洲由于深陷债务危机市场有所萎缩,但 2013 年营业额增长了 9.4%,所占份额有所回升,依旧是全球第二大承包市场。加拿大、拉丁美洲和南非/中非市场增长势头显著,分别增长了 24.4%、14.6% 和 23.1%,在国际市场总营业额中所占比重分别提升 0.9%、0.7% 和 0.9%。中东、加勒比地区和北非地区的政局不稳、社会动荡影响了基础建设投资,承包商的经营风险增大。2013 年,这三个地区的整体形势不乐观。美国市场依旧保持了稳定的增长,承包商在该地区的营业额增长速度虽有所放缓,但营业额占全球市场总营业额的比重略有提升。

表 5-2 国际承包商 250 强的区域市场经营情况表

国家/地区	营业额/亿美元		增长率/%		所占比重/%		比重变化/%	
	2012 年	2013 年	2012 年	2013 年	2012 年	2013 年	2012 年	2013 年
欧 洲	1 022.62	1 118.6	0.3	9.4	20	20.6	-2.4	0.6
美 国	441.06	484.1	20	9.8	8.6	8.9	0.5	0.3
亚洲/澳洲	1 388.14	1 464.7	23.7	5.5	27.2	26.9	2.4	-0.3

国家/地区	营业额/亿美元		增长率/%		所占比重/%		比重变化/%	
	2012 年	2013 年	2012 年	2013 年	2012 年	2013 年	2012 年	2013 年
中 东	913.18	841.3	9.9	-7.9	17.9	15.5	-0.4	-2.4
加拿大	274.93	342	36.1	24.4	5.4	6.3	0.9	0.9
加勒比地区	27.95	24.1	7.2	-13.8	0.5	0.4	-0.1	-0.1
拉丁美洲地区	472.21	541.2	22.6	14.6	9.2	9.9	0.7	0.7
北 非	223.72	210.2	-10	-6.0	4.4	3.9	-1.1	-0.5
南非/中非	334.93	412.2	3.6	23.1	6.7	7.6	-0.6	0.9
南极/北极	—	1.3	—	—	—	0	—	—

数据来源:ENR,2013—2014。

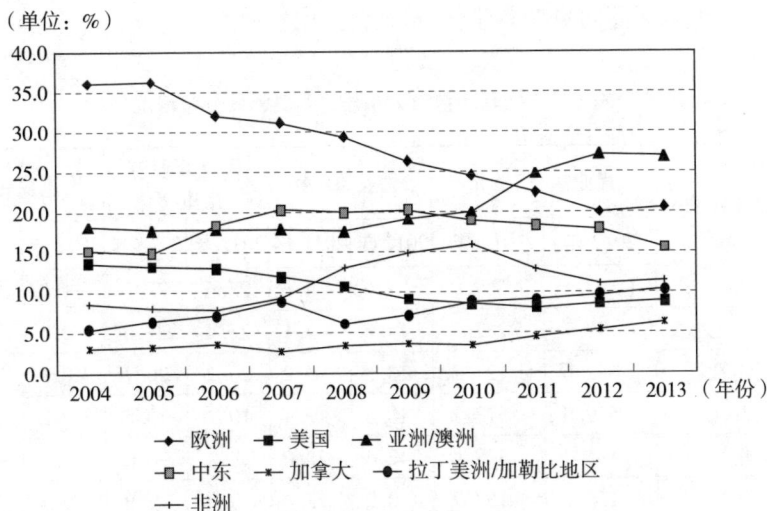

图 5-6 2004—2013 年主要国际工程承包地区市场营业额

数据来源:ENR,2005—2014。

5.1.1.5 主要业务领域结构稳定

表 5-3 和图 5-7 反映了国际承包商 250 强的业务领域分布情况。由表 5-3 和图 5-7 可见,2013 年,传统全球承包三大业务领域——交通运输、

石油化工和房屋建筑业依旧处于主导地位,营业额增长情况稳定,三大业务营业额占总营业额的 69.5%。其中石油化工和房屋建筑业比重有所上升,交通运输业比重略有下降。2013 年,非传统业务领域业务增长率最高,达到 48%,提高了 1.9 个百分点,这有可能是国际承包商的业务领域逐渐多元化的开始。

由表 5-3 可见,2012 年,十大业务领域除交通运输和工业外,其他领域变动不大,均低于 0.5%。2013 年,十大业务领域除工业领域占总营业额比重减少 2.2% 外,其他各领域的变动也未超过 0.5%。由此可见,近年来,全球建筑行业主要业务领域结构较为稳定。全球承包市场业务结构的相对稳定,有利于承包商向更加专业化、精细化方向发展。

表 5-3 国际承包商 250 强的业务领域分布情况

业务领域	营业额/亿美元		增长率/%		占总营业额比重/%		比重变化/%	
	2012 年	2013 年	2012 年	2013 年	2012 年	2013 年	2012 年	2013 年
交通运输	1 307.1	1 367.0	7.6	4.6	25.6	25.2	-1.2	-0.4
石油化工	1 197.7	1 282.2	14.9	7.1	23.4	23.6	0.4	0.2
房屋建筑	1 032.6	1 127.2	13.3	9.2	20.2	20.7	0.1	0.5
电 力	519.0	573.2	10.3	10.4	10.2	10.5	-0.2	0.3
工 业	421.2	328.4	42.4	-22.0	8.2	6.0	1.7	-2.2
水 利	154.1	157.7	0.3	2.4	3.0	2.9	-0.4	-0.1
制造业	79.5	96.0	30.7	20.7	1.6	1.8	0.3	0.2
排水/废弃物	71.7	70.7	1.2	-1.4	1.4	1.3	-0.2	-0.1
电 信	57.6	56.0	-3.2	-2.7	1.1	1.0	-0.2	-0.1
有害废物处理	20.9	10.5	252.0	-49.6	0.4	0.2	0.2	-0.2
其 他	249.1	368.7	2.4	48.0	4.9	6.8	-0.5	1.9

数据来源:ENR,2013—2014。

（单位：亿美元）　　　　　　　　　　　　　　　　　（单位：%）

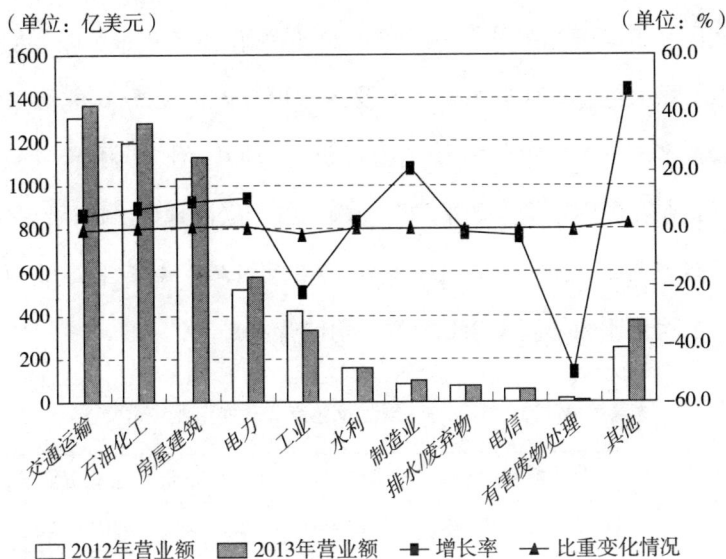

图 5-7　国际承包商 250 强的业务领域分布

5.1.2　国际建筑行业竞争格局

5.1.2.1　国际承包商整体经营水平差异大,竞争分化明显

从公司数目看,国际承包商 250 强地域分布差异较大。表 5-4 为各国进入国际承包商 250 强企业经营情况。由表 5-4 可见,2013 年,中国有 62 家承包商进入 250 强,占 250 强名额的 24.8%,超过欧洲,达到历史最高。其次,欧洲 58 家、土耳其 42 家、美国 31 家。这四国承包商占 250 强名额的 77.2%,可见国际承包商 250 强地域分布差异较大。此外,与 2012 年相比,欧洲、澳大利亚、巴西占 250 强名额数量在 2013 年没有发生变化,中国、土耳其分别增加了 7 家和 4 家企业,美国、日本、韩国、加拿大占 250 强名额比

重有所下降。

从国际市场营业额看,国家间国际承包商整体经营水平差异明显。图
5-8为国际承包商250强所属国家及经营情况。由图5-8可见,250强榜
单数目最多的三个国家分别为中国、欧洲、土耳其,但中国和土耳其的国际
承包商企业在国际市场上的平均营业额远低于欧洲地区。巴西、韩国、澳大
利亚虽然进入250强企业数目较少,仅有4家、13家、4家,但其企业在国际
市场的平均营业额都高于250强的平均经营水平。

表5-4　部分国家进入国际承包商250强企业经营情况

承包商国籍	企业数目/个		国际市场营业额/亿美元		占总营业额比重/%	
	2012年	2013年	2012年	2013年	2012年	2013年
美　国	33	31	715.2	709.6	14.0	13.0
加拿大	3	2	12.4	11.1	0.2	0.2
欧　洲	58	58	2 549.9	2 720.4	49.9	50.0
澳大利亚	4	4	102.0	105.9	2.0	1.9
日　本	15	14	210.2	222.4	4.1	4.1
中　国	55	62	670.7	790.1	13.1	14.5
韩　国	15	13	413.9	424.2	8.1	7.8
土耳其	38	42	168.0	204.1	3.3	3.8
巴　西	4	4	119.0	129.8	2.3	2.4
其　他	25	20	147.6	120.8	2.9	2.2

数据来源:ENR,2013—2014。

5.1.2.2　欧美国家承包商在其传统范围内优势明显

表5-5和图5-9反映了国际承包商250强所属国家及在不同区域经
营情况。由表5-5和图5-9可以看出,各国在不同区域受贸易壁垒、技术
水平等影响经营情况差异较大。

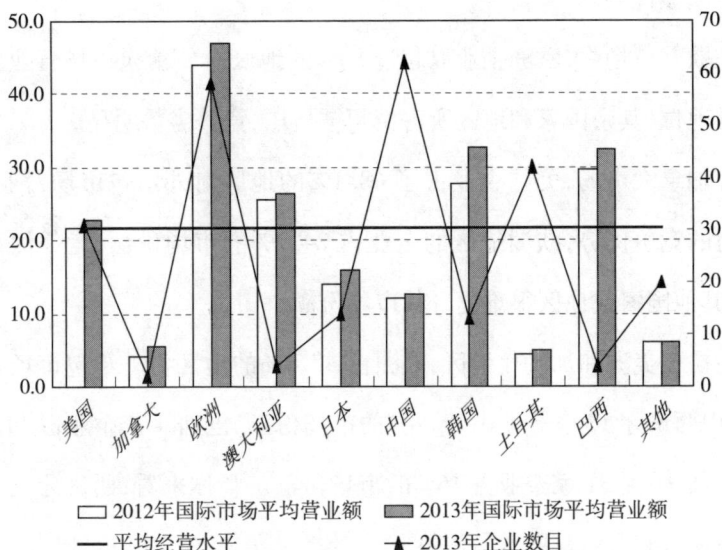

图 5-8　国际承包商 250 强所属国家及经营情况

在中东地区,欧洲 58 家企业占据了 30.6%的对外承包市场营业份额,韩国 13 家企业占据了 25.8%,中国 62 家企业占据了 16.4%,在中东地区,韩国企业具有明显的竞争优势。

在亚洲地区,有五个国家占地区对外承包市场营业额超过了 10%,其中中国 62 家企业占 17.3%的区域市场营业份额,德国 5 家企业占 15.8%,美国 31 家企业占 15.6%,西班牙 13 家企业占 13.9%,日本 14 家企业占 10.4%。虽然中国企业占据市场份额略高于其他四国,但其企业数目远高于其他国家。整体来看,五国中,德国和西班牙具有明显的竞争优势。

在非洲市场,中国 62 家企业占了 48.7%的地区对外承包市场营业份额,欧洲 58 家企业占了 32.2%,其中意大利 16 家企业占了 10.3%,法国 5 家企业占了 9.6%。整体来看,中国具有绝对的市场竞争优势,意大利和法国也有明显优势。

在欧美市场中,欧洲企业以超过80%的地区对外承包市场营业份额占据主导地位,其余国家和地区所占份额被挤压,竞争劣势明显。

在加拿大市场,美国企业占了68.1%的地区对外承包市场营业份额,有绝对的竞争优势,欧洲地区的企业占24.7%的市场份额,竞争优势较为明显,其他国家或地区很难提升其市场份额。

在拉丁美洲和加勒比地区,欧洲占47.3%的地区对外承包市场营业份额,其中西班牙13家企业占28.8%的市场份额,巴西4家企业占17.3%的市场份额,美国31家企业占16%的市场份额。整体来看,西班牙、巴西、美国在该地区有着明显的竞争优势。

通过以上分析不难看出,欧美地区在整个国际承包市场上有明显的竞争优势,尤其在其传统势力范围——欧美地区、加拿大、拉丁美洲和加勒比地区的市场内更是有着绝对优势,其他国家或地区想要参与这些地区市场竞争、提高所占市场份额难度较高。

表 5-5　国际承包商 250 强所属国家及在不同区域经营情况

国家/地区	中东		亚洲		非洲		欧洲		美国		加拿大		拉丁美洲/加勒比地区	
	营业额/亿美元	比重/%	营业额/亿美元	比重/%	营业额/亿美元	比重/%	营业额/亿美元	比重/%	营业额/亿美元	比重/%	营业额/亿美元	比重/%	营业额/亿美元	比重/%
美国	76.6	9.1	229.1	15.6	10.3	1.6	70.4	6.3	—	—	232.8	68.1	90.4	16.0
加拿大	1.1	0.1	13.8	0.0	1.0	0.2	2.5	0.2	4.3	0.9	—	—	20.9	0.4
欧洲	257.8	30.6	586.2	40.0	200.3	32.2	912.1	81.5	412.6	85.2	84.3	24.7	267.1	47.3
英国	20.2	2.4	12.3	0.8	7.1	1.1	15.3	1.4	0.4	0.1	1.2	0.4	3.2	0.6

续表

国家/地区	中东		亚洲		非洲		欧洲		美国		加拿大		拉丁美洲/加勒比地区	
	营业额/亿美元	比重/%	营业额/亿美元	比重/%	营业额/亿美元	比重/%	营业额/亿美元	比重/%	营业额/亿美元	比重/%	营业额/亿美元	比重/%	营业额/亿美元	比重/%
德国	16.6	2.0	231.1	15.8	4.2	0.7	76.8	6.9	118.3	24.4	14.5	4.2	4.1	0.7
法国	19.6	2.3	73.5	5.0	59.9	9.6	252.5	22.6	43.0	8.9	29.1	8.5	29.9	5.3
意大利	73.9	8.8	35.6	2.4	63.9	10.3	49.3	4.4	10.3	2.1	11.2	3.3	44.7	7.9
荷兰	11.6	1.4	12.6	0.9	6.1	1.0	59.8	5.3	7.9	1.6	0.0	0.0	1.6	0.3
西班牙	42.8	5.1	203.7	13.9	28.4	4.6	175.5	15.7	159.2	32.9	25.7	7.5	163.1	28.8
其他	73.2	8.7	17.4	1.2	30.8	4.9	282.8	25.3	73.5	15.2	2.6	0.8	20.6	3.6
澳大利亚	8.7	1.0	43.3	3.0	0.9	0.1	10.7	1.0	26.8	5.5	13.1	3.8	2.4	0.4
日本	16.2	1.9	152.8	10.4	8.8	1.4	5.9	0.5	27.3	5.6	4.3	1.2	7.2	1.3
中国	137.8	16.4	253.9	17.3	303.4	48.7	24.8	2.2	7.9	1.6	2.9	0.8	59.9	10.5
韩国	216.9	25.8	145.8	10.0	30.3	4.9	3.3	0.3	2.2	0.5	4.6	1.3	21.1	3.7
土耳其	62.9	7.5	35.8	2.4	21.2	3.4	82.3	7.4	0.6	0.1	0.0	0.0	1.2	0.2
巴西	0.5	0.1	0	0.0	29.5	4.7	0.7	0.1	1.3	0.3	0.0	0.0	97.8	17.3
其他	62.8	7.5	17.6	7.5	16.8	2.7	6.1	0.5	1.1	0.2	0.0	0.0	16.4	2.9
合计	841.3	100.0	1 464.7	100.0	622.4	100.0	1 118.6	100.0	484.1	100.0	342.0	100.0	565.3	100.0

数据来源：ENR，Aug.25/Sep.1，2014。注：灰色部分为欧洲区域国家。

5.1.2.3　国际承包商规模和竞争实力差距明显

表 5-6 为国际承包商 250 强中部分企业的经营情况。由表 5-6 可见，第一位的西班牙 ACS 集团 2013 年国际市场营业额达到了 440.538 亿美元，约占 250 强国际市场总营业额的 8.1%，远超过第二位的德国 HOCHTIEF 公司。HOCHTIEF 公司 2013 年国际市场营业额为 348.45 亿美元，ACS 集团的国际市场营业额约为其 1.26 倍。排在第十位的法国 TECHNIP 公司

（单位：亿美元）

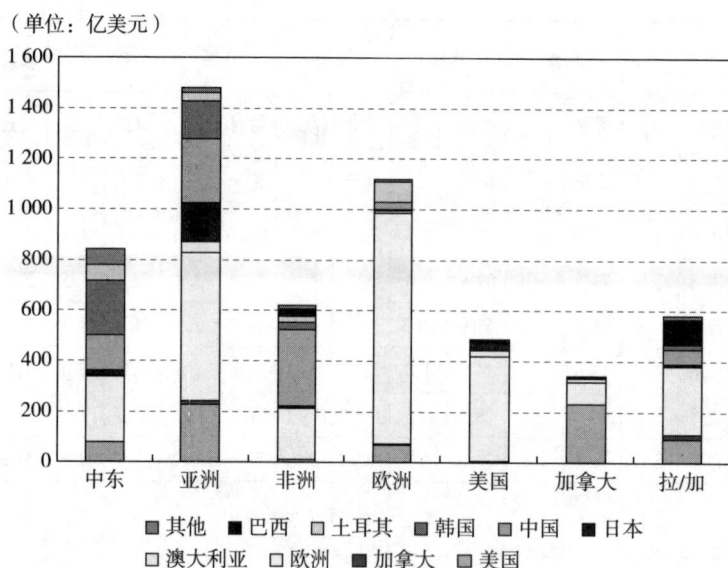

图 5-9　国际承包商 250 强所属国家及在不同区域经营情况

数据来源：表 5-5 整理。注："拉/加"为拉丁美洲和加勒比地区。

2013 年国际市场营业额为 122.43 亿美元，ACS 集团的国际市场营业额约

为其 3.60 倍。而排在第 250 位的阿联酋 NPCC，2013 年国际市场营业额仅

为 1.116 亿美元，在 250 强国际市场营业总额中的比重仅为 0.02%。由此

可见，国际承包商规模和竞争实力差距明显。

表 5-6　国际承包商 250 强中部分企业的经营情况

排名	企　业	国际市场营业额/ 百万美元	总营业额/ 百万美元	新签合同金额/ 百万美元
1	GRUPO ACS	44 053.8	51 029.3	30 891.1
2	HOCHTIEF AG	34 845.0	37 012.8	32 513.5
5	FLUOR CORP.	16 784.3	22 144.1	15 800.0

续表

排名	企　业	国际市场营业额/ 百万美元	总营业额/ 百万美元	新签合同金额/ 百万美元
10	TECHNIP	12 243.0	12 399.0	14 232.0
50	DANIELI&C.OM SPA	2 601.0	2 751.0	2 750.0
100	SNC-LAVALIN ING	912.4	3 023.0	132.3
200	METAG INSAAT TICARET AS	238.4	246.7	80.0
250	NATIONAL PETROLEUM CONSTRUCTION CO.(NPCC)	111.6	816.2	323.2

数据来源:ENR,Aug.25/Sep.1,2014。

从平均规模看,2013 年,国际承包商 250 强的平均营业总额为 56.6 亿美元,国际市场平均营业额为 21.8 亿美元,150 强榜单上超过平均水平的有 61 家企业。2012 年,国际承包商 250 强的平均营业总额为 53.0 亿美元,国际市场平均营业额为 20.4 亿美元,超过该水平的有 55 家企业。与 2012 年相比,250 强的整体营业水平有所提高,这也反映出该榜单的进入门槛进一步提高。

5.1.2.4　国际市场领军企业格局进一步固化

表 5-7 为近五年进入国际承包商 250 强榜单前十名企业。由表 5-7 可见,共有 13 家企业近五年进入过前十强,其中有七家企业连续五年名列前十强。此外,2013 年和 2014 年 250 强榜单中排在 1—7 名的企业相同。由此不难看出,国际建筑行业的领军企业格局进一步的固化。结合表 5-6 来看,这些领军企业规模大、实力强,具有明显的竞争优势,排名靠后企业要打破这种格局并不容易。

表 5-7　近五年进入国际承包商 250 强榜单前十名企业

企　业	2010 年	2011 年	2012 年	2013 年	2014 年
GRUPO ACS	18	12	2	1	1
HOCHTIEF AG	1	1	1	2	2
BECHTEL	4	3	5	3	3
VINCI	2	2	3	4	4
FLUOR CORP.	9	7	7	5	5
STRABAG SE	3	8	4	6	6
BOUYGUES	5	4	8	7	7
SKANSKA AB	6	5	9	9	8
CHINA COMMUNICATIONS CONSTRUCTION GROUP LTD	13	11	10	10	9
TECHNIP	10	9	11	11	10
SAIPEM	7	6	6	8	11
BILFINGER SE	8	13	14	16	12
FCC, FORMENO DE CONSTR. Y. CONTRATASSA	11	10	12	14	13

数据来源：ENR,2010—2014。

　　表 5-8 为 2013 年国际承包商 250 强主营业务分布情况。由表 5-8 不难看出,国际承包商 250 强的企业的主营业务主要集中在房屋建筑、工业/石油化工、交通三个领域,这反映了房屋建筑、工业/石油化工、交通三个业务领域在国际工程承包中受贸易壁垒的影响较小、资金量投入较大且竞争激烈。

　　再看 250 强榜单中前 20 强的经营业务分布情况(见表 5-9)。2013年,榜单中前 20 强国际市场营业额约为 2 852.7 亿美元,占 250 强国际市场营业额的 52.4%,超过半数的营业额由前 20 强企业创造。20 强企业在房屋建筑、排水/废气物、工业/石油化工、交通、有害废气处置、电信领域的营业额超过了 250 强企业在该领域营业总额的 50%。这说明,前 20 强的竞争优势较为明显,排名靠后的企业想挤入领先企业行列较为困难。此外,前 20 强企业主营业务主要集中在房屋建筑、工业/石油化工、交通三个业务领域,分别有 6、6 和 7 家国际承包商企业的主营业务在这三个领域。

表 5-8　2013 年国际承包商 250 强主营业务分布情况

业务领域	房屋建筑	制造业	电力	水利	排水/废弃物	工业/石油化工	交通	有害废气处置	电信
企业数目	90	7	32	8	3	63	67	0	1

数据来源:ENR,Aug.25/Sep.1,2014。

表 5-9　2013 年国际承包商 250 强前 20 强的经营业务分布情况

业务领域	房屋建筑	制造业	电力	水利	排水/废弃物	工业/石油化工	交通	有害废气处置	电信
企业数目	16(6)	5(0)	13(3)	11(0)	10(0)	16(6)	17(7)	3(0)	4(0)
占业务领域营业额比重/%	51.1	22.0	38.8	41.3	56.8	64.2	60.5	66.6	69.1

数据来源:ENR,Aug.25/Sep.1,2014。注:括号中为以该业务为主营业务的企业数目。

5.2　我国建筑业在国际竞争中的地位

当前中国经济在全球的地位越来越重要,中国对全球经济增长的贡献占 30%左右①。表 5-10 为中国主要经济指标居世界的位次。由表 5-10 可

① http://finance.sina.com.cn/money/forex/20140303/141918387096.shtml.

知,中国经济在全球经济中的地位不断攀升,国内生产总值和进出口贸易额居世界第二位,其中出口额居世界首位。

表5-10 中国主要经济指标居世界的位次

指 标	1978	1980	1990	2000	2005	2010	2011
国内生产总值	10	11	11	6	5	2	2
人均国民总收入	175 (188)	177 (188)	178 (200)	141 (207)	128 (208)	120 (215)	114 (214)
进出口贸易额	29	26	15	8	3	2	2
出口额	30	28	14	7	3	1	1
进口额	27	22	17	9	3	2	2

数据来源:《国际统计年鉴2013》。注:括号中所列为参加排序的国家和地区数。

自加入WTO以来,我国政府一直重视并努力提升我国国际竞争力,但我国在世界主要国家和地区全球竞争力指数排名中依旧不容乐观。表5-11为2012年部分国家和地区全球竞争力指数前50位排名情况。由表5-11可见,2012年,中国全球竞争力总指数排名在29位,分类指数中的基础设施、效率增强、创新与成熟度的排名分别为31位、30位和34位。2011年的总指数排名26位,分类指数分别排名30位、26位和31位,我国国际竞争力出现了退步。

表5-11 **2012年部分国家和地区全球竞争力指数前50位**

国家和地区	总指数		分类指数					
			基础设施		效率增强		创新与成熟度	
	排名	数值	排名	数值	排名	数值	排名	数值
瑞 士	1	5.72	2	6.22	5	5.48	1	5.79
新加坡	2	5.67	1	6.34	1	5.65	11	5.27

国家和地区	总指数		分类指数					
			基础设施		效率增强		创新与成熟度	
	排名	数值	排名	数值	排名	数值	排名	数值
芬 兰	3	5.55	4	6.03	9	5.30	3	5.62
瑞 典	4	5.53	6	6.01	8	5.32	5	5.56
荷 兰	5	5.50	10	5.92	7	5.35	6	5.47
德 国	6	5.48	11	5.86	10	5.27	4	5.57
美 国	7	5.47	33	5.12	2	5.63	7	5.42
英 国	8	5.45	24	5.51	4	5.50	9	5.32
中国香港	9	5.41	3	6.14	3	5.54	22	4.73
日 本	10	5.40	29	5.30	11	5.27	2	5.67
卡塔尔	11	5.38	7	5.96	22	4.93	15	5.02
丹 麦	12	5.29	16	5.68	15	5.15	12	5.24
中国台湾	13	5.28	17	5.67	12	5.24	14	5.08
加拿大	14	5.27	14	5.71	6	5.41	21	4.74
挪 威	15	5.27	9	5.95	16	5.15	16	5.00
奥地利	16	5.22	20	5.63	19	5.01	10	5.30
比利时	17	5.21	22	5.52	17	5.09	13	5.21
沙特阿拉伯	18	5.19	13	5.74	26	4.84	29	4.47
韩 国	19	5.12	18	5.66	20	5.00	17	4.96
澳大利亚	20	5.12	12	5.75	13	5.20	28	4.56
法 国	21	5.11	23	5.52	18	5.04	18	4.96
卢森堡	22	5.09	8	5.96	24	4.87	19	4.89
新西兰	23	5.09	19	5.65	14	5.16	27	4.60
阿联酋	24	5.07	5	6.03	21	4.94	25	4.64
马来西亚	25	5.06	27	5.38	23	4.89	23	4.70
以色列	26	5.02	37	5.10	27	4.79	8	5.33
爱尔兰	27	4.91	35	5.11	25	4.85	20	4.87
文 莱	28	4.87	21	5.56	68	4.05	62	3.64
中 国	29	4.83	31	5.25	30	4.64	34	4.05
冰 岛	30	4.74	30	5.27	36	4.54	24	4.69
波多黎各	31	4.67	48	4.86	33	4.61	26	4.64

续表

国家和地区	总指数		分类指数					
			基础设施		效率增强		创新与成熟度	
	排名	数值	排名	数值	排名	数值	排名	数值
阿 曼	32	4.65	15	5.69	45	4.40	44	3.91
智 利	33	4.65	28	5.35	32	4.63	45	3.87
爱沙尼亚	34	4.64	26	5.47	31	4.63	33	4.06
巴 林	35	4.63	25	5.47	35	4.58	53	3.74
西班牙	36	4.60	36	5.11	29	4.67	31	4.14
科威特	37	4.56	32	5.21	75	3.98	86	3.36
泰 国	38	4.52	45	4.89	47	4.38	55	3.72
捷 克	39	4.51	44	4.89	34	4.59	32	4.13
巴拿马	40	4.49	50	4.83	50	4.36	48	3.83
波 兰	41	4.46	61	4.66	28	4.69	61	3.66
意大利	42	4.46	51	4.81	41	4.44	30	4.24
土耳其	43	4.45	57	4.75	42	4.42	50	3.79
巴巴多斯	44	4.42	38	5.09	49	4.37	38	3.97
立陶宛	45	4.41	49	4.84	46	4.38	47	3.83
阿塞拜疆	46	4.41	56	4.76	67	4.05	57	3.68
马耳他	47	4.41	34	5.12	40	4.46	46	3.85
巴 西	48	4.40	73	4.49	38	4.52	39	3.97
葡萄牙	49	4.40	40	4.96	44	4.40	37	4.01
印度尼西亚	50	4.40	58	4.74	58	4.20	40	3.96

数据来源:《国际统计年鉴 2013》。

图 5-10 给出了部分国家进入 225/250 强国际承包商国际市场营业额占有率情况。由图 5-10 可知,受金融危机的影响,发达国家承包商的市场占有率出现了不同程度的下滑,美国承包商国际市场营业额占有率从 2007 年的 13.8%降至 2010 年的 11.7%,欧洲承包商国际市场营业额占有率从 2007 年的 58%降至 2010 年的 52.4%,日本承包商国际市场营业额占有率

从 2007 年的 7.7%降至 2010 年的 4.1%。

与此同时,一些发展中国家承包商的市场占有率则持续上升。如中国承包商国际市场营业额占有率在全球爆发金融危机阶段依然保持上升势头,但随着建筑业发达国家开始逐渐走出金融危机的阴影,重新参与国际建筑业市场的竞争,我国承包商国际市场营业额占有率自 2010 年开始有所下降,但依然是除欧洲和美国外营业额占有率最多地区,韩国和土耳其的营业额占有率也有所上升。

结合前文国际建筑市场行业整体情况和竞争格局不难看出,受世界经济的影响,国际建筑市场在不断发生着变化。所以,在鼓励我国承包商企业"走出去"的同时,需要明确我国建筑业在国际竞争中所处的地位,才能在不断变化的国际建筑业市场内寻找自我的发展空间。

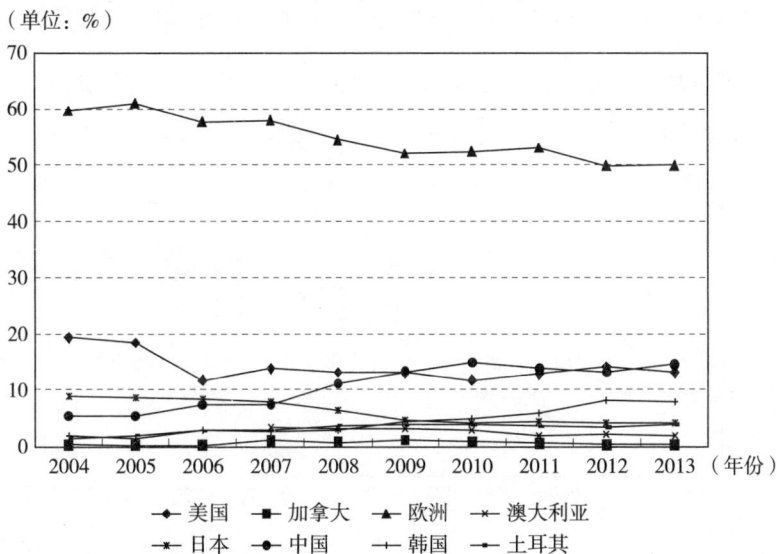

图 5-10 部分国家进入 225/250 强国际承包商国际市场营业额占有率

数据来源:ENR,2005—2014。

5.2.1 我国国际承包商在国际建筑业市场上的经营情况

5.2.1.1 在国际承包市场具有规模优势

2014年,我国有62家企业进入国际承包商250强榜单。其中56家进入225强,入围企业数量达到了有史以来的最高水平。同时,我国国际承包商在国际市场上的营业额也有所回升,达790.1亿美元,占250强营业总额的14.5%,接近2010年的14.9%的峰值水平,超过了美国的国际承包商营业额比重,低于欧洲地区的国际承包商。总的来说,我国在整体规模上具有明显优势。图5-11为中美国际承包商占国际承包市场份额变化情况。由图5-11可见,自金融危机爆发以来,在国际承包市场上占有率方面,我国和美国不相上下。由图5-11还可以看出,过去的十年,我国国际承包商在国际建筑市场上的整体经营趋势向好。

（单位:%）

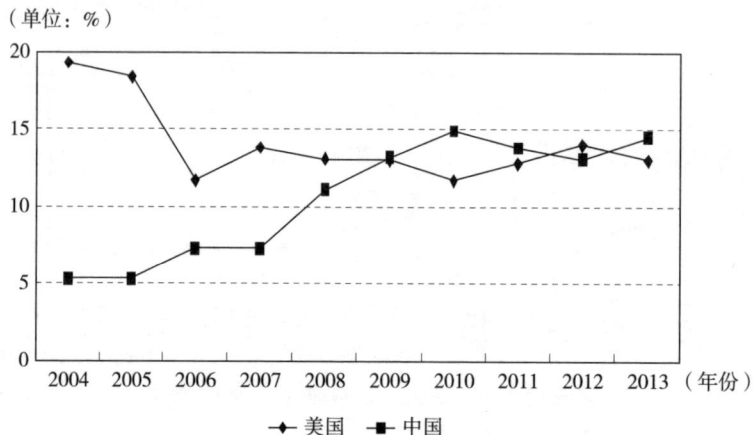

图5-11 中美国际承包商占国际承包市场份额

数据来源:ENR,2005—2014。

利用 Mann-Whitney 检验对 2008 — 2013 年中美两国进入 255/250 强的国际承包商占承包市场营业总额比重没有差异的原假设进行检验(见表 5-12)。其结果是,p 值为 0.24,接受原假设。可以认为,中美进入 255/250 强的国际承包商占承包市场营业总额比重水平无差异。这说明,我国国际承包商在整体规模上与美国承包商处于同一水平上。

表 5-12　Mann-Whitney 检验表

零假设:H_0	备择假设:H_1	p 值
$H_0 : M_{中国} = M_{美国}$	$H_1 : M_{中国} \neq M_{美国}$	0.24

5.2.1.2　对外工程承包受国际市场需求影响不大

图 5-12 为中国国际承包商国际营业额与国际承包市场营业总额变化情况。由图 5-12 可见,中国国际承包商国际营业额与国际承包市场营业总额均呈上升状态。李冰晶(2007)通过实证分析指出,1994 — 2004 年,我国国际营业额增长率与国际建筑承包商 225 强国际营业总额增长率没有明显的相关关系,我国对外工程承包量不随全球国际工程承包量增长而增长,我国对外承包工程营业额增长更多是反映了自身对外承包工程事业的发展[①]。那么,近十年,二者的关系如何呢?

由于样本量较少,我们采用 Kendallτ 相关性检验对 2004 — 2013 年我国对外工程承包发展与国际市场需求的相关性进行研究,表 5-13 为 Kendallτ 相关检验表。检验结果显示,p 值为 0.42,大于 0.05,故接受零假设,即变量间不存在相关关系。也就是说,与 1994 — 2004 年相似,中国国际承包商国际营业额增长率与国际承包市场营业总额增长率在 2004 — 2013 年不存

---

① 李冰晶:《建筑产业国际竞争力影响因素分析》,同济大学经济与管理学院,2007 年。

（单位：亿美元）

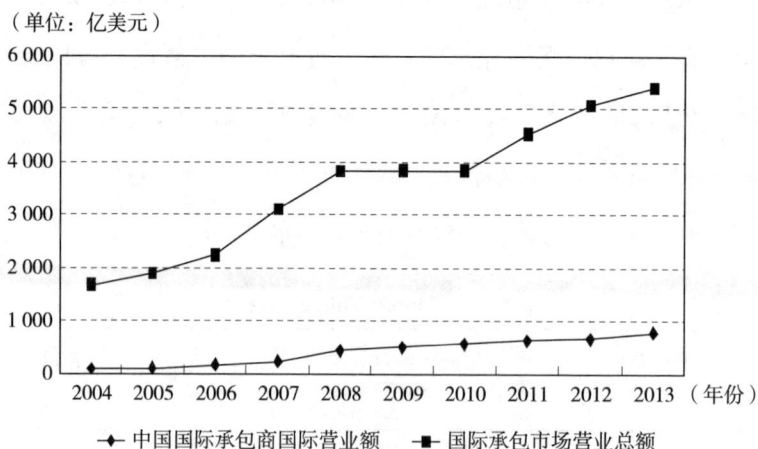

图 5-12　中国国际承包商国际营业额与国际承包市场营业总额

数据来源：ENR，2005—2014。

在显著的相关关系，我国对外工程承包的发展受国际市场需求影响不大，主要受自身供给因素的影响。故现阶段我国应鼓励更多的承包商"走出去"参与国际竞争。

表 5-13　Kendallτ 相关检验表

零假设：H_0	备择假设：H_1	p 值
H_0：两变量间不存在相关关系	H_1：两变量间存在相关关系	0.42

5.2.1.3　国际承包商 250 强榜单企业国际市场营业额较低

前文分析显示，我国在国际承包市场上具有明显规模优势。表 5-14 为部分国家进入国际承包商 250 强企业经营情况表，该表列出了 2012 年、2013 年各国承包商在国际承包市场上的平均经营规模。由表 5-14 可知，在国际承包市场的主要参与国中，我国国际承包商经营情况不容乐观。2012 年、2013 年我国平均国际市场营业额分别为 12.2 亿美元和 12.7 亿美

元,低于国际承包商 250 强的平均国际市场营业额的 20.4 亿美元和 21.8
亿美元。尽管整体规模上,我国与美国处于同一水平,但美国国际承包商平
均国际市场营业额为 21.7 亿美元和 22.9 亿美元,我国与美国在平均经营
规模上差距明显。可见,我国在总量上具有明显的优势,但质上不容乐观。

表 5-14　部分国家进入国际承包商 250 强企业经营情况

地区	2012 年			2013 年		
	公司数目	国际市场营业额/亿美元	平均国际市场营业额/亿美元	公司数目	国际市场营业额/亿美元	平均国际市场营业额/亿美元
美　国	33	715.2	21.7	31	709.6	22.9
加拿大	3	12.4	4.1	2	11.1	5.6
欧　洲	58	2 549.9	44.0	58	2 720.4	46.9
英　国	3	121.8	40.6	2	59.5	29.8
德　国	4	435.0	108.7	5	465.5	93.1
法　国	4	432.5	108.1	5	507.4	101.5
意大利	17	309.4	18.2	16	289.0	18.1
荷　兰	2	74.4	37.2	3	99.7	33.2
西班牙	12	728.9	60.7	13	798.5	61.4
欧洲其他	16	448.0	28.0	14	500.8	35.8
澳大利亚	4	102.0	25.5	4	105.9	26.5
日　本	15	210.2	14.0	14	222.4	15.9
中　国	55	670.7	12.2	62	790.1	12.7
韩　国	15	413.9	27.6	13	424.2	32.6
土耳其	38	168.0	4.4	42	204.1	4.9
巴　西	4	119.0	29.7	4	129.8	32.5
其　他	25	147.6	5.9	20	120.8	6.0
合　计	250	5 108.8	20.4	250	5 438.4	21.8

数据来源:ENR,2013—2014。

5.2.1.4 对外承包工程区域分布不均衡,区域市场竞争力差异明显

2013 年,我国62家进入国际承包商250强榜单企业共创造了790.1亿
美元的营业额,占国际市场份额的14.5%,比上年55家企业670.7亿美元
的营业额、13.1%的市场份额有所提高。图5-13为2013年中国国际承包
商对外承包工程区域分布情况。由图5-13可知,我国对外承包工程项目
主要集中在非洲、亚洲和中东地区。其中非洲地区占38%的营业额、亚洲
地区占32%的营业额、中东地区占17%的营业额。

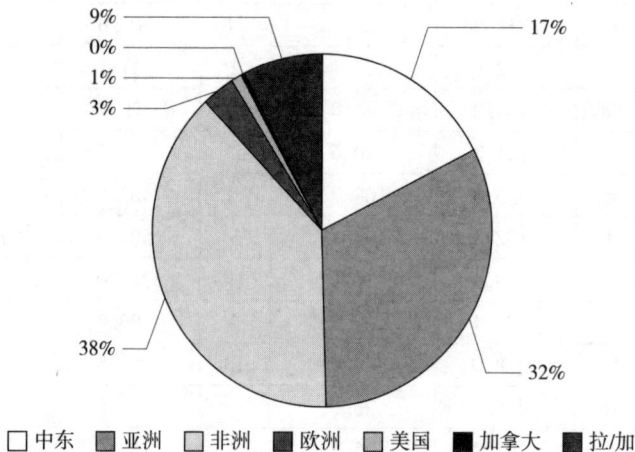

图 5-13　2013年中国国际承包商对外承包工程区域分布情况
数据来源:ENR,2014。

图5-14为中国承包商国际市场营业额占区域市场份额变化趋势。由
图5-14可见,我国在非洲承包工程营业额占非洲市场比重一直呈上升趋
势。2013年,更是占48.7%的非洲地区对外承包市场营业份额。非洲一直
是我国主要的国际工程承包市场,这一方面与非洲地区经济状况落后、自身
建筑业不发达有关,其基础设施建设需要借助国际援助,故进入非洲建筑业

市场的政策壁垒相比其他国家或地区较低；另一方面与我国和非洲许多国家具有战略合作伙伴关系也有着密切关系。

亚洲和中东地区也是我国主要的国际工程承包市场。但我国在亚洲承包市场的份额呈萎缩的趋势。2013年，德国承包商占亚洲市场15.8%的份额，美国承包商占15.6%的份额，西班牙承包商占13.9%的份额，日本承包商占10.4%的份额，可见我国在亚洲地区的竞争优势并不明显。此外，2013年，非主要国际承包参与国所占亚洲市场份额由2012年的1.7%上升至7.5%，这也反映出，随着我国劳动力成本的上升，我国在亚洲地区的地缘优势相对减弱。

我国在中东承包市场的份额在近几年也出现了下降趋势，但2013年出现回升，占16.4%的中东地区对外承包市场营业份额。欧洲承包商占30.6%的市场营业份额，其次是韩国，占了25.8%的市场营业份额。在中东地区，我国国际承包商的竞争力逊色于韩国。

在欧美、加拿大等市场中，欧美国家承包商依旧有着明显的竞争优势。这些地区市场准入壁垒较高，对工程技术和管理水平要求较高，我国很难在这些地区取得承包项目，但也反映出我国在国际承包市场中还具有较大的发展空间。

5.2.1.5　在国际承包市场非传统行业中优势明显

表5-15为ENR225/250强榜单行业前十名的中国承包商最好排名。由表5-15可知，在国际承包市场主要业务领域中，我国皆有企业进入行业前十强，可见，我国国际承包商差异化战略取得了一定的成效。

表5-16为ENR250强榜单行业前十名的中国承包商排名。由表5-16可见，国际承包市场上传统三大业务领域中，交通运输和房屋建筑行业在

（单位：%）

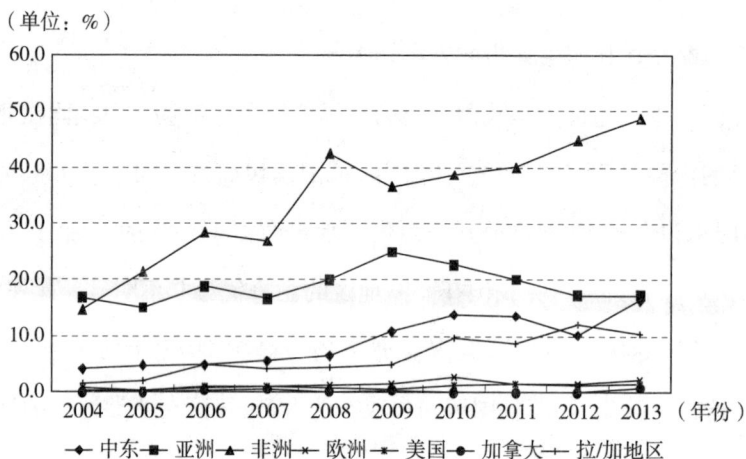

图 5-14　中国承包商国际市场营业额占区域市场份额

数据来源：ENR，2005—2014。

2012 年和 2013 年均有中国承包商进入前十强且排名较为稳定，可见在这两个行业中我国承包商具有一定的市场竞争力。石油化工行业中自 2011 年中国石油工程建设（集团）公司掉出前十名后，至今暂无企业进入该行业前十名，说明在石油化工行业我国缺少具有强势竞争力的承包商企业。在非传统业务领域中，2013 年分别有 4 家和 3 家企业进入电力和水利行业前十名，说明我国在这两个行业具有明显的竞争优势。

表 5-15　ENR225/250 强榜单行业前十名的中国承包商最好排名

业务领域	最好排名	企业名称	年　份
交通运输	1	中国交通建设股份有限公司	2013
石油化工	6	中国石油工程建设（集团）公司	2010
房屋建筑	4	中国建筑工程股份有限公司	2010
电力	1	中国机械工业集团有限公司	2008、2009

续表

业务领域	最好排名	企业名称	年　份
工业	8	中国冶金科工集团有限公司	2010、2011
水利	1	中昊海外建筑工程有限公司	2008
制造业	5	中国万宝工程公司	2011
排水/废弃物	6	中国交通建设股份有限公司	2012、2013
电信	3	中国机械工业集团有限公司	2009
有害废物处理	1	中国通用技术(集团)控股有限责任公司	2012

数据来源:ENR,2005—2014。

表 5-16　ENR250 强榜单行业前十名的中国承包商排名

业务领域	企业名称	排　名	
		2012 年	2013 年
交通运输	中国交通建设股份有限公司	2	1
房屋建筑	中国建筑工程总公司	6	6
电　力	中国水利水电建设股份有限公司	5	4
	中国机械工业集团公司	3	5
	山东电力建设第三工程公司	7	7
	上海电气集团股份有限公司	—	9
水　利	中国水利水电建设股份有限公司	5	6
	中国水利电力对外公司	7	7
	中国葛洲坝集团股份有限公司	10	10
排水/废弃物	中国交通建设股份有限公司	6	6
通讯	中国机械工业集团公司	8	6
有害废物处理	中国通用技术(集团)控股有限责任公司	1	—

数据来源:ENR,2013—2014。

5.2.2 我国建筑业要素条件比较分析

绝对成本优势理论认为,各国间生产技术上的差异会造成劳动生产率和生产成本的绝对差别,通过生产并出口具有绝对优势的产品,同时进口不具有绝对优势的产品,以此达到本国产品生产成本的最小化的目的。比较优势理论进一步解释了劳动生产率的差异如何引起国际贸易。提高竞争力的根本是提高生产率,任何国家都能随着社会劳动生产率的提高、生产成本的下降而获得更大利益。故我们有必要将部分国家劳动生产率与生产成本作为建筑业国际竞争力比较的要素条件进行对比,分析我国与主要发达国家和地区建筑业间的差距。

5.2.2.1 与建筑业发达国家劳动生产率差距在缩小但依旧明显

建筑业劳动生产率是指建筑业劳动者在报告期内生产建筑业产品的劳动效率。由于购买力平价法相对于汇率法能更好反映各国劳动生产率的真实差距。因此,在比较各国建筑业劳动生产率的差距时我们采用购买力平价法。

表 5-17 为 1999—2011 年世界主要国家购买力平价指数。依据购买力平价理论,利用表 5-17 中各国的购买力平价指数数据,将各国建筑业增加值统一调整为以美元为单位,然后除以各国建筑业劳动力投入要素数量,得到该行业劳动生产率。表 5-18 为 1999—2011 年世界主要国家建筑业劳动生产率的计算结果。表 5-18 中数据显示,我国的建筑业劳动生产率由 1999 年的 4 246 美元/人增加到 2011 年的 11 551 美元/人,接近于原来的 3 倍,取得了较大的进步。

　　图 5-15 为 1999—2011 年世界主要国家建筑业劳动生产率变动情况。
由图 5-15 可知,进入 21 世纪,建筑业较为发达的国家劳动生产率普遍达到
40 000 美元/人以上。其中西班牙、法国、荷兰的建筑业劳动生产率更是高
达 96 849 美元/人、74 884 美元/人和 71 868 美元/人,分别是我国劳动生
产率的 8.4 倍、6.5 倍和 6.2 倍,我国与建筑业发达国家间差距依旧非常
明显。

表 5-17　1999—2011 年世界主要国家购买力平价指数

时间 国家	1999	2000	2001	2002	2003	2004	2005	2006	2007	2008	2009	2010	2011
美 国	1	1	1	1	1	1	1	1	1	1	1	1	1
加拿大	1.19	1.23	1.22	1.23	1.23	1.23	1.21	1.21	1.21	1.23	1.2	1.22	1.24
英 国	0.653	0.635	0.626	0.628	0.641	0.633	0.636	0.626	0.646	0.651	0.653	0.691	0.698
德 国	0.975	0.966	0.955	0.942	0.917	0.897	0.867	0.837	0.831	0.812	0.806	0.796	0.779
法 国	0.96	0.938	0.918	0.905	0.938	0.94	0.923	0.902	0.894	0.882	0.858	0.857	0.845
意大利	0.818	0.816	0.807	0.845	0.854	0.873	0.867	0.833	0.818	0.789	0.776	0.78	0.768
荷 兰	0.907	0.892	0.905	0.902	0.927	0.909	0.896	0.867	0.858	0.842	0.838	0.849	0.832
西班牙	0.733	0.733	0.739	0.733	0.753	0.76	0.765	0.735	0.729	0.72	0.707	0.717	0.705
澳大利亚	1.3	1.31	1.32	1.34	1.35	1.37	1.39	1.41	1.43	1.48	1.44	1.51	1.51
日 本	162	155	150	144	140	134	130	125	120	117	115	112	107
中 国	2.75	2.74	2.74	2.71	2.73	2.84	2.86	2.88	3.02	3.19	3.15	3.32	3.51
韩 国	755	746	757	770	794	796	789	773	769	786	822	842	855
土耳其	0.202	0.282	0.428	0.613	0.773	0.813	0.831	0.846	0.865	0.89	0.909	0.941	0.987
巴 西	0.745	0.773	0.824	0.897	1	1.05	1.09	1.13	1.16	1.23	1.31	1.4	1.47

数据来源:http://www.oecd.org/std/purchasingpowerparitiespppsdata.htm。

表 5-18　1999—2011 年世界主要国家建筑业劳动生产率

（单位：美元/人）

时间 国家	1999	2000	2001	2002	2003	2004	2005	2006	2007	2008	2009	2010	2011
美　国	54 391	57 288	59 564	60 745	62 329	63 846	69 226	70 581	72 263	72 796	73 595	74 678	77 285
加拿大	43 057	43 769	46 848	47 928	48 864	51 463	55 059	59 232	55 743	56 716	58 059	58 475	58 910
英　国	35 210	38 717	42 352	45 091	46 433	49 176	48 099	51 403	52 745	54 534	54 842	51 826	51 306
德　国	35 598	35 968	36 879	38 646	40 169	41 180	42 420	45 240	47 661	51 607	51 809	55 775	59 164
法　国	45 853	48 499	51 365	52 895	52 959	55 840	58 825	63 870	68 060	72 598	71 442	70 840	74 884
意大利	40 125	41 975	44 202	43 953	45 387	46 743	47 707	51 038	52 845	55 921	55 409	54 724	58 771
荷　兰	44 177	47 593	49 772	52 392	52 771	54 571	57 851	62 583	67 182	71 977	73 026	67 393	71 868
西班牙	33 770	35 641	37 988	42 168	44 091	47 270	50 846	56 325	56 958	67 355	83 701	85 425	96 849
澳大利亚	43 885	38 660	43 324	46 244	49 554	49 739	50 684	53 304	55 346	56 033	61 394	59 933	61 742
日　本	35 329	36 628	37 427	37 918	38 020	41 926	42 665	44 858	46 571	47 017	47 898	50 346	51 400
中　国	4 246	4 431	4 597	5 112	6 027	7 134	8 311	9 192	9 968	11 195	13 189	13 837	11 551
韩　国	34 140	31 742	34 484	34 046	38 018	39 920	41 422	43 258	45 675	44 165	43 646	41 466	40 400
土耳其	19 202	20 822	21 269	24 330	24 150	28 883	28 955	35 083	37 859	39 725	30 037	33 244	34 451
巴　西	13 339	13 681	13 473	13 361	12 744	14 398	14 095	14 363	15 417	14 897	16 273	17 188	16 979

数据来源：WIOD database，July 2014 release。http://www.rug.nl/research/ggdc/data/

　　表 5-19 和图 5-16 反映了 1999—2011 年我国与世界主要国家建筑业劳动生产率的对比情况。由表 5-19 和图 5-16 可知，1999 年，我国建筑业劳动生产率基本为主要发达国家的 7%—13%，2011 年这一比率为 14%—22%。1999 年，我国建筑业劳动生产率占美国的 7.8%，到 2010 年已经达到 18.5%。数据表明，我国建筑业相对劳动生产率与主要发达国家的差距

（单位：美元/人）

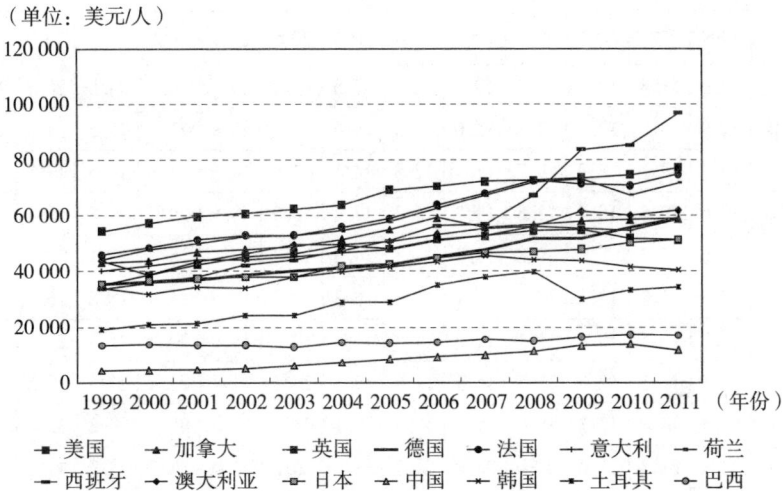

图 5-15　1999—2011 年世界主要国家建筑业劳动生产率比较图

在缩小,但我国建筑业劳动生产率与发达国家的差距还是比较明显。我国建筑业劳动生产率仍有较大的提升空间。

随着 2010 年国际建筑行业从全球经济危机的影响中逐渐走出,各国纷纷加大对基础建设等领域的资金、人力、技术的投入,国际建筑行业竞争加剧,而我国目前机械化水平和管理经验均与建筑业发达国家存在一定差距,这也使得我国建筑业在新一轮的国际竞争中处于下风。由图 5-16 可以看出,2011 年,我国与世界主要国家建筑业劳动生产率比值出现了明显的下降。

表 5-19　1999—2011 年我国与世界主要国家建筑业劳动生产率对比

时 间	1999	2000	2001	2002	2003	2004	2005	2006	2007	2008	2009	2010	2011
中/美	7.8	7.7	7.7	8.4	9.7	11.2	12.0	13.0	13.8	15.4	17.9	18.5	14.9
中/加	9.9	10.1	9.8	10.7	12.3	13.9	15.1	15.5	17.9	19.7	22.7	23.7	19.6

续表

时 间	1999	2000	2001	2002	2003	2004	2005	2006	2007	2008	2009	2010	2011
中/英	12.1	11.4	10.9	11.3	13.0	14.5	17.3	17.9	18.9	20.5	24.0	26.7	22.5
中/德	11.9	12.3	12.5	13.2	15.0	17.3	19.6	20.3	20.9	21.7	25.5	24.8	19.5
中/法	9.3	9.1	8.9	9.7	11.4	12.8	14.1	14.4	14.6	15.4	18.5	19.5	15.4
中/意	10.6	10.6	10.4	11.6	13.3	15.3	17.4	18.0	18.9	20.0	23.8	25.3	19.7
中/荷	9.6	9.3	9.2	9.8	11.4	13.1	14.4	14.7	14.8	15.6	18.1	20.5	16.1
中/西	12.6	12.4	12.1	12.1	13.7	15.1	16.3	16.3	17.5	16.6	15.8	16.2	11.9
中/澳	9.7	11.5	10.6	11.1	12.2	14.3	16.4	17.2	18.0	20.0	21.5	23.1	18.7
中/日	12.0	12.1	12.3	13.5	15.9	17.0	19.5	20.5	21.4	23.8	27.5	27.5	22.5
中/韩	12.4	14.0	13.3	15.0	15.9	17.9	20.1	21.2	21.8	25.3	30.2	33.4	28.6
中/土	22.1	21.3	21.6	21.0	25.0	24.7	28.7	26.2	26.3	28.2	43.9	41.6	33.5
中/巴	31.8	32.4	34.1	38.3	47.3	49.5	59.0	64.0	64.7	75.2	81.0	80.5	68.0

（单位：%）

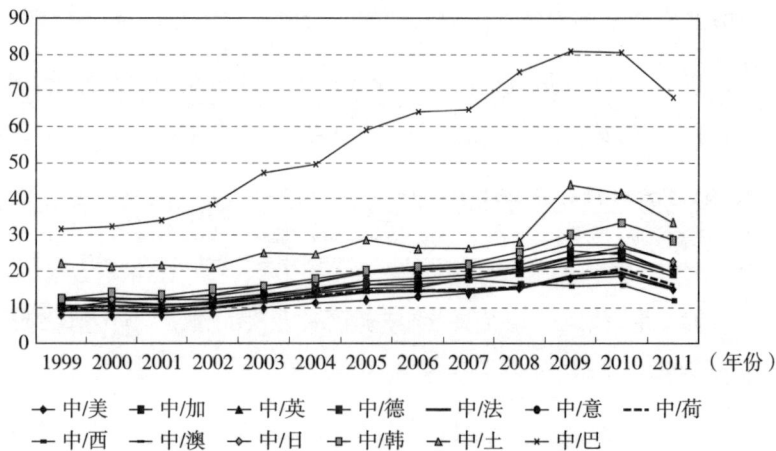

图 5-16　1999—2011 年我国与世界主要国家建筑业劳动生产率对比

5.2.2.2　劳动生产率增长明显放缓并出现下降趋势

图 5-17 为 1999—2011 年我国与世界主要国家建筑业劳动生产率指

数的变化趋势图。由图 5-17 可知,发达国家的建筑业劳动生产率指数自 1999 年来有所上升,但整体波动不大。虽然科学技术和管理水平的迅速发展会促进劳动生产率的提高,但由于发达国家或地区处于后工业化时期,建筑业已完成了原始的技术和管理经验积累,基本上已经实现建筑业的工业化,且建筑业科技含量相对其他行业较低,所以劳动生产率提高空间相对较小。

我国处于产业发展成长期,资金、技术和管理经验正处于积累时期,建筑业劳动生产率的发展空间较大。自 1999 年开始,我国建筑业劳动生产率提高很快。2009 年开始,我国建筑业劳动生产率指数突然放缓,2011 年出现明显下滑,我国建筑业劳动生产率由快速增长进入到相对平稳阶段。此外,国家对房地产市场的宏观调控、人口红利逐渐消失等原因对建筑业的发展产生了不小的影响,使我国劳动生产率的进一步提高出现了一定的困难。

（单位：%）

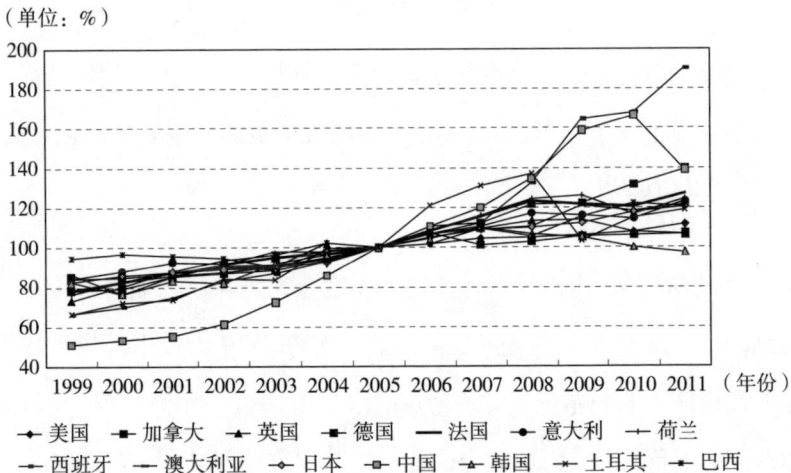

图 5-17　1999—2011 年部分国家建筑业劳动生产率指数(2005 年为 100)

我们对 2004—2011 年部分国家所占国际承包市场份额与劳动生产率的相关性进行检验,结果如表 5-20 所示。由表 5-20 可见,国际承包市场份额与劳动生产率不存在显著的相关关系,劳动生产率不是决定国际承包市场份额大小的主要条件,即使劳动生产率相对较低的国家如中国,在建筑业国际竞争市场上仍有可能获得一席之地,例如采用差异化产品战略等竞争策略也会对市场占有率产生影响。

表 5-20　相关性检验表

检验方法	Spearman 相关检验	Pearson 相关检验
相关系数	0.139	0.128
p 值	0.166	0.202

5.2.2.3　建筑业单位劳动力成本相对于同一水平的国家缺乏竞争力

成本竞争是国际贸易市场上最基本的竞争,成本的国际比较是竞争力评价基本方法。本节用单位劳动力成本对我国建筑业在国际比较中所处状况进行分析。

建筑业的单位劳动力成本是指该行业每增加一单位增加值所消耗的劳动力成本。为了便于分析,我们参考经国际劳工组织调整后的计算公式,即

$$ULC = \frac{LCH/ER}{OH/PPP} \tag{5-1}$$

这里,LCH 是以本国货币计算的一国就业人员在某行业的单位小时劳动报酬,ER 为该国货币与美元之间的名义汇率,OH 为以本国货币计算的就业人员在该行业的单位小时所创造的增加值,PPP 为该货币与美元之间的购买力平价指数,ULC 即为该行业的单位劳动力成本。

表 5-21 为我国与部分国家单位劳动力成本的计算结果,图 5-18 为我

国与部分国家单位劳动力成本对比。由表 5-21 和图 5-18 可知,中国、土耳其和巴西三国的单位劳动力成本相近,且明显低于其他国家,说明我国在建筑业领域尤其劳动密集型项目上有明显的优势。不过对比表 5-19 中我国与土耳其和巴西两国的劳动生产率比值可见,虽然我国在单位劳动力成本上与这两国处于同一水平,但劳动生产率方面的竞争力明显低于这两国,故我国要提高在建筑业国际竞争中的地位还面临着不小的压力。

表 5-21　我国与部分国家单位劳动力成本表

时间 国家	1999	2000	2001	2002	2003	2004	2005	2006	2007	2008	2009	2010
美　国	0.822	0.827	0.829	0.823	0.828	0.818	0.790	0.806	0.829	0.863	0.881	—
加拿大	0.664	0.687	0.631	0.615	0.673	0.706	0.737	0.799	0.840	0.863	0.786	—
英　国	0.845	0.788	0.722	0.767	0.864	0.957	0.981	0.985	1.176	1.081	0.984	1.032
德　国	0.873	0.763	0.736	0.755	0.889	0.955	0.932	0.887	0.933	0.935	0.917	0.821
法　国	0.697	0.589	0.547	0.577	0.722	0.789	0.768	0.743	0.783	0.805	0.780	0.776
意大利	0.663	0.561	0.522	0.567	0.690	0.757	0.756	0.727	0.790	0.838	0.817	0.796
荷　兰	0.847	0.703	0.689	0.723	0.898	1.003	0.965	0.932	0.977	1.009	0.960	0.991
西班牙	0.609	0.511	0.495	0.501	0.603	0.643	0.630	0.611	0.680	0.690	0.627	0.582
澳大利亚	0.567	0.593	0.493	0.502	0.572	0.653	0.696	0.721	0.874	0.907	0.821	
日　本	1.188	1.239	1.056	0.984	1.047	1.040	1.009	0.892	0.846	0.955	1.035	
中　国	0.216	0.209	0.202	0.194	0.190	0.192	0.189	0.190	0.203	0.234	0.235	
韩　国	0.613	0.641	0.587	0.619	0.663	0.699	0.764	0.770	0.761	0.655	0.591	
土耳其	0.224	0.177	0.115	0.109	0.135	0.154	0.175	0.165	0.187	0.195	0.165	
巴　西	0.151	0.175	0.153	0.135	0.143	0.146	0.187	0.215	0.389	0.458	0.471	

数据来源:https://pwt.sas.upenn.edu/php_site/pwt71/pwt71_form.php;

　　　　WIOD database,July 2014 release, http://www.rug.nl/research/ggdc/data/;

　　　　http://www.oecd.org/std/purchasingpowerparitiespppsdata.htm。

（单位：%）

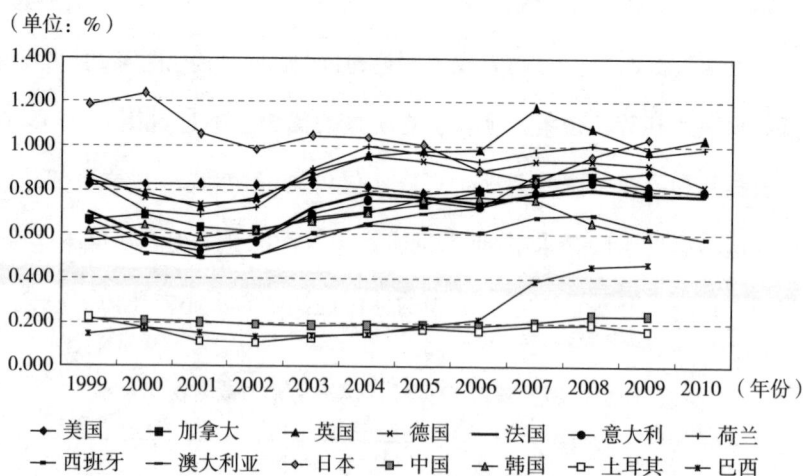

图 5-18　我国与部分国家单位劳动力成本对比

表 5-22 为 2000—2010 年我国与部分国家单位劳动力成本平均增长率。由表 5-22 可知，我国在该时间段内单位劳动力成本变化相对较小，这说明，虽然近几年我国单位劳动力成本出现上升趋势，但劳动力成本优势依旧明显。

表 5-22　2000—2010 年我国与部分国家单位劳动力成本平均增长率表

国家	美国	加拿大	英国	德国	法国	意大利	荷兰	西班牙	澳大利亚	日本	中国	韩国	土耳其	巴西
平均增长率	0.721	1.893	2.245	-0.235	1.444	2.131	1.925	0.044	4.335	-0.997	0.989	-0.074	-1.309	14.411

我们对 2004—2010 年部分国家占国际承包市场份额与单位劳动力成本的相关性进行检验，检验结果如表 5-23 所示。由表 5-23 可见，国际承包市场份额与单位劳动力成本不存在显著的相关关系，单位劳动力成本不是决定国际承包市场份额大小的主要条件，即使单位劳动力成本相对

较高的国家或地区,如美国、欧洲在建筑业国际竞争市场上依旧有很强的
竞争力,这与国家或地区承包商的资金实力、科学技术和管理水平有着密
切关系。

表 5-23　相关性检验表

检验方法	Spearman 相关检验	Pearson 相关检验
相关系数	0.036	0.061
p 值	0.751	0.586

5.3　我国建筑业在国际竞争中的优劣势

SWOT 分析法通过内部资源、外部环境的有机结合来清晰地确定被分
析对象的资源优势和缺陷,了解所面临的机会和挑战,从而在战略与战术层
面加以调整,使被分析对象达到所要实现的目标。本章借鉴 SWOT 分析,
结合前文对国际建筑业情况和我国建筑业在国际竞争中的地位分析,梳理
我国在建筑业国际中的优劣势,以为政策建议的提出提供参考依据。

5.3.1　我国建筑业在国际竞争中的优势

5.3.1.1　我国是除欧洲外所占国际承包市场份额最大的国家

2013 年,中国有 62 家企业进入 ENR 国际承包商 250 强榜单,超过欧
洲,在企业数目上位列世界第一。2013 年,我国国际承包市场营业额 790.1

亿美元,占 250 强总营业额比重的 14.5%,超过了美国,居世界第二位,是欧洲外所占国际承包市场份额最大的国家。

5.3.1.2　我国承包商在非洲地区竞争优势明显

我国与许多非洲国家一直有着良好的合作伙伴关系,并在各领域开展了多种形式的合作,尤其在经济领域。2013 年,我国占 48.7% 的非洲地区对外承包市场营业份额,近半的市场份额显示我国在非洲地区明显的竞争优势。

5.3.1.3　在国际承包市场经营业务领域较广,在非传统行业中优势明显

由于一直以来所实行的差异化战略取得了一定的成效,我国承包商在国际承包市场上经营业务领域较广,尤其在非传统行业领域,如冶金、勘探、电力、水利、军事等领域的专业水平相对较高。特别是在电力和水利行业具有明显竞争优势,2013 年,分别有 4 家和 3 家企业进入电力和水利行业排名前十位。

5.3.1.4　建筑业单位劳动力成本优势相较发达国家存在明显优势

2009 年,我国建筑业单位劳动力成本约为美国的 1/4,法国的 2/7、日本的 2/9,低劳动力成本有助于我国参与国际竞争。

5.3.2　我国建筑业在国际竞争中的劣势

5.3.2.1　国际承包工程在量上有优势,但质不容乐观

据前文分析,我国国际承包工程只是在规模上大而已,2012 年、2013 年平均国际市场营业额为 12.2 亿美元和 12.7 亿美元,远低于国际承包商 250

强的平均国际市场营业额 20.4 亿美元和 21.8 亿美元,可见我国建筑业依旧缺乏核心竞争力,与建筑业较为发达国家的差距依旧明显。

5.3.2.2　建筑业劳动生产率处于较低水平

据前文分析,2011 年,西班牙、法国、荷兰的建筑业劳动生产率分别为我国建筑业劳动生产率的 8.4 倍、6.5 倍和 6.2 倍,1999 年这三国建筑业劳动生产率分别为我国建筑业劳动生产率的 8.0、10.8 和 10.4 倍,尽管在1999—2011 年我国在努力提高劳动生产率,但差距依旧明显,且短时间很难赶上建筑业发达国家。

5.3.2.3　在技术水平、管理水平上与世界大承包商存在差距

据前文分析,国际承包市场份额与单位劳动力成本不存在显著的相关关系,美国、欧洲等国家或地区即使单位劳动力成本较高,在国际承包市场依旧有着很强的竞争力,尤其是在欧美、加拿大市场。除了较高的市场准入壁垒原因外,雄厚的资金实力、先进的科学技术和高水平的管理等也是重要因素。

就我国目前在国际上承包的项目来看,主要集中在工程施工、劳务派遣等以单一的生产经营为主的劳动密集型项目,科技和管理水平缺乏竞争力一直是我国在参与国际承包市场竞争的劣势。近几年,我国在工程项目设计等方面取得了一定的成绩,例如被称为"中塞友谊之桥"的贝尔格莱德跨多瑙河大桥项目设计与施工均由中国企业主导完成,是中国企业在欧洲承建的第一个大桥项目,但该领域所占市场份额较少,依旧缺乏竞争力。

5.3.2.4　缺乏中高级技能水平和高素质复合型国际工程项目管理人才

表 5-24 为我国与部分国家不同等级技能劳动力时间投入占各国总时

间投入的比重。由表5-24可见,建筑业较为发达国家,例如美国、加拿大等,其中级技能劳动力投入时间占该国总时间投入的比重较大,往往超过50%。而我国初级技能劳动力投入时间占我国总时间投入的50%以上。此外,2009年,我国在高级技能水平投入的劳动时间比仅为3.2%,远低于其他建筑业发达国家水平,这也从一个方面说明了我国缺乏具有中高级技能水平的人才。

在国际工程项目运营过程中,对项目管理人员的综合素质和管理能力的要求较高,我国恰恰缺少高素质复合型国际工程项目管理人才,这也是我国承包商与世界大承包商存在不小差距的原因之一。

表5-24 不同等级技能劳动力时间投入占各国总时间投入的比重

（单位:%）

国家	技术等级	1995	1996	1997	1998	1999	2000	2001	2002	2003	2004	2005	2006	2007	2008	2009
美国	H	11.3	11.9	10.9	11.1	12.0	10.6	11.0	11.6	12.0	11.6	11.2	11.5	11.9	12.8	13.7
	M	69.1	69.4	69.9	71.1	69.0	69.1	70.0	67.6	66.3	66.7	67.8	65.9	67.4	68.0	68.2
	L	19.6	18.7	19.2	17.7	19.0	20.3	19.0	20.8	21.6	21.7	21.0	22.6	20.7	19.2	18.1
加拿大	H	5.5	5.6	5.8	6.3	5.7	5.4	6.1	6.3	6.2	6.9	7.6	8.3	7.9	7.5	8.7
	M	85.5	85.9	86.6	87.1	87.2	88.5	88.6	88.2	88.7	88.5	88.3	87.5	88.1	88.6	87.9
	L	9.0	8.5	7.6	6.6	7.1	6.1	5.3	5.4	5.1	4.6	4.1	4.2	4.1	3.9	3.4
英国	H	11.5	12.0	11.3	11.6	11.5	13.3	13.5	14.0	13.6	14.1	14.4	14.9	15.1	15.1	17.7
	M	54.9	54.9	57.4	58.9	59.3	59.0	57.6	58.4	60.7	61.4	61.9	61.4	59.0	60.1	59.4
	L	33.6	33.1	31.2	29.5	29.2	27.8	29.0	27.6	25.7	24.5	23.7	23.7	25.9	24.8	22.9
德国	H	17.1	17.1	17.5	18.3	19.1	19.1	19.9	19.9	20.6	21.2	21.5	19.8	19.5	19.3	20.1
	M	64.4	64.7	64.6	64.1	63.3	63.2	62.6	62.6	63.0	63.3	61.8	63.5	64.1	65.3	64.8
	L	18.5	18.1	17.9	17.6	17.6	17.7	17.5	17.5	16.3	15.5	16.8	16.7	16.4	15.4	15.1

续表

国家	技术等级	1995	1996	1997	1998	1999	2000	2001	2002	2003	2004	2005	2006	2007	2008	2009
法国	H	6.7	6.9	6.3	6.9	7.1	7.4	7.6	7.8	8.2	8.9	9.3	9.0	10.4	10.6	10.5
	M	47.9	48.9	49.9	49.7	51.3	52.6	53.7	54.5	54.0	53.2	54.9	55.5	55.0	56.2	57.9
	L	45.4	44.2	43.8	43.4	41.6	40.0	38.6	37.7	37.8	37.9	35.8	35.5	34.6	33.2	31.6
意大利	H	3.3	3.6	3.8	4.0	3.5	3.4	3.8	3.9	3.6	1.8	2.2	2.4	2.2	3.3	3.1
	M	22.3	23.3	24.2	25.2	25.0	26.0	24.3	24.6	27.4	30.4	31.0	31.5	32.9	33.3	35.8
	L	74.3	73.2	72.0	70.8	71.5	70.6	71.8	71.5	69.0	67.8	66.8	66.1	64.9	63.4	61.1
荷兰	H	5.0	4.5	4.9	6.1	10.7	6.2	7.5	6.5	7.2	10.7	10.9	10.9	11.8	11.3	11.0
	M	48.8	50.7	48.4	47.7	52.4	45.9	49.3	49.6	52.6	50.2	51.4	52.7	51.9	50.1	51.6
	L	46.3	44.8	46.7	46.2	36.9	47.9	43.2	43.9	40.1	39.1	37.7	36.5	36.3	38.6	37.4
西班牙	H	9.7	11.5	11.3	10.5	10.9	11.0	12.4	13.3	13.6	13.7	15.0	14.7	15.0	15.8	18.0
	M	9.8	10.4	10.3	10.7	12.1	13.0	13.0	13.7	15.0	16.2	17.6	18.1	19.8	20.9	21.6
	L	80.5	78.1	78.4	78.7	77.0	76.1	74.7	73.0	71.5	70.1	67.4	67.2	65.2	63.3	60.4
澳大利亚	H	3.4	3.5	3.6	3.7	3.8	4.0	4.1	5.0	5.6	5.5	5.5	5.5	5.5	5.5	5.5
	M	54.3	54.4	54.6	54.8	55.0	55.2	55.5	55.3	55.2	56.4	57.6	57.6	57.6	57.6	57.6
	L	42.3	42.0	41.7	41.4	41.1	40.8	40.5	39.7	39.1	38.0	36.9	36.9	36.9	36.9	36.9
日本	H	19.4	19.1	19.7	20.3	20.6	21.9	24.0	23.4	23.1	23.7	23.7	23.7	23.7	23.7	23.7
	M	57.8	58.9	59.4	60.5	60.0	61.3	60.0	61.2	63.5	63.1	63.2	63.2	63.2	63.2	63.2
	L	22.8	21.9	20.9	19.3	19.4	16.8	16.1	15.5	13.3	13.2	13.1	13.1	13.1	13.1	13.1
中国	H	1.6	1.7	1.8	1.9	2.1	2.2	2.3	2.5	3.3	3.6	3.2	2.8	2.8	3.2	3.2
	M	35.2	36.1	36.9	37.8	38.7	39.6	40.5	41.4	40.3	38.1	40.5	42.7	40.2	39.3	39.3
	L	63.3	62.3	61.3	60.3	59.2	58.2	57.2	56.1	56.4	58.3	56.3	54.4	57.0	57.6	57.6
韩国	H	47.9	48.4	49.6	52.7	53.9	55.0	57.9	61.3	58.6	60.7	58.0	58.0	58.0	58.0	58.0
	M	42.2	44.9	43.5	41.3	39.4	39.0	37.7	35.3	37.9	36.4	35.2	35.2	35.2	35.2	35.2
	L	9.9	6.8	6.9	6.0	6.7	6.0	4.4	3.4	3.4	2.9	6.7	6.7	6.7	6.7	6.7

续表

国家	技术等级	1995	1996	1997	1998	1999	2000	2001	2002	2003	2004	2005	2006	2007	2008	2009
土耳其	H	4.0	4.8	4.2	4.4	4.0	4.5	6.2	7.1	7.2	5.9	6.4	6.7	7.3	7.6	7.9
	M	11.3	11.6	10.0	12.5	11.1	11.6	13.3	15.9	15.8	14.3	16.0	16.8	17.0	17.6	18.1
	L	84.7	83.6	85.8	83.1	84.8	83.9	80.5	77.0	77.1	79.8	77.6	76.5	75.7	74.8	74.0
巴西	H	2.8	2.8	2.9	2.9	3.0	3.0	3.1	3.1	3.2	3.3	3.3	3.5	3.7	3.8	4.0
	M	10.0	11.1	12.2	13.2	14.3	15.4	16.4	17.5	18.8	20.2	21.5	23.0	24.6	26.1	27.7
	L	87.2	86.0	84.9	83.8	82.7	81.6	80.5	79.4	78.0	76.6	75.2	73.5	71.8	70.0	68.3

数据来源：WIOD database，July 2014 release，http://www.rug.nl/research/ggdc/data/

5.3.2.5 在欧美等建筑业发达地区缺乏竞争力

2013 年,ENR 国际承包商 250 强在欧洲、美国和加拿大的承包额分别为 1 118.6 亿美元、484.1 亿美元和 342 亿美元,占国际承包市场总规模的 35.8%,而我国在欧洲、美国和加拿大的承包额分别为 24.8 亿美元、7.9 亿美元和 2.9 亿美元,仅占该地区市场份额的 2.2%、1.6% 和 0.8%。可以说,我国承包商在这些地区仅有零星项目。造成这一现象的主要原因是,建筑业发达地区的技术进入壁垒较高,我国承包商与国际大承包商相比在技术方面还存在较大差距。

不过,随着我国承包商积极学习、实践先进的技术、汲取和积累管理经验,不断提高参与国际市场竞争的综合实力,我国有望在建筑业发达地区不断扩大市场份额。

5.3.2.6 支持承包商"走出去"的金融体系不够完善

目前,我国金融机构对中国企业"走出去"的支持力度相较一些发达国家来说较弱。现行的外汇管理信贷担保以及保险政策严重滞后,没有形成完善的金融支持服务体系,相关政策的影响力和带动力明显不足,甚至束缚了对外承包工程业务的发展,尤其在国企跨境投融资的限制较多,已成为开拓海外市场发展的瓶颈。当前,建筑企业带资承包、承包商帮助业主解决资金问题成为中标的重要因素,这更凸显我国在资金实力和综合经营能力上与建筑业发达国家的差距。

5.3.2.7　缺少优秀的相关产业供应商

不同国家或地区对建筑工程的设备、原材料的使用制定的标准不同,一些建筑业发达地区对质量要求相对较高,而我国自产材料往往达不到业主国的要求,采购其他国家供应商提供的设备又给我国承包商国际工程承包施工上增加了成本,降低了我国承包商的盈利能力。

5.3.3　我国建筑业在国际竞争中的机会

5.3.3.1　国内工程为承包商提供新技术、新管理模式实践机会

我国发布的《国家新型城镇化规划(2014—2020 年)》,提出了要"稳步提升我国城镇化水平和质量,目标到 2020 年底,我国常住人口城镇化率达到 60%"。城镇化的发展带来了对新增住宅、公共设施等一系列基础设施、商业设施的建设需求;根据《国务院关于加强城市基础设施建设意见》,"我国明确了城市道路交通基础设施、管网建设、污水及垃圾处理设施、生态园林建设是未来城市基础设施建设的四大核心领域"。此外,国务院总理李克强作政府报告时在 2015 年工作总体部署上提出要"多管齐下改革投融资体制""加快实施走出去战略""增加公共产品有效投资",这从市场需求、工程项目多元化、政策支持上给我国承包商提供了新技术、新管理模式实践的

机会。

5.3.3.2 对外开放新格局为我国企业在国际市场发展带来机遇

李克强总理在 2015 年政府工作报告中提出要"构建全方位对外开放新格局""推进丝绸之路经济带和 21 世纪海上丝绸之路合作建设"。数据显示,2014 年前 11 个月,我国承包商承接"一带一路"沿线国家服务外包合同金额和执行金额同比增长 22.3% 和 31.5%。2014 年,中国国家主席习近平宣布中国将出资 400 亿美元成立丝路基金。政策和资金的支持将给我国承包商在国际市场上的发展带来新机遇。

5.3.4 我国建筑业在国际竞争中的威胁

5.3.4.1 劳动力成本呈上升趋势,低成本优势在削弱

后金融危机时代,发达国家卷土重来,加大基础设施建设,积极参与建筑业国际市场的竞争。由于我国劳动力成本连年上升,我国在低端项目上与具有低成本优势的发展中国家竞争时竞争力减弱,在中高端项目中由于资金实力不足、科学技术和管理水平较低的原因,使我国在与发达国家竞争时无法充分发挥低成本优势。我国建筑业单位劳动力报酬变化趋势如图 5-19 所示。

5.3.4.2 政治与文化差异等威胁国际工程项目竞标和实施

相比国内承包工程,承包商在参与国际承包项目所面对的情境更复杂,与国内不同的语言、文化环境、风俗习惯、法律法规,还有业主国政治的影响等等。由此产生的风险威胁着我国国际工程项目的竞标、实施与收尾等工作,例如墨西哥撤销中国公司中标高铁项目结果;2014 年中国企业在土耳

（单位：美元）

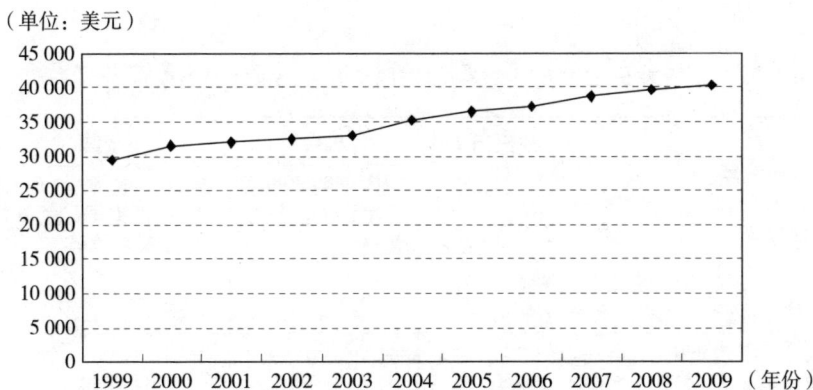

图 5-19　我国建筑业单位劳动力报酬变化趋势

数据来源：WIOD database，July 2014 release，http：//www.rug.nl/research/ggdc/data/ht-
tp：//www.oecd.org/std/purchasingpowerparitiespppsdata.htm。

其参与的一个高铁建设项目历时八年主体才完工，其中造成设计反复、项目
拖延的原因之一就是语言障碍和文化沟通不畅。

5.3.4.3　汇率风险影响承包商国际市场的经营利润

国际承包工程合同一般具有以外币计价、期限较长的特点，由于合同期
内汇率的变动会直接影响承包商的经营利润，如何规避或降低汇率风险也
是对我国承包商国际经营能力的一大考验。

5.4　对策与建议

利用 SWOT 分析可得出我国建筑业当前在国际竞争中的优势、劣势、
机会和威胁，为进一步提升我国建筑业在国际竞争中的地位提出具有针对
性的政策建议提供参考。我国建筑业在国际竞争中的地位和优劣势如表

5-25 所示。

表 5-25　我国建筑业参与国际竞争 SWOT 分析表

内部因素＼外部因素＼策略		机会	威胁
		国内可供实践项目多；对外开放新格局等	劳动力成本上升；政治、文化差异；法律风险；汇率风险等
优势	总量规模大；非洲地域优势明显；经营行业多元化；成本优势等	S-O 策略	S-T 策略
劣势	平均规模小；劳动生产率低；缺乏人才；部分地区缺乏竞争力；金融体系不完善；缺乏优秀供应商等	W-O 策略	W-T 策略

5.4.1　推动产业结构优化转型，实现差异化发展

我国国际承包商差异化战略取得不小的成效，我国承包商在国际承包市场非传统行业具有较强的竞争力。当前，国内大力推动城镇化发展、支持基础设施建设为建筑产业结构优化转型提供项目实践机会。我国应采取措施鼓励大型建筑业学习世界大承包商工程总承包管理模式，通过实践并不断优化管理模式，提升一体化服务能力，提高我国承包商在国际市场上的经营效益和竞争力。此外，还需要鼓励大型建筑企业继续加大科研投入，提升主营业务的技术水平。对于中小型建筑企业可以鼓励走专业化发展道路，采用品牌战略扩大在所属细分市场的影响力。

5.4.2　推动国际承包工程项目使用人民币结算

采用本币结算可以减少汇价波动给承包商带来的风险，还可以降低由

于美元等货币筹资难度大、借贷利率高所带来的项目资金压力,从而有效降低国际项目承包企业经营成本。

5.4.3　加大对教育培训费用投入和优秀人才引入

我国建筑行业劳动时间投入中,初级技能劳动时间的投入比超过50%,高级技能劳动时间的投入仅有 3%左右,远低于建筑业发达国家。我国应支持建筑企业加大对教育培训费用的投入,提高建筑工人技能水平,同时引进并培养高素质复合型国际工程项目管理人才。

5.4.4　扶持建筑业的设备供应商企业提高质量标准

应通过扶持建筑业的设备供应商企业,生产符合国际质量标准的设备,注重质量、环境和安全体系的认证,树立口碑品牌,为我国承包商参与国际承包工程项目提供具有竞争力价格和高质量的设备材料,从而提升我国承包商参与国际竞争的综合实力,同时也扩大了中国制造的影响力。

5.4.5　完善支持承包商走出去的金融体系

我国应调整现行的外汇管理信贷担保以及保险政策,建立和落实金融风险防控体系,减少企业跨境投融资限制,拓宽承包商国际承包项目的融资渠道,鼓励金融机构加大对我国承包商参与国际承包项目和中国设备的出口的资金支持,从而解决我国承包商在国际工程项目承包中的资金问题。

5.4.6　加大建筑业 R&D 投入,提高劳动生产率

科学技术是第一生产力,而在参与国际中高端项目竞争时,技术和管理水平一直是我国承包商的短板。随着我国劳动力成本的优势不断减弱,我国在低端项目上也面临着来自许多低成本的发展中国家的竞争压力。我国应继续加大建筑行业 R&D 投入,提高行业整体技术水平和单位劳动生产率,增强我国承包商在低端项目上的盈利能力和增加在高端项目上的竞争力。

5.5　本章小结

本章通过对国际工程承包市场、国际建筑市场的结构和竞争情况分析,基于占世界承包工程比例、建筑行业全员劳动生产率、单位劳动力成本等统计指标与欧美国际等对比分析,确定了我国建筑业在国际建筑业中的地位及在国际竞争中的优势和劣势。并借鉴国外经验,利用 SWOT 分析模型提出有操作性的促进建筑业发展的对策建议。

第6章 建筑业发展质量评价

6.1 基于标杆分析法的我国建筑业上市公司经营效率分析

作为基础产业与支柱产业,建筑业的长期高效发展是夯实我国经济基础的重要保障。近年来,我国建筑业快速发展,建筑业增加值占 GDP 的比重不断提高、从业人数显著增加,建筑企业的竞争力也有了较大提升。

与此同时,经济全球化、国外资本流入,高度竞争的业内环境使我国建筑企业面临着严峻的挑战,也使得寻求提高经营效率,实现企业长远的竞争优势成为建筑企业关注的重点。由此,我们既需要依据合理的绩效评价标准,评价企业的经营绩效,还需要测定出绩效最优的企业即标杆企业,这样就可以为其他企业设定学习标准,通过分析与标杆企业的差距与不足,企业可以寻求自身的努力方向,实现经营绩效的提升。

然而,受数据、技术或方法等因素制约,现有文献尚未很好地解决如何科学测度建筑企业经营绩效标杆企业这一问题。为此,本节将标杆分析法和 DEA 模型充分结合起来,以 DEA 模型的效率值作为建筑企业经营效率的考量标准,首先确定标杆企业,进而通过其他企业与标杆企业的对比分析,给出提高建筑企业经营绩效的方向。

到目前为止,利用 DEA 模型测度企业经营效率的研究已较为广泛,而将标杆分析法和 DEA 模型结合起来设定标杆企业进而为其他企业提高经营效率提供参考的研究尚未发现,本节的研究将有助于丰富国内的相关文献。

6.1.1 模型方法

6.1.1.1 标杆分析法

标杆分析法是通过一定的评价标准选取行业中的最优企业作为标杆企业,其他企业通过与标杆企业的比较,分析自身的优势与差距,进而通过向标杆企业学习、改进自身不足,提高竞争力。

标杆分析法首先要选择出行业内的标杆企业,即同一竞争定位下的资源配置最优企业。由于经营效率反映了企业的投入产出能力和竞争力,是衡量企业资源配置有效性及成长性的重要依据。另外,考虑到依据经营效率对建筑企业竞争力进行评价能较好地综合各项指标,克服了企业间单一指标比较的局限性,故本节利用建筑企业经营效率作为评价标准进行标杆分析。在分析中,我们将经营效率最高的企业定为标杆企业。

6.1.1.2 DEA 模型

在标杆分析中,本节将由 DEA 模型得到的效率值作为企业经营效率的测度。由于 DEA 模型综合了一定数量的投入产出指标,避免了模型的事先假定和变量权重的选择,故由 DEA 模型得到的效率值能较为全面地反映企业的经营效率。DEA 效率值为 1,即决策单元的规模效率和技术效率均为 1,表示该企业的资源配置效率达到最优。本节中,我们把 DEA 模型与标杆分析结合起来,将效率值为 1 的企业设定为标杆企业。

传统的 DEA 模型是通过选取一定数量的投入产出指标来测度各决策单元的效率值,该方法对投入指标的可比性要求较高。而我国建筑企业在规模、人员等的方面差异较大,故该条件往往难以满足。为此,本节借鉴 Cherchye 等(2004)提出的综合指数,即在 DEA 模型中,不考虑投入指标,只选取一些关键的能反映一定投入水平的产出指标进行决策单元的效率评价。相对于传统的 DEA 模型,该方法在指标有效性方面更具优势,对于不同企业效率的比较更有意义。

6.1.1.3 Malmquist 生产率指数

由于基于 DEA 模型得到的 Malmquist 生产率指数,能够从空间与时间维度对各决策单元的效率变动进行分析,避免了静态评价的局限性,且能讨论决策单元效率变动的驱动因素。故本节进一步运用该指数分析标杆企业近年来经营效率的动态变化,探讨标杆企业竞争优势的来源。

具体地,Malmquist 生产率指数衡量了决策单元从时期 t 到时期 $t+1$ 的全要素生产率(TFP)的变化。若 TFP>1,则表示,后一年较前一年的生产率水平有所提高,反之则生产率水平下降。Malmquist 指数可以分解为技术效率(EFF)和技术进步(TEC)。其中技术效率反映了决策单元由 t 到 $t+1$ 时期效率水平的变动引起全要素生产率的变动,技术进步反映了技术水平的发展及创新导致全要素生产率的变动。

6.1.2 实证结果及分析

6.1.2.1 分析样本

本节以 2013 年我国建筑业上市公司为分析样本。当然,这些上市公司本身就具有较好的代表性。2013 年,我国共有 65 家建筑业上市公司。考虑到不同地区的建筑企业由于地理位置不同,在吸引投资和引进人才等方面可能存在着差异,竞争定位也有所不同。故选取建筑业上市公司分布相对集中的华北、华东和华南三个地区作区域分析。

2013 年,华北地区共有北方国际等 18 家建筑业上市公司,主要为从事土木安装业的大型国有建筑企业,其中 17 家公司来自北京。华东地区有上海建工等 21 家企业,是我国建筑业上市公司分布最多的地区。其中民营企业 13 家,国有企业 8 家,国有和民营企业数量相差不大。华南地区有天健集团等 13 家上市公司,以民营企业为主,国有企业较少。这三个区域的建筑企业所有制分布各有特色,反映了我国建筑业的区域发展特色,即由北向南,民营经济的比重越来越高。当然,这也从另一角度说明了分析区域建筑企业经营效率的实践意义。

6.1.2.2 指标选择与数据来源

在企业经营效率评价指标的选择上,我们主要遵循了以下原则:(1)独立性原则。应尽量避免指标间具有相关性,确保指标包含信息的最大化。(2)多角度原则。应从不同角度反映企业的产出水平,最大范围体现企业的经营效率。(3)代表性原则。所选指标应能代表企业经营水平的各主要层面。

　　基于以上原则,并借鉴 I.M.Horta(2014)的指标体系,本节选择了总资产利润率、流动比率、净资产增长率和总资产周转率四个重要的产出指标,它们分别代表了企业的盈利能力、偿债能力、成长能力和营运能力,反映了一定资源投入下企业的产出效果。其中总资产利润率反映了企业资产的综合利用效果,是衡量企业利用债权人和所有者权益取得盈利的重要指标。流动比率代表了企业的短期偿债能力,反映了企业的财务安全状况。净资产增长率反映了企业资本规模的扩张速度,体现了企业的成长能力。总资产周转率体现了企业经营期间全部资产从投入到产出的流转速度,反映了企业资产的管理质量和利用效率。在实证分析中,数据均来源于上海证券交易所和深圳证券交易所发布的《2013 企业年度报告》。

6.1.2.3　DEA 效率分析

　　我们运用 DEA 模型评价建筑业上市公司的经营效率。首先,在全部52 家上市公司范围内计算各企业的绩效得分,称之为综合效率。综合效率体现了各决策单元到总体"生产前沿面"的差距。其次,在区域范围内计算各决策单元的效率值,称之为组内效率。组内效率体现了各区域的决策单元到区域"生产前沿面"的差距。为了比较区域间的差异,我们定义了组间差距,综合效率=组内效率×组间差距。组间差距体现了区域"生产前沿面"到总体"生产前沿面"的距离。在计算中,为了方便对比分析,把输入值均设为虚拟值"1",得到各效率值如图 6-1 所示。

　　由图 6-1 可见,从总体上看,三个地区的建筑企业经营效率即综合效率存在差异,华南地区建筑企业的经营效率最好,明显优于华东和华北地区。华东地区与华北地区有一定差异,但差距不大,华北地区略优于华东地区。

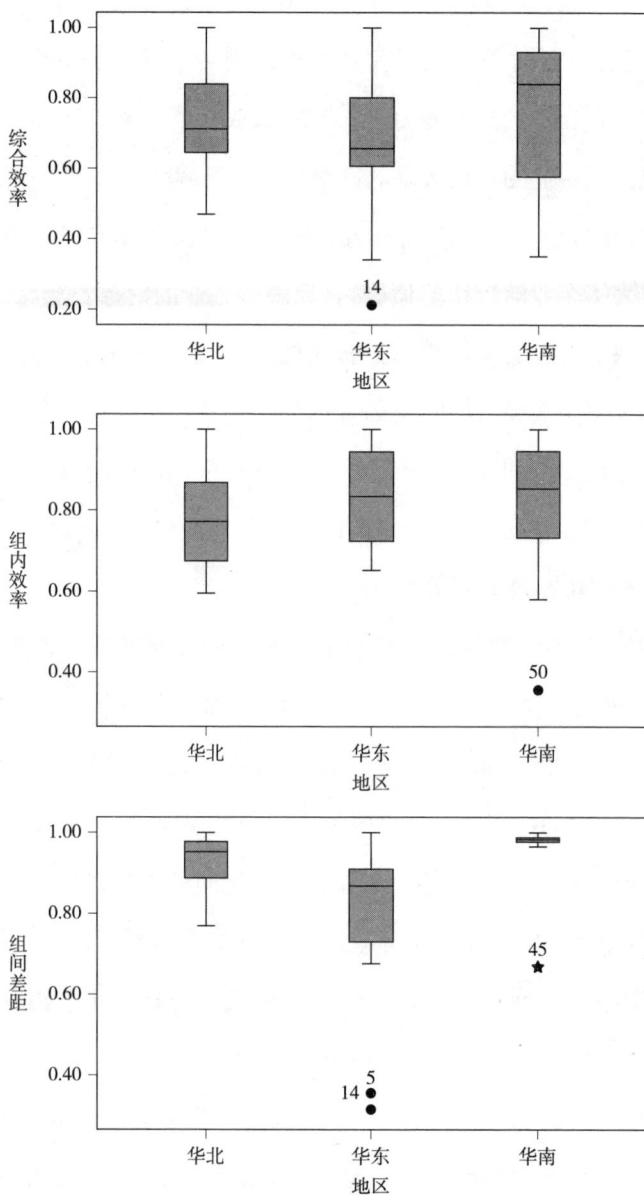

图 6-1　华东、华北和华南地区建筑业上市公司的效率值

具体地,华东地区的综合效率值最低,组内效率相对较高且差距较小。这反映了华东地区建筑企业的总体经营效率水平不高,但区域内企业的经营效率差距不大的现状。由于综合效率低下是规模效率和技术效率双重作用的结果,而华东地区多为大型建筑企业。故我们认为,该地区效率值较低是由于企业现阶段的技术水平无法承载企业规模所致。近年来,我国建筑业发展较快,巨大的利润吸引着众多投资者,越来越多的企业将资金投入建筑行业,在未考虑企业现有技术水平的情况下扩大规模,导致总体效率低下,这一点在华东地区表现比较突出。

华北地区的综合效率略高于华东地区,但其组内效率值最低。结合华北地区建筑企业多为大型国有企业的特点,我们认为,国有企业无论在资金还是规模上,都有较大的优势,但经过多年来的体制改革,依旧存在管理效率不高、资源配置欠合理、人员冗余等问题,这些拖累了企业经营效率的提高。而且,该地区的建筑企业多为大型企业,规模扩张下技术支撑的欠缺也从一定程度上减弱了该地区建筑企业的综合效率。因此,对于华北地区的建筑企业来说,要想从根本上提升综合效率,需要在规模和技术上做深入考量。

华南地区的综合效率与组内效率均为三个地区中最高的。这反映了华南地区企业的整体经营效率水平较高,且组内差距相对较小的现状。和华东、华北地区相比,华南地区的建筑业上市公司数量较少,且多为民营企业,却有着最高的经营效率。原因在于:一是华南地区建筑业上市公司的类型较为广泛,多为民营企业且中型企业比重高,经营体制灵活。二是华南地区的建筑企业多位于广州和深圳,这些城市开放度高,在引进人才和吸引资金上有明显优势,技术效率相对高,因此,综合效率水平较高也就可以解释了。

6.1.2.4 标杆分析

我们基于 DEA 模型得到的效率值,把综合效率值为 1 的企业设定为地区内的标杆企业。在 DEA 模型中,综合效率值为 1,表明该企业位于地区生产可能性前沿。其技术效率、规模效率值均为 1,是该地区资源配置最优的企业。DEA 分析显示,华东地区的金螳螂、华北地区的东方园林和东易日盛、华南地区的普邦园林和宝鹰股份的综合效率值为 1,故我们认定,上述企业为各地区的标杆企业。

我们基于 DEA 模型中分别代表企业盈利能力、偿债能力、成长能力和营运能力的产出指标对标杆企业与地区其他企业的对比分析,这四个指标分别为总资产利润率、流动比率、净资产增长率和总资产周转率。各地区标杆企业和该地区总体平均水平的对比如图 6-2 的雷达图所示。这里,由于净资产增长率数值较大,为了方便比较,我们将其缩小至十分之一。

由图 6-2 可知,在三个地区中,各企业与标杆企业的最明显的差异表现在总资产利润率上。华东、华北、华南地区的企业总资产利润率的均值都与其标杆企业存在明显差距。总资产利润率反映了企业综合利用资产的能力,代表了企业的盈利水平,是衡量企业经营能力好坏的重要指标,其差异最明显,说明了盈利能力对建筑企业发展的决定性意义,也是非标杆企业的最关键努力方向。

在流动比率方面,华南地区企业的平均水平与其标杆企业的差距明显,华东与华北地区则不突出。其原因应与华南地区建筑企业的特点有关。建筑业是一个需要大量资金投入的生产行业,生产周期较长,资金回笼速度慢。在华南地区的建筑企业主要为民营企业,民营企业获取资本的渠道较窄,故在短期偿债能力方面与该地区作为标杆企业的国企相比有一定差距。

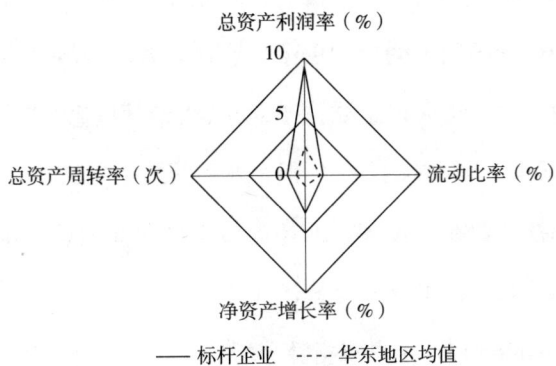

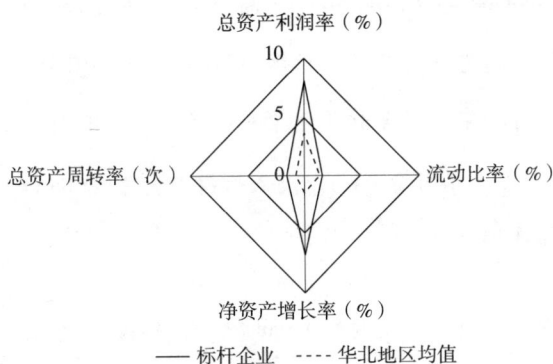

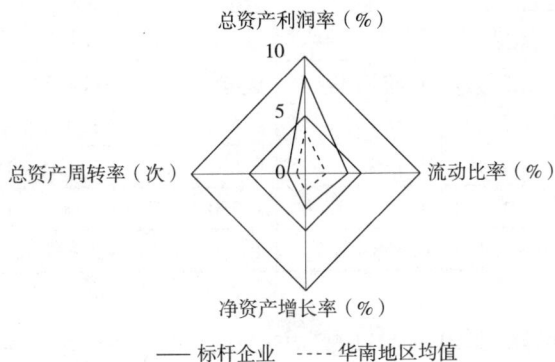

图 6-2　标杆企业和地区总体平均水平的产出对比图

在净资产增长率方面,华北地区的标杆企业和地区均值存在差异较为明显,华东和华南地区则不明显。由于净资产增长率反映了一个企业的成长能力,华北地区的上市公司主要位于北京,无论从资金、人力资源或是吸引外资的能力都位于国内前沿水平,但企业间的差距还是较为明显,与标杆企业相比,非标杆企业在成长性方面还需做出更大努力。由于总资产周转率的差异不是很明显,这里就不再赘述。

6.1.2.5　Malmquist 生产率指数分析

我们依据 DEA 模型得到的 Malmquist 生产率指数,从技术效率(EFF)和技术进步(TEC)两方面分析三个地区标杆企业的 2010 年至 2013 年的生产率变化。以标杆分析中差距较大的总资产利润率、流动比率和净资产增长率为输出指标,以虚拟变量"1"为投入指标,得到 Malmquist 生产率指数分析结果如表 6-1 所示。

表 6-1　标杆企业的 **Malmquist** 生产率指数分析结果

企业	2010—2011 年			2011—2012 年			2012—2013 年		
	EFF	TEC	TFP	EFF	TEC	TFP	EFF	TEC	TFP
金螳螂	1.117	1.620	1.809	0.898	0.820	0.736	1.113	0.920	1.025
东方园林	0.674	1.305	0.880	1.453	0.652	0.947	1.020	0.888	0.906
东易日盛	0.791	1.487	1.176	1.595	0.603	0.962	1.130	0.925	1.045
普邦园林	1.000	1.240	1.240	1.000	1.250	1.250	1.000	0.555	0.555
宝鹰股份	0.736	1.166	0.858	0.700	1.709	1.196	2.431	0.943	2.293

从表 6-1 可知,2010—2011 年,华东地区的标杆企业金螳螂公司的全要素生产率(TFP)上升幅度较大,增长了近 80.9%。这依赖于技术进步和技术效率的同时改进,其中技术进步占的比重较大。2012—2013 年,该公

司的技术效率改进也取得了一定成效。2010 年,该公司的 ERP 系统全面上线,有效地提高了企业管理效率,且技术水平提高,成本转嫁能力有所提升,为 2010 年该企业取得大的全要素增长率提供了强有力的支持,但由于2010 年增长势头过快,也导致该企业在 2011—2012 年间的全要素生产率有小幅下降。

东方园林与东易日盛作为华北地区的标杆企业,其整体变动趋势与华东的金螳螂企业类似。两公司在 2010—2011 年间技术进步较大。2011—2013 年则主要依赖于技术效率的改进,但技术效率的改进并没有改变技术创新力不够带来的全要素增长率的下降。所以,为进一步提升全要素生产率,东方园林和东易日盛更要注重技术水平的进步。

2012—2013 年,华南地区的标杆企业普邦园林的全要素生产率下降。2012 年,普邦园林设立全资子公司,一定程度上影响了企业的总体利润,导致生产率下降。宝鹰股份除了 2010—2011 年间生产率略微下降,2011—2013 年,生产率呈持续增长的趋势,增长的主要原因在于技术效率的改进。因此,未来该企业应该进一步注重技术水平的进步,以获得更高的生产率水平的提升。

这提示华东地区内的非标杆企业,为了提高企业的全要素生产率要尤其注重企业技术进步。

6.1.3　结语

通过对华东、华南、华北地区的建筑业上市公司在总体范围和区域范围的经营效率的评价,本节得到以下结论。

华东地区企业的综合效率不高,但区域内的差距不大。以华东地区的标杆企业为例,技术进步是促使生产率提高的主要诱因。在保持技术水平进步的同时,华东地区企业应注重技术效率的改进,从规模效率与纯技术效率两方面提高生产率水平。华东地区的其他企业要想跟上标杆企业的步伐,改变企业总体效率水平不高的状况,应从提升资产利润率的角度做好工作。

华北地区的综合效率位于三个地区的中间水平,略高于华东地区,但其组内效率水平较低,这说明,综合效率的组间差距较大。以华北地区的标杆企业东方园林、东易日盛为例,企业近年来生产率水平的增长主要依靠技术效率的改进,企业要想始终保持生产率的增长,应更注重技术水平的进步。与标杆企业相比,华北地区的其他企业应在资产利润率和资产增长率角度,即企业的盈利水平和成长能力角度提升区域内的整体竞争力。值得注意的是,华北地区的两个标杆企业都是民营企业,这也从一定程度上反映了国有企业在技术效率、规模效率方面存在的弊端。民营企业的成功也为区域内甚至其他地区的民营企业提供了榜样,促进国内各类型建筑企业的共同发展,才是建筑业蓬勃发展的根本。

华南地区的建筑企业无论综合效率还是组内效率都处在领先地位。华南地区多为沿海省份,在对外开放和引进外资方面都处于优势位置,良好的经济环境为各行业的发展带来了优势。以华南地区的标杆企业宝鹰股份为例,该企业一直致力于提升技术水平,并取得了生产率的提高。2011年,通过改善技术效率在生产率方面获得了更大的提升,因此,企业如果想从根本上提升生产率,则必须在提高技术水平的同时,改善技术效率。同时,华南地区的其他企业,在坚持自身发展方向的同时,应注重提升资产利润率,最大限度地利用现有资产,提升企业的盈利能力,从而提高企业的经营效率与竞争力。

通过对三个地区建筑企业上市公司的经营效率的分析,发现中国建筑业的发展具有一定的区域特色。对于不同的区域来说,区域内的建筑企业应着眼于各自的标杆企业,通过改善自身的经营状况向标杆企业靠拢,提升整个区域的效率水平进而提高全国建筑企业的整体竞争力,促进建筑业的蓬勃发展。

6.2　竞争定位下的我国建筑业上市公司绩效评价

近年来,随着我国经济市场化程度的不断提升以及经济全球化趋势的日趋明显,市场准入规则在逐步放宽,建筑企业面临的竞争压力明显增加。与此相对应,建筑企业的绩效评价显得尤为重要。绩效评价反映了企业在现有条件下的经营水平,是衡量企业竞争力的有效依据。

建筑业作为我国基础产业和支柱产业,规模庞大,企业间差异明显,这些差异导致它们在市场定位上有所不同。不同市场定位下的企业,在竞争方向和市场规划方面是有区别的,故竞争定位的识别有利于企业对竞争者策略的学习及选择适宜的发展模式。也就是说,如果建筑企业能了解自己及同一市场定位下竞争对手的绩效水平,对于企业找出自身不足,进而提升企业经营水平是十分有利的。

但在已有研究文献中,该方面的研究较少。为弥补此不足,本节将研究范围界定为同一竞争定位下即具有同质性的竞争对手范围内的建筑业上市公司的绩效评价。此外,近年来,DEA 模型虽被广泛用于企业绩效评价,但其述尤法对有效决策单元提出改进路径,由此导致现有文献对有效决策单元绩效分析较少。为此,本节运用 P-DEA 模型,对无效和有效企业同时进行绩效分析,评价同一竞争定位下的所有企业。

6.2.1 模型与方法

6.2.1.1 聚类分析

聚类分析作为一种数据挖掘技术,可以通过特征指标判断个体的相似性与差异性,把样本分成若干个类内相似、类间差异明显的类。聚类分析在样本间相似性判断上的优势,使其能依据样本的同质性进行有效分类。

聚类分析是确定竞争定位的有效方法。所谓竞争定位的确定,就是寻找具有相似市场定位的竞争对手,即依据企业自身性质与特点的相似性,将同质企业划分为同一竞争层次。本节首先依据竞争定位的含义设定反映企业竞争定位特点的指标体系,进而通过聚类分析,明确具有类似竞争定位的企业范围。

6.2.1.2 P-DEA 模型

P-DEA 模型是在传统 DEA 模型基础上提出的。传统 DEA 可以测度一定范围内各决策单元的相对效率,但其只能分析无效决策单元效率低下的原因,而无法对有效决策单元提出改进路径。P-DEA 模型对此进行了改进,除了运用 DEA 模型对无效决策单元进行绩效分析外,还能通过构造新的"生产可能性前沿"即新的有效决策单元,对原有效决策单元进行绩效分析,故更具优良的绩效评价效果。

P-DEA 模型的绩效评价主要分为三个阶段:首先运用 DEA 模型判断

决策单元中的有效决策单元和无效决策单元,提出无效单元的效率提升方向。其次对有效决策单元,通过限制投入产出变量的变动区间,提升一定比例的效率值,构建出新的虚拟决策单元。最后将虚拟和实际决策单元构成的新样本重新做 DEA 模型分析,构造新的"生产可能性前沿"即新的有效决策单元,并提出原有效决策单元的效率提升路径。

6.2.2　指标选择与参数设定

6.2.2.1　竞争定位评价指标

建筑企业在各自市场定位方面有所差异,故需要通过聚类分析确定同一竞争定位下的企业范围。依据市场普遍原则并结合我国实际情况,分析认为,建筑业的竞争定位需要如下指标:(1)地理位置。我国地域辽阔,建筑企业分布广泛,地理位置和经济发达程度的差异性使得建筑业的发展具有一定的区域特色,地理位置可用于描述不同地区建筑企业的发展特点。(2)主要经营活动。建筑企业从事主营业务涉及类型众多,不同类型业务的建筑企业在市场定位上必然有所不同。(3)企业所有制。在我国,国有和民营企业在资金吸纳、人才引进等方面各具优势,在竞争定位上应有所区别。(4)企业规模。不同规模的建筑企业定位可能有所不同。我国建筑企业多,规模差异大,在资金积累、科技进步等方面会有差异。

基于上述考虑,本节在建筑企业竞争定位中,分别选取了企业所在区域、企业性质、企业行业分类和企业规模四个关键指标。其中企业区域按照中国区域划分标准,分为华东、华南、华中、华北、西北、东北和西南七个地区。企业性质分为国有和民营企业两类。行业分类按上市公司分类索引分为土木工程建筑、建筑安装业、建筑装饰业三类。企业规模依据国家统计局《统计上大中小型企业划分办法》分为大、中和小型三类。

6.2.2.2　P-DEA 模型的指标选择

在 P-DEA 模型的指标选择上,本节借鉴 Cherchye 等(2004)提出的综合指数,只选取一些关键的能反映一定投入水平的产出指标用以评价决策单元的效率水平。在计算时,将所有决策单元的投入指标赋值为"1"。在产出指标方面,参考了 I.M.Horta(2014)的建筑业评价关键绩效指标体系,同时考虑了指标的代表性及可获得性。选择了分别代表企业盈利能力、偿债能力、成长能力和营运能力的总资产利润率、流动比率、净资产增长率和总资产周转率四个指标。上述指标的样本数据均来自于上海证券交易所和深圳证券交易所发布的《2013 企业年度报告》,分析样本为 2013 年我国上市公司分类索引中属于建筑业的 65 家上市公司。

6.2.2.3　P-DEA 模型的参数设定

P-DEA 模型在构造新决策单元过程中,需确定投入产出指标的提升幅度。基于获取信息的可行性,本节对 P-DEA 模型四个主要产出指标的上下浮动区间的确定采用了历史数据法。通过对建筑业上市公司近年来财务指标变动情况的分析,我们认为,浮动区间定为 10% 较为合理。

P-DEA 模型中的参数 δ,表示虚拟决策单元的效率值较原有效决策单元提升的百分比。δ 是企业对行业前景的预估,代表行业前沿企业的绩效可提升比例。依据 Taraneh Sowlati(2003)和 I.M. Horta(2010)的经验以及我国建筑业绩效水平提升的实际可能,我们首先将 δ 设定为 4%,构造虚拟决策单元,计算新的"生产可能性前沿";而后再将 δ 提升至 6%,再次构造新的决策单元,比较分析两次创建的"生产可能性前沿",选择合适比例。

P-DEA 模型在求解虚拟决策单元时,需对各输出变量的参数进行限制。由于本节的绩效评价指标均为财务指标,故采用 BBA 禾银上市公司在沃尔比重法的基础上改进的权重,分别赋给总资产利润率、流动比率、净资产增长率和总资产周转率的权重为 38%、20%、24% 和 18%。

6.2.3　竞争定位下的建筑业上市公司绩效评价的实证分析

(1)竞争定位有效性分析

我们依据企业所在区域、所有制、主营业务和规模对建筑业上市公司进行聚类分析,确定企业的竞争定位。聚类后的方差分析表显示,规模指标的P 值呈无效状态。可能是因为,我国建筑业上市公司多为大中型企业,从规模角度考虑企业竞争定位意义不大。在剔除了规模指标后,65 家上市公司被分成了 4 类,且各聚类指标有效。这表明,各类别内的企业同质性强,有类似的竞争定位。建筑企业竞争定位的分类结果如表 6-2 所示。

表 6-2　建筑企业竞争定位的分类结果

类别 1	高新发展、北新路桥、成都路桥、四川路桥、延长华建、西藏天路、中铁二局、新疆城建、龙建股份
类别 2	北方国际、中工国际、东方园林、中化岩土、万邦达、蒙草抗旱、葛洲坝、东湖高新、空港股份、中国化学、中国铁建、中国中铁、中国中冶、中国建筑、中国水电、中国交建、中关村、光正集团、东易日盛、嘉寓股份、江河创建
类别 3	天健集团、山东路桥、中南建设、粤水电、宏润建设、东南网架、东华科技、棕榈园林、围海股份、中泰桥梁、普邦园林、岭南园林、铁汉生态、巴安水务、上海建工、浦东建设、龙元建设、安徽水利、腾达建设、隧道股份、同济科技、科达股份、宁波建工
类别 4	宝鹰股份、金螳螂、中航三鑫、雅致股份、洪涛股份、亚厦股份、广田股份、瑞和股份、罗顿发展、杭萧钢构、万鸿集团、汇丽 B

在对建筑企业进行竞争定位分类后,我们运用 DEA 模型分别对这 4 类进行效率评价,不同竞争定位下的效率分布结果如图 6-3 所示。由图 6-3 可知,这 4 类的效率水平有较大差异。这表明,各类企业处于不同效率水平,绩效分布差异明显。不同类别的效率水平的差异一定程度上表明,对企业进行竞争定位分析是必要的。

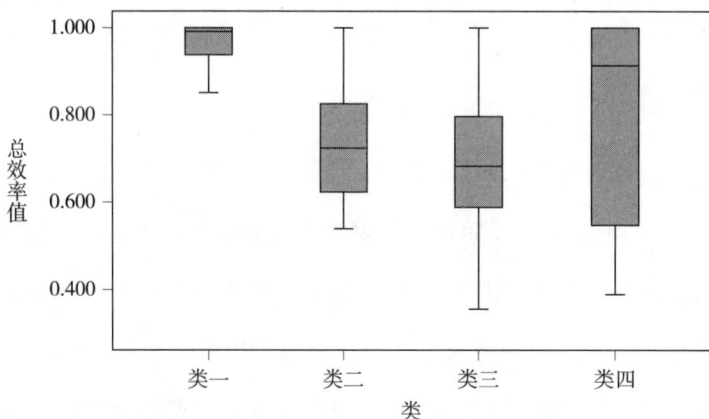

图 6-3   不同竞争定位下的各类别的效率分布

(2)竞争定位分类结果分析

由表 6-2 可见,我国上市公司可划分为四个竞争定位类别。各类别内的企业具有类似的竞争定位,不同类别间的企业则在竞争定位方面区别明显。

类别 1 有 9 家企业,该类企业均为土木工程建筑企业,分布于西北、东北和西南地区,多为国有企业。总的来说,该类企业在筹措资金等方面有较大优势,但竞争力也受到区域限制。企业利润率较高但行业竞争也十分激烈。

类别 2 有 21 家企业,多为土木工程建筑企业,分布于华中、华北和西北,华北地区最多且多位于北京。该类企业中,国有与民营企业分布比较均匀,国有企业在资金与人才方面有优势,民营企业则在经营灵活性方面更具特色。总的来说,该类企业的整体竞争能力较强。

类别 3 有 23 家企业,主要分布于华东和华南地区。华东与华南地区多为经济发达的沿海省份,开放程度高,在国家扶持政策上和外资引进方面有一定优势。该类企业中,土木工程企业且民营企业占多数,这与华东和华南地区经济开放度高密切相关,优越的地理位置和发达的市场经济为民营企业发展带来了更大优势。总的来说,该类企业竞争能力较强,民营企业发展空间大。

类别 4 有 12 家企业,主要分布于华南和华东地区且以华南地区居多,多为民营企业,主要从事建筑装饰业。由于建筑装饰业在工程规模和资金要求上较低,适合民营企业发展。华南地区多为沿海省份,开放时间早,开放程度较高,该地区的建筑装饰业竞争力较强。

相比而言,类别 4 和类别 3 虽然区域分布相似但主营业务不同,因此在市场定位上和竞争层面均有所差异。类别 4 的企业多从事土木安装业的辅助行业,类别 3 和类别 4 的差别化也说明了竞争定位的重要性。

6.2.4　企业绩效评价与对比分析

6.2.4.1　有效决策单元的判定

为分析同一竞争定位下的建筑业上市公司的绩效水平,我们以类别 2 为例。首先进行 DEA 绩效分析,DEA 分析结果及关键绩效指标如表 6-3 所示。由表 6-3 可见,在该竞争定位下,包括东方园林在内的四家公司绩效得分为"1",它们为有效企业,其他为绩效无效企业。值得注意的是,在有效决策单元中,除东方园林外,其余三家公司的四个财务指标中均有一个或两个为所有企业的最高水平,是其他企业的良好示范。

表 6-3　类别 2 的关键绩效指标和效率值

公　　司	总资产利润率	流动比率	净资产增长率	总资产周转率	指标均值	效率值
东方园林	90	44	92	35	65	1.000
中化岩土	86	100	25	34	61	1.000
光正集团	39	46	100	23	52	1.000
东易日盛	100	29	35	100	66	1.000
万邦达	78	96	24	23	55	0.964
蒙草抗旱	78	45	30	32	46	0.828
中国铁建	50	29	30	75	46	0.824
中国建筑	63	32	33	63	48	0.778
中国化学	71	31	33	63	49	0.772
北方国际	72	30	38	54	48	0.747
中国中铁	48	29	26	63	41	0.723
中工国际	67	30	27	36	40	0.694
江河创建	49	33	22	57	40	0.691
中国水电	52	29	34	46	40	0.658
葛洲坝	52	29	26	48	39	0.629
空港股份	57	42	24	24	37	0.625
嘉寓股份	52	40	23	36	38	0.608
中关村	1	23	0	56	20	0.607
中国交建	53	25	26	46	38	0.594
中国中冶	43	26	22	41	33	0.551
东湖高新	4	34	14	38	22	0.542

6.2.4.2　无效决策单元绩效的 DEA 分析

为提升该竞争定位下无效企业的绩效水平,我们根据表 6-3 的结果考察无效企业和有效企业在关键绩效指标上的差距。

在该竞争定位下,无效企业与有效企业在总资产利润率上差距不明显。这表明,该竞争定位下企业在盈利水平上差距不大,其原因与该竞争定位下的企业多位于北京有关。净资产增长率体现了企业的成长性,类别 2 的企业在净资产增长率方面的差距较为明显,除了作为有效决策单元的东方园林和光正集团外,其他企业在该指标上的表现不尽良好,处于较低水平,这可能与该竞争定位下的企业主要为土木工程建筑企业,土木工程建设需要大量资金,具有较长的生产周期,故在资金回笼速度方面表现欠佳,因此,大部分企业在成长性方面不尽如人意。同样,由于生产周期长,总资产周转率的差距也较明显,除有效决策单元东易日盛外,该竞争定位下的其他企业表现均不理想。东易日盛主要从事建筑装饰行业,生产周期和资金回笼速度较土木工程建筑行业有一定的优势。

综上所述,由于处于同一竞争环境、市场定位相似,因此,对于该同一竞争定位下的无效企业来说,应以有效企业为目标,重点提升企业流动比率、净资产增长率和总资产周转率这三个分别代表企业偿债、成长和营运方面的能力,通过调整企业的关键绩效指标,来提升企业竞争力。

6.2.4.3　基于 P-DEA 的有效企业的绩效分析

(1)构造新的生产可能性前沿

我们运用 P-DEA 模型对有效决策单元进行绩效分析。当 $\delta = 4\%$,即绩效水平提升 4%,基于各指标权重,运用 P-DEA 模型对上述四家有效决策单元进行计算,得到了 V 东方园林、V 中化岩土、V 光正集团和 V 东易日盛 4 个新的决策单元。通过对关键绩效指标的分析发现,各指标的提升比例不一致,个别指标取值甚至呈轻微下调趋势。但从指标均值来看,则整体呈上升趋势。除 V 东方园林外,其余三个新决策单元均有 1 个指标处于最高水平。

下面,我们将新决策单元与实际决策单元一起进行 DEA 模型分析,分析结果如表 6-4 所示。由表 6-4 可见,新的四个决策单元均为有效决策单元,同时传统的有效决策单元也均位于"生产可能性前沿"。这表明,4% 的绩效提升比例对于该竞争定位下的绩效水平提升效果并不佳。

表 6-4 $\delta = 4\%$ 时上市公司的关键绩效指标与效率值

公司名称	总资产利润率	流动比率	净资产增长率	总资产周转率	指标均值	效率值
东方园林	90	44	92	35	65	1
中化岩土	86	100	25	34	61	1
光正集团	39	46	100	23	52	1
东易日盛	100	29	35	100	66	1
V 东方园林	99	48	89	32	69	1
V 中化岩土	95	103	23	31	63	1
V 光正集团	43	51	100	21	54	1
V 东易日盛	110	32	36	90	67	1

将绩效水平提升比例上升为 6%。同时按照指标上下限制比例再次对有效决策单元重复上述 P-DEA 模型分析,分析结果如表 6-5 所示。由表 6-5 可见,除 4 个新决策单元外,原有效决策单元仅东易日盛位于"生产可能性前沿"。因此,6% 的绩效提升比例对该竞争定位下企业的绩效影响较大。对于有效决策单元来说,适当提升各关键绩效指标可提升该企业的绩效水平。

表 6-5　$\delta = 6\%$时上市公司的关键绩效指标与效率值

公司名称	总资产利润率	流动比率	净资产增长率	总资产周转率	指标均值	效率值
东方园林	90	44	92	35	65	0.997
中化岩土	86	100	25	34	61	0.973
光正集团	39	46	100	23	52	0.974
东易日盛	100	29	35	100	66	1
V东方园林	99	48	95	32	69	1
V中化岩土	95	109	23	31	64	1
V光正集团	43	51	105	21	55	1
V东易日盛	110	32	38	94	69	1

（2）有效企业的绩效分析

由表 6-4 和表 6-5 的对比发现，对于东方园林来说，不同绩效提升比例下的效率值差别主要来自于净资产增长率上。净资产增长率代表了企业的成长能力，企业成长能力对于提高其绩效来说至关重要。东方园林为从事土木工程建筑业的民营企业，虽然民营企业在经营灵活性上具有一定优势，但在土木工程建筑业这一需要大量资金的行业，其劣势也很明显。故东方园林应通过拓宽资本吸纳渠道，引进高素质人才提升企业的成长能力，进而提升企业的经营效率。

对于中化岩土公司来说，若适当减少净资产增长率和总资产周转率，提升总资产利润率和流动比率，绩效水平将有所提升。对比表 6-4 和表 6-5 发现，中化岩土的关注点应在流动比率上，提高流动比率可显著提升该企业的总体绩效。当然，对于中化岩土公司来说，盈利能力也很重要。作为从事土木工程建筑业的民营企业来说，与该竞争定位下的国有企业相比，中化岩土在资金的短期周转偿债能力方面面临挑战更大。中化岩土若能通过改变企业自身偿债能力,拓宽民营企业筹资渠道,一定会获得更大竞争优势。

对比表6-4和表6-5,我们发现,光正集团除了在总资产周转率方面有轻微下降外,在总资产利润率、流动比率和净资产增长率方面均有所提高,差异集中于净资产增长率。同东方园林企业一样,光正集团是位于西北的民营企业,也是这一竞争定位下的唯一一家西北企业。相较于同一区组内其他企业,西北地区欠发达的经济环境抑制了企业成长性。故光正集团应在资金引进和人才吸纳方面做出努力,提升企业成长性。

值得注意的是,在经历两次关键绩效指标调整后,东易日盛依旧位于"生产可能性前沿"。这表明,在上述条件限制下,关键绩效指标的调整未从根本上提升该企业的绩效水平。这也说明,该企业绩效水平已达到较优水平,轻微调整无法提升企业绩效。也就是说,东易日盛应在维持现有各项能力下,稳步提升,即可保持行业竞争力。

6.2.5 结 语

在当下激烈的市场竞争环境下,合理的竞争定位对分析企业绩效十分重要。本节运用聚类分析对我国建筑业上市公司进行竞争定位分类,得到4类竞争定位,并对其中一个竞争定位下的企业进行绩效分析。

依据DEA模型计算出了该竞争定位下的绩效无效及有效企业,基于关键绩效指标,得出了该竞争定位下的无效企业与有效企业在总资产利润率上差距不明显的结论。为提升无效企业的绩效水平,可以从流动比率、净资产增长率、总资产周转率这三个关键绩效指标上改进,即从企业偿债能力、成长能力和营运能力方面提升企业的竞争力,从而使无效企业通过向有效企业学习,改善自身绩效水平,提升综合能力。

本节还运用 P-DEA 模型对该竞争定位下的有效企业做了分析。分析表明,4 家有效企业中的东方园林、光正集团应注重提升企业成长性,通过引进人才,强化管理方面提升企业竞争力。中化岩土应重视偿债能力,提升企业资金流动性。东易日盛的绩效水平较高。

综合前文分析,合理竞争定位后,在同一竞争定位下运用 DEA 模型和 P-DEA 模型对无效、有效企业进行绩效评价与分析,提出企业改进方法,这对企业整体提升效率具有重要的现实意义。

6.3　基于 DEA 模型的辽宁省建筑业绩效评价

建筑业效率是指在建筑业经济活动中投入与产出的相对有效性,以最小投入获得最大产出,则效率越高,企业有效性越好。反之,则效率低,企业的有效性越差。

传统上,对绩效评价主要依赖于财务指标,如利润率、资本回报率等,通过将财务指标与同行业其他公司比较,得到企业绩效。1920 年,杜邦公司发明了杜邦分析体系,以净资产收益率为核心,分析了企业经营绩效和财务绩效。随着建筑业市场环境的变化以及全球竞争的加剧,建筑业已发展成一个相对复杂的行业,单纯依靠财务指标进行绩效评价无法真实体现企业效率水平,故学者们开始采用更为现代的方法做绩效评估。汪文雄(2008)采用因子与聚类分析集成方法分析了中国 31 个省市建筑业产业竞争力,探讨了省市间建筑业绩效的差距。张智慧(2011)通过分组筛选和主成分分析法对投入产出指标进行了筛选,然后运用 DEA 方法评价了 1996—2008 年中国建筑业的绩效。张跃松(2012)通过 DEA 方法对上市企业的生产效率进行了评价。张鼎祖(2013)以财务管理理论为基础,运用 DEA 方法对沪深 A 股 15 家建筑上市公司的财务管理能力做了分析,对无效单元的改革方向提出了建议。王健(2014)采用平衡记分卡评价法(BSC),将财务指标与非财务指标组合,并从组织战略、远景规划、财务、企业内部运行以及创新与成长角度对企业绩效进行评价。

本节在借鉴前人经验的基础上,选择 DEA 模型,将效率分成技术效率和规模效率对辽宁省建筑业绩效进行评价。

6.3.1 研究方法

数据包络分析(DEA)法是通过资源的投入和产出,比较各决策单元(DMU)的效率。DEA 对每个决策单元效率的评价是基于其与样本内其他 DMU 比较的结果,得到的效率是相对的。DEA 模型识别的有效 DMU 是组内的基准,而判断一个 DMU 是否有效,本质上是判断 DMU 是否位于"生产前沿面"上。这里,生产前沿面是由观察到的决策单元的输入数据和输出数据包络面的有效部分。若 DMU 绩效得分达到100%,我们称之为 DEA 有效;若 DMU 绩效得分小于100%,则称之为 DEA 无效。本节采用 DEA 方法中的 CCR 和 BCC 模型评价各决策单元的总体效率和技术效率,然后通过总体效率=技术效率 × 规模效率计算各 DMU 的规模效率。

CCR 模型计算了在规模报酬不变的情况下企业的总体效率:

$$\max \frac{\mu^T Y_0}{\nu^T X_0} = V_P^I \tag{6-1}$$

$$s.t.\begin{cases} \dfrac{\mu^T Y_j}{\nu^T X_j} \leqslant 1, j = 1, 2, \cdots, n \\[3mm] \mu \geqslant 0, \nu \geqslant 0 \end{cases}$$

1984 年,Banker、Charnes 和 Cooper 对 CCR 模型做了改进,剔除了规模效率的影响,得到测算决策单元技术效率的 BCC 模型:

$$\max(\mu^T Y_0 - \mu_0) \tag{6-2}$$

$$s.t.\begin{cases} \omega^T X_j - \mu^T Y_j + \mu_0 \geqslant 0, j = 1, 2, \cdots, n \\[2mm] \omega^T X_0 = 1 \\[2mm] \omega \geqslant 0, \mu \geqslant 0, \mu_0 \in E^I \end{cases}$$

6.3.2 辽宁省建筑业绩效的实证研究

为了对建筑行业的绩效进行相对客观的评价。本节以辽宁省为例,通过对建筑业的综合效率、技术效率和规模效率分析辽宁建筑业的规模和效率,并通过与全国水平进行比较,分析辽宁省建筑业的优势与不足,探讨辽宁省不同类型企业的发展不均衡情况。

本节将辽宁建筑业按企业注册性质分为国有建筑企业、集体建筑企业、私营建筑企业、联营建筑企业、股份制建筑企业、外商投资企业和港澳台商投资企业七类,通过 DEA 模型中的 CCR 和 BCC 模型,分析各类型企业的总体效率、技术效率和规模效率,判断企业整体运营情况。数据来源于历年的《中国建筑业统计年鉴》和《中国统计年鉴》。

6.3.2.1 指标的选择

DEA 分析首先要选择合适的投入产出指标。本节遵循科学性、可比性和可操作性的原则,在输入方面,侧重选择能体现建筑企业投入的人力、物力等资源的指标;在输出方面,侧重选择能反映由于人力、物力投入而产生的一些直接和间接的经济成果的指标。

基于以上原则,本节选取各类型企业的从业人员数 X_1、各类型企业的总体数量 X_2,以及企业的总资产 X_3 作为输入指标;选择总产值 Y_1 作为输出指标。其中各类型从业人员数量,体现了企业的人力资源投入,是企业投入成本中的重要组成部分。企业的总体数量在一定程度上体现了该类型企业的规模,是测度规模效应的重要指标。企业的总资产反映了企业在物力上的投入量。总产值体现了企业现有资源投入产生的效益,是判断企业盈利能力和未来发展前景的重要指标。2012 年,辽宁省和全国各类型建筑企业的 4 个投入产出指标数据如表 6-6 和表 6-7 所示。

表 6-6　辽宁省建筑企业的投入产出指标

	总产值(万元)	从业人数	企业个数	总资产(万元)
国有建筑企业	9 209 992	305 973	277	7 643 500
集体建筑企业	3 465 353	280 839	304	1 709 455
私营建筑企业	20 662 004	1 464 734	2 755	10 311 238
联营建筑企业	13 953	274	4	5 634
股份制建筑企业	27 147 656	1 362 725	1 529	18 163 621
外商投资企业	612 965	20 792	43	633 590
港澳台商投资企业	711 608	28 225	23	1 114 947

表 6-7　全国建筑企业的投入产出指标

	总产值（万元）	从业人数	企业个数	总资产（万元）
国有建筑企业	207 800 051	6 128 908	4 642	191 536 088
集体建筑企业	43 188 748	2 730 819	4 847	27 660 695
私营建筑企业	317 819 736	17 283 479	35 852	222 537 263
联营建筑企业	1 806 046	60 129	126	1 160 758
股份制建筑企业	580 985 323	23 489 135	25 564	476 872 893
外商投资企业	6 654 399	130 245	303	7 332 292
港澳台商投资企业	6 206 260	141 919	393	6 430 816

6.3.2.2　DEA 分析结果

运用 DEA 模型计算得到各类型企业的综合效率、技术效率和规模效率如表 6-8 和表 6-9 所示，其中综合效率＝技术效率 × 规模效率。技术效率表示在企业现有的技术水平下将一定量的投入转化为产出的效率值，规模效率表示在企业现有规模下一定人力和资源转化为产出的效率。

表 6-8　辽宁省各类型建筑企业的效率值

辽宁省	总体效率	技术效率	规模效率	状态
国有建筑企业	1	1	1	—
集体建筑企业	1	1	1	—
私营建筑企业	0.958	1	0.958	drs
联营建筑企业	1	1	1	—
股份制建筑企业	1	1	1	—
外商投资企业	0.925	0.971	0.953	drs
港澳台商投资企业	0.931	1	0.931	irs

注：irs 表示规模效益递增，drs 表示规模效益递减，—表示规模效益不变。

表 6-9 全国各类型建筑企业的效率值

全　国	总体效率	技术效率	规模效率	状态
国有建筑企业	1	1	1	—
集体建筑企业	1	1	1	—
私营建筑企业	0.916	1	0.916	drs
联营建筑企业	1	1	1	—
股份制建筑企业	0.975	1	0.975	drs
外商投资企业	1	1	1	—
港澳台商投资企业	0.975	0.991	0.984	drs

注:drs 表示规模效益递减,—表示规模效益不变。

表 6-10 全国与辽宁省各类型建筑企业效率的对比

全国排名	效率值	辽宁省排名	效率值
国有建筑企业	1	国有建筑企业	1
集体建筑企业	1	集体建筑企业	1
联营建筑企业	1	联营建筑企业	1
外商投资企业	1	股份制建筑企业	1
股份制建筑企业	0.975	私营建筑企业	0.958
港澳台商投资企业	0.975	港澳台商投资企业	0.931
私营建筑企业	0.916	外商投资企业	0.925

6.3.2.3 结果分析

（1）总体效率分析

由表 6-8 可见,辽宁省的国有建筑企业、集体建筑企业、联营建筑企业和股份制建筑企业的总体效率值均为 1。总体效率值是由规模效率和技术效率组成的,只有规模效率和技术效率都达到了有效,总体效率值才是有效的。上述四种类型的建筑企业总体效率值均为 1,说明这四种类型企业相对于辽宁省内其他类型的企业来说,建筑业技术水平和规模大小均处于行业领先位置,无论从人力还是资本投入上都得到了合理配置,处于生产前沿面上,为 DEA 有效。

私营建筑企业、港澳台商投资企业和外商投资建筑企业的总体效率值都未达到1,为 DEA 无效,这三种类型企业在现有规模和技术水平下未能使资源得到合理配置,投入的资源未得到有效使用,综合效率低。

(2)技术效率分析

国有建筑企业、集体建筑企业、私营建筑企业、联营建筑企业、股份制建筑企业和港澳台商投资企业的技术效率值均为1,仅外商投资企业的技术效率不足1,为0.971。这表明,除外商投资企业外,其他类型建筑企业的技术水平在辽宁省内已达到生产前沿面。外商投资企业的技术效率值不足1,表示为 DEA 无效。外商投资企业在现有的技术水平下无法达到资源的有效配置,其投入资源未最大限度地得到转化。原因可能是,外商投资企业的技术水平相对于其他类型的企业不够完善,未达到行业领先水准,未能有效利用资源,外商投资企业更应加注重技术投入。

(3)规模效率分析

国有建筑企业、集体建筑企业、联营建筑企业和股份制建筑企业的规模效率值为1,为规模有效,且总体有效。私营建筑企业的技术效率为1,规模效率为0.958,总体效率值不足1,为 DEA 无效。私营建筑企业在现有技术水平下无法形成资源合理配置,是由于规模效率无效造成的,且私营建筑企业处于规模效益递减的状态。因此,在现有技术水平下,适当降低企业规模将有利于提升企业总体效率。港澳台商投资企业也处于技术有效而规模无效状态,但其规模效率是递增的。因此,港澳台商可适当加大在辽投资规模,这将有利于提高其在辽建筑企业的总体效率。外商投资企业处于技术无效,规模也无效状态,其无论技术水平还是生产规模都未达到生产前沿面上,企业技术和规模都需得到进一步改善。

(4)辽宁与全国的对比分析

通过表6-8与表6-9的对比可见,除港澳台商投资企业外,全国各类型建筑企业的技术效率值均为1,而辽宁省除外商投资企业外各类型建筑企业的技术效率值均为1。这说明,全国各类型建筑企业和辽宁省各类型建筑企业的技术水平整体上达到了一个相对均衡状态,辽宁省跟上了全国的技术水平节奏,大部分类型企业处于技术水平的生产前沿面上。

从规模效率看,私营建筑企业和港澳台商投资企业在全国以及辽宁省内都处于规模效率无效,说明辽宁省建筑企业规模与全国基本符合。但值得注意的是,全国的港澳台商投资企业是规模效益递减,而辽宁省是规模效益递增,由此可见,港澳台商投资企业的投资分布在全国处于不合理状态,由于港澳台靠近沿海城市且辽宁省并不处于经济最发达地区,因此并不作为港澳台商的投资重点,港澳台商投资企业在扩张大陆市场时忽略了均衡分布,造成分布不均衡状况,全国投资的规模大,辽宁的规模小。

辽宁省股份制建筑企业从技术效率到规模效率均处于生产前沿面,全国范围内的股份制建筑企业是规模与技术效率均无效状态。这反映出,辽宁省在股份制建筑企业方面的成功。

通过表6-10可见,辽宁省建筑企业的总体效率分布状态与全国基本处于一致,但也可以看出,辽宁省股份制建筑企业和私营建筑企业的排名高于全国,这表明,在辽宁省各类型建筑企业中,股份制建筑企业和私营建筑企业的发展优于其在全国。

6.3.3 结论与建议

本节选取了 2012 年辽宁省内七种类型的建筑企业,通过 DEA 模型,运用 DEAP 2.1 软件分别对各类型建筑企业的总体效率、技术效率和规模效率进行了评价,并与全国进行对比,分析了辽宁建筑企业的优势和不足。研究发现,辽宁国有建筑企业、集体建筑企业、联营建筑企业和股份制建筑企业的效率达到 DEA 有效。它们在现有投入下,得到了最大产出,资源配比达到了最优水平。表现突出的是股份制建筑企业,全国范围内的股份制建筑企业未达到 DEA 有效,而辽宁省处在生产前沿面上,说明辽宁股份制建筑企业在投入产出上的优势。

值得注意的是,无论全国还是辽宁省港澳台商投资企业的规模效率均是无效的,港澳台商投资企业是规模效益递减,辽宁省满足规模效益递增。由此可知,港澳台商投资企业的投资分布在全国处于不合理状态,在辽宁省的规模过小,港澳台商投资者可适当将目标转移至辽宁省这些经济并不足够发达的省份,这样可最大限度地提升港澳台商投资企业在全国及辽宁的效率水平。

6.4 我国建筑业发展质量指数的构建及评价

作为支柱产业之一,多年来我国建筑业保持着较快的发展速度,但在经济新常态下的今天,我们更关注建筑业的发展质量,它是建筑业未来发展的根基。坚持稳中求进,坚持提高经济发展质量和经济发展效益是经济新常态下经济发展的基本理念,对于建筑业亦是如此。

当前,我们主要是以增加值作为建筑业发展质量的评价标准,这种评价方式忽视了资源消耗、生产时期长短、生态环境等隐性代价。而且,过分关注增加值直接导致我国建筑业产值利润率低、劳动生产率低、产业集中度低、市场交易成本高的"三低一高"现象的存在。

为了更好地适应当前质量经济的要求,本节以经济增长质量理论为基础,构建完善的建筑业发展质量指标体系,并采用主客观赋权相结合方法合成建筑业发展质量分类指数和综合指数。这些指数可以更合理地评价我国建筑业发展质量,为我国建筑业发展科学决策提供参考。

6.4.1 建筑业质量评价指标体系的构建

6.4.1.1 构建原则
建筑业发展质量评价指标体系建立的目的是为了科学测度我国建筑业的发展质量,其构建遵循以下原则:①可获得性。要求所涉及的基础指标能够方便地获得,能准确具体地测度。②适用性。指标选择不能孤立于现有理论体系,要既能反映建筑业发展的实际情况,又能适用于大多数研究体系。③完整性。指标要尽可能客观全面反映我国建筑业发展状况。④及时性。指标应能及时获取。

6.4.1.2 理论基础
建筑业发展质量的内涵应包含发展过程与增长结果两个方面。对于发展过程来说,良好的结构安排有利于建筑业整体提升,促使效益在不同部门间流动;稳定性是质量的基础,剧烈的波动会带来建筑业发展的停滞。对于增长结果来说,建筑业发展是为了提高社会整体福利,在满足生存需求的前提下,还必须考虑增长的代价问题,即要把资源消耗与生态环境保护等纳入建筑业发展质量评价体系中。综上,我们从过程和结果两个层面、四个维度对建筑业发展质量进行评价。它们分别为建筑业增长结构、建筑业增长稳定性、建筑业增长的社会福利以及资源消耗与生态保护。

6.4.1.3　建筑业发展质量评价指标体系

(1)建筑业增长结构

建筑业作为第二产业,其成果多以固定资产形式存在,故将建筑业增长结构划分为产业结构、固定资产投资结构及国际收支结构三部分。其中产业结构的测度指标包括产业投入和产出。我们选取建筑业总产值占 GDP 比重、固定资产投资完成额作为产出指标;建筑企业数量、从业人数、建筑业资产总值作为投入指标。由于没有现成的建筑业总投资规模指标,且考虑到建筑业中,投资金额一般是通过签订合同来体现,故以建筑业签订合同金额作为投资规模的替代指标。我们还以国有资产占内资比重反映国有投资与民间投资的比值,以建筑业经常项差额、建筑业进出口投资差额作为建筑业对外收支结构的代表性指标。

(2)建筑业增长稳定性

增长稳定性的含义体现为建筑业当前是否稳定增长,未来是否有稳定增长的潜力两个方面。由于稳定的目的是为了发展,故将建筑业增长稳定性的内涵延伸为可持续发展,从可持续发展效率与发展动力两方面进行考察。对于可持续发展效率,分别选取产值利税率、资产负债率、技术装备率、按总产值计算的劳动生产率为代表性指标。其中产值利税率与资产负债率是从资金角度来测度,技术装备率与劳动生产率是从技术与生产角度来测度。可持续发展动力通过宏观经济环境来测度,分别选取 GDP 增长率、固定资产投资增长率、消费水平指数等指标。

(3)建筑业增长的社会福利

建筑业的发展必然引起社会福利的变化,福利变化主要表现为实体产品分配以及经济福利分配。由于建筑业大多以住房与基础设施为产出。故选取人均住房面积作为实物分配的代表指标。从建筑业整体来看,农村所占比重较小,故只考虑城镇人均住房面积。此外,建筑业发展成果的分配大多是通过收入分配来实现,建筑业城镇平均工资是衡量福利分配的重要指标。除初次分配外,建筑业还通过税收进行二次分配,故我们还将建筑业营业税及附加纳入建筑业增长的福利变化的测度范围。

(4)资源消耗与生态保护

从资源消耗和生态保护维度看,建筑业作为高成本高产值行业,其能源耗费与原材料消耗较大。故选取能源消耗总量、钢材、水泥等主要材料消耗作为建筑业资源消耗的代表性指标,上述指标均为单位产值的资源消耗量。在生态保护方面,由于建筑业本身是极强自我便利型产业,其环境效益一般以补偿为主,故本文选择城市建成区绿化覆盖率、建成项目"三同时"环保投资额作为代表性的测度指标。

(5)指标体系的构成

综上所述,本节共选取 25 个指标作为建筑业增长质量评价的基础指标,指标体系如表6-11所示。

表 6-11　我国建筑业增长质量评价的指标体系

一级指标	二级指标	基础指标	单位	指标性质
建筑业增长结构	产业结构	建筑业总产值占 GDP 比重	%	适度
		建筑企业数量	个	正
		固定资产投资完成额	亿元	正
		建筑业从业人员数	人	正
		建筑业资产总值	亿元	正
	投资结构	建筑行业签订合同金额	亿元	正
		国有企业资产占内资比重	%	逆
	国际收支结构	建筑行业经常项差额	万美元	正
		建筑行业进出口投资差额	万美元	正
建筑业增长稳定性	可持续发展效率	产值利税率	%	正
		资产负债率	%	正
		技术装备率	元/人	正
		按总产值计算的劳动生产率	元/人	正
	可持续发展动力	GDP 增长率	%	正
		固定资产投资同比增速	%	正
		消费水平指数	—	正
建筑业增长的社会福利	福利变化	人均住房面积	平方米	正
		建筑业所有者权益	万元	正
	成果分配	建筑行业城镇平均工资	元	正
		建筑业营业税及附加	万元	正
资源消耗与生态保护	资源消耗	建筑业能源消耗总量	万吨标煤	适度
		每亿产值钢材消耗	吨	逆
		每亿产值水泥消耗	立方米	逆
	生态保护	城市建成区绿化覆盖率	%	正
		建成项目"三同时"环保投资额	亿元	正

6.4.2　指标赋权

为了形成建筑业质量评价综合指数,我们首先运用主成分分析对基础指标客观赋权,形成分类指数,再对分类指数进行以灰色关联度为基础的主观动态赋权。

6.4.2.1　数据来源与指标处理

本节的数据来源于历年的《中国统计年鉴》以及《中国建筑业统计年鉴》。考虑到数据的可比性,我们以 1978 年为基年进行数据调整。此外,为了消除量纲的影响,对原始数据做了标准化处理,对逆指标采用取倒数的方法进行调整。本节研究的样本期为 2000—2012 年。

6.4.2.2　基础指标的赋权

为了减少主观因素的影响,使用主成分分析方法对基础指标进行客观赋权。主成分分析可将分散在若干变量上的信息集中到少数几个变量上实现降维,同时为各主成分赋权。主成分赋权能够有效避免人为主观判断及指标间高度相关性所带来的误差。

分别对四个维度的指标进行主成分分析,并要求累积方差贡献率大于85%,得到表 6-12 的主成分分析基本统计量。

表 6-12　主成分分析基本统计量

维　　度	特征根	方差贡献率	累积方差贡献率
建筑业增长结构	8.314	92.382	92.382
	0.369	4.105	96.487

续表

维　　度	特征根	方差贡献率	累积方差贡献率
建筑业增长稳定性	3.428	48.967	48.967
	1.846	26.366	75.333
	1.099	15.706	91.039
建筑业增长的社会福利	3.831	95.777	95.777
	0.162	4.057	99.834
资源消耗与生态保护	4.705	94.101	94.101
	0.177	3.539	97.640

由表 6-12 可见,除建筑业增长稳定性指标外,其余三个维度的基础指标均可通过第一主成分来确定其权重。将第一主成分系数除以相应的特征根的平方根就得到基础指标的权重。建筑业增长稳定性维度指标需要选取三个主成分,通过对三个主成分的线性组合并按照方差贡献率进行加权平均确定权重。基础指标的权重如表 6-13 所示。

表 6-13　基础指标的权重

一级指标	基础指标	第一主成分系数	权重
建筑业 增长结构	建筑业总产值占 GDP 比重	0.964	0.3343
	建筑企业数量	0.933	0.3236
	固定资产投资完成额	0.989	0.3430
	建筑业从业人员数	0.98	0.3399
	建筑业资产总值	0.992	0.3440
	建筑行业签订合同金额	0.994	0.3447
	国有企业资产占内资比重	0.964	0.3343
	建筑行业经常项差额	0.944	0.3274
	建筑行业进出口投资差额	-0.885	0.3069

一级指标	基础指标	第一主成分系数	权重
建筑业增长的社会福利	人均住房面积	0.936	0.4782
	建筑业所有者权益	0.99	0.5058
	建筑行业城镇平均工资	0.996	0.5089
	建筑业营业税及附加	0.991	0.5063
资源消耗与生态保护	建筑业能源消耗总量	0.965	0.4449
	每亿产值钢材消耗	−0.965	0.4449
	每亿产值水泥消耗	−0.99	0.4564
	城市建成区绿化覆盖率	0.991	0.4569
	建成项目"三同时"环保投资额	0.939	0.4329

一级指标	基础指标	第一主成分系数	第二主成分系数	第三主成分系数	权重
建筑业增长稳定性	产值利税率	0.913	0.092	0.031	0.290
	资产负债率	−0.149	0.852	0.466	0.215
	技术装备率	0.808	0.218	−0.45	0.207
	按总产值计算的劳动生产率	0.859	0.466	−0.085	0.335
	GDP 增长率	0.28	−0.733	0.553	0.016
	固定资产投资同比增速	0.74	−0.546	−0.153	0.073
	消费水平指数	0.745	0.102	0.585	0.334

对基础指标加权求和得到我国建筑业发展质量的分类指数如表 6-14 所示。

表 6-14 2000—2012 年建筑业发展质量分类指数

年份	增长结构指数	稳定性指数	增长的社会福利指数	资源消耗与生态保护指数
2000	−0.2125	1.4755	3.7025	−1.4286
2001	0.0357	1.6268	3.7837	−1.0547

年份	增长结构指数	稳定性指数	增长的社会福利指数	资源消耗与生态保护指数
2002	0.3256	1.8634	4.5568	−0.8867
2003	0.7490	2.1422	5.6292	−0.4487
2004	0.6897	2.1263	6.3347	−0.0409
2005	1.4106	2.2365	7.4183	0.1755
2006	1.1576	2.2850	8.3636	0.4178
2007	2.3622	2.4006	9.5763	0.7436
2008	2.6344	2.4821	10.9387	1.2105
2009	2.8169	2.6194	12.6816	1.1611
2010	4.6787	2.5608	14.8762	1.5311
2011	6.0773	2.7408	17.1755	1.7883
2012	8.2937	2.9023	19.3519	2.1018

6.4.2.3 分类指数的赋权

主成分分析可从客观角度进行赋权,但在综合评价中易造成定性概念缺失,故在分类指数赋权时,我们采用动态赋权法。动态赋权以各指标值与理想值间的距离为衡量,通过指标在各年度与最佳年份的关联度为参考进行权重分配。动态赋权既体现了时代变化所带来的建筑业发展的重心偏移,又可以客观表现各分类指数指标在建筑业质量中的重要程度。

以阈值法对数据无量纲化处理,$\Delta(\max)$ 和 $\Delta(\min)$ 分别为各指数的最大值和最小值,即各分类指标与参考序列相应的最大和最小距离,分辨系数 ρ 取 0.8,计算第 i 个评价对象与最优序列关联度为 γ_t。具体公式如下:

$$\sigma_{ij} = \frac{\Delta(\min) + \rho\Delta(\max)}{\Delta_{ij} + \rho\Delta(\max)} \qquad \gamma_t = \frac{1}{\rho}\sum_{j=1}^{1} \sigma_{ij} \qquad (6\text{-}3)$$

再以关联度为基础进行归一化处理,就得到各分类指数的权重。

表 6-15　2000 — 2012 年建筑业发展质量分类指数权重

年份	增长结构指数	稳定性指数	增长的社会 福利指数	资源消耗与 生态保护指数
2000	0.197	0.249	0.384	0.171
2001	0.198	0.249	0.380	0.173
2002	0.200	0.247	0.378	0.175
2003	0.202	0.244	0.376	0.178
2004	0.202	0.242	0.375	0.181
2005	0.204	0.239	0.373	0.184
2006	0.205	0.237	0.373	0.186
2007	0.206	0.234	0.372	0.188
2008	0.207	0.232	0.371	0.189
2009	0.208	0.230	0.371	0.191
2010	0.210	0.228	0.370	0.192
2011	0.211	0.227	0.370	0.192
2012	0.214	0.225	0.369	0.193

由表 6-15 中的权重分布可见,建筑业增长的社会福利指数的权重最大,这符合我国经济社会发展的实际。因为建筑业的发展必然要以"利人"为主,其最终目的是实现社会进步与人民生活水平的提高。建筑业增长结构、资源消耗与生态保护指数的权重在逐年增加,这也符合我国经济社会发展的侧重点。随着我国建筑业逐步由数量型转向质量型,产业结构挑战的重要性越发得到重视。如果我国建筑业结构失衡的局面不能得到尽快修正,将无法适应 21 世纪国际建筑业新的发展形势和挑战。因此,给予它们越来越大的权重是合理的。

资源消耗与生态保护伴随着 1992 年联合国里约热内卢的"环境与发展"会议的召开提上了议程。可持续发展的公平性、持续性分别从人与自然角度、人的未来角度给建筑业发展指示了方向。我国建筑业长时期高消耗,低效率的生产模式对当前的资源和环境产生了较大压力,资源和环境的不可再生性要求建筑业对资源和环境进行高效利用和保护。资源消耗与环境保护指数的权重变化与我国建筑业发展质量的要求是一致的。

建筑业增长稳定性指数的权重保持着稳定性,这与一直以来我国经济增长保持较好稳定性的实际情况是密不可分的。

6.4.3　中国建筑业发展质量指数及评价

将建筑业发展质量各分类指数再一次加权就得到综合指数如图 6-4所示。建筑业发展质量综合指数不仅在描述当前发展水平方面具有很好的现实性,对于未来发展趋势的变化也具有一定的指导意义。

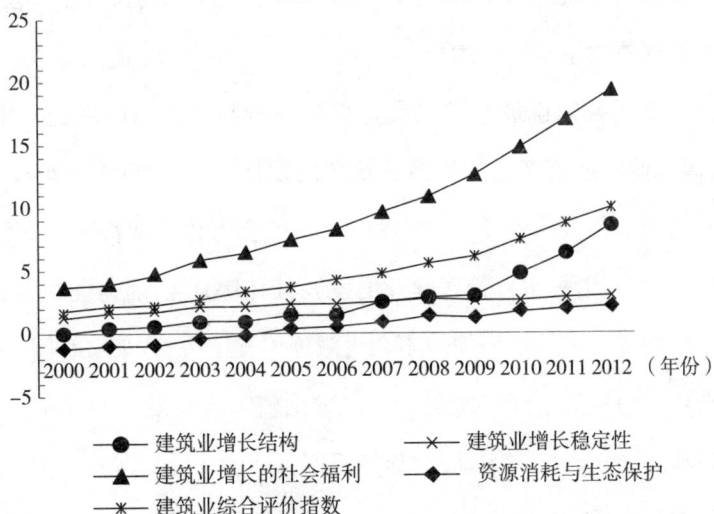

图 6-4　2000—2012 年我国建筑业发展质量分类及综合指数

图 6-4 显示,2000—2012 年,我国建筑业发展质量综合指数提高了5.6 倍,且增长呈加速态势。21 世纪初,我国建筑业发展质量综合指数的增长较为缓慢,其主要原因在于当时我国建筑业和建筑市场的规模较小,随着建筑业市场的扩大,建筑业发展的规模效应逐渐显现,再加上国家对建筑业质量提升的重视和政策扶持,我国建筑业发展质量很快就得到了提升。总的来说,我国建筑业发展质量在稳步提升,而且提升速度在逐步加快,这是一个可喜的现象。

我国建筑业发展质量水平与资源消耗和生态保护的关系也愈加密切。对比发展质量综合指数与各分类指数可见,建筑业发展质量综合指数与资源消耗和生态保护指数变化趋势的一致性最强,两者的相关性较其他分类指数更大。这体现出,本节设计的建筑业发展质量指标体系及指标赋权的合理性。建筑业增长稳定性指数属于对比指标,其值变化较为稳定,与质量综合指数保持着较好的协调性,这与我国经济多年来的持续稳定发展,没有大起大落现象发生是吻合的。

图 6-5 为我国建筑业发展质量综合指数与增加值的对比。由图 6-5可见,建筑业增加值高估了我国建筑业的发展水平。2000—2012 年,我国建筑业增加值提高了约 7 倍,而发展质量综合指数只增长了 5.6 倍。可以说,仅以增加值指标来评价建筑业的发展具有片面性,因为资源限制及行业发展特征决定了建筑业增加值不会无限地增长下去,在某一时间节点以后,甚至会出现增加值下降的现象。若以增加值为增长质量的评价标准的话,那就意味着增长质量在下降,这显然是不合适的。

建筑业发展质量涵盖了多方面的内容,即使增加值增长放缓,其他方面的改善依然能体现建筑业发展质量的提升。因此,相比于建筑业增加值,建

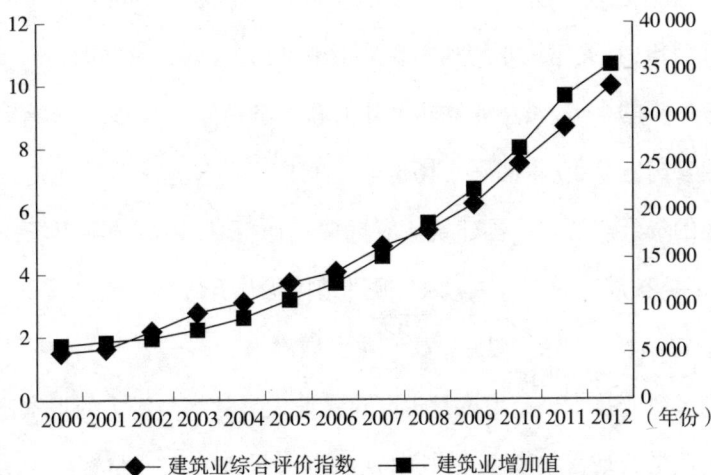

图 6-5　我国建筑业发展质量综合指数与增加值

筑业发展质量综合指数更能体现出我国建筑业的发展态势。

6.4.4　结论与建议

随着经济新常态理论的提出,现有政策越来越将增长质量作为一项重要内容,对于建筑业来说也是如此。本节基于经济增长质量理论,构建了我国建筑业发展质量评价指标体系,并通过指标权重的变化体现了我国建筑业发展质量偏好的变化。本节形成的发展质量分类指数和综合指数较为真实地体现了我国建筑业发展质量的变化,对我国建筑业发展质量的测度更全面合理。

建筑业与我国经济发展密切相关,为了更好落实经济新常态下坚持质量和效益的基本理念,提高建筑业发展质量,本节认为,建筑业应在以下方面做出努力。

1. 提升建筑业国际竞争力,扩大国际市场份额

近两年,有关建筑业的利好政策不断推出。博鳌论坛的召开、一带一路政策进一步的推进、贯穿亚欧非大陆的新经济带浮出水面,无不有利于我国建筑业参与竞争,获得国际市场份额。亚投行的设立又为建筑业发展提供了庞大的资金来源。我国建筑业应把握机遇,积极拓展国际市场,实行"走出去"战略扩展建筑业发展动力,促进结构优化升级。

2. 提高科技创新能力,提高产业发展潜力

加大产业技术创新力度是提高建筑业发展效率与潜力的根本途径。我国建筑业是劳动密集型产业,长时期是以大量人力投入与资源投入并行的发展模式存在的,但这种模式是不可持续的。加大产业技术创新力度就要求提高技术装备水平,提高劳动者素质,将科技成果及时付诸实践,提高我国建筑业发展能力。

3. 使建筑业福利分配更加公平

建筑业的成果分配分为两种,一种是社会公共设施,另一种是住房。建筑业应通过调整社会公共设施服务的广度,加大服务受众面,降低服务的消费成本;通过调整住房服务水平的深度,加大保障房建设与监督,控制房价,保护弱势群体,使其能够享受建筑业发展所带来的收益。

4. 提高资源利用率并降低生态环境代价

当前,建筑业存在超额投入与利用低效带来的资源的过度消耗问题。为此,建筑业应加快技术改造,淘汰高能耗设备,开发清洁低耗的建筑设施。倡导一物多用,一地多用,全方面地将集约型思想落实到企业生产中。同时,加大环保投入,形成低投入、低消耗、低排放和高效率"三低一高"的集约型增长方式。

6.5　本章小结

在经济新常态下的今天,我们更关注建筑业的发展质量,它是建筑业未来发展的根基。坚持稳中求进,坚持提高经济发展质量和经济发展效益是经济新常态下经济发展的基本理念,建筑业亦是如此。本章首先从企业角度对建筑业的绩效进行评价。基于标杆分析法对建筑业上市公司的经营绩效进行评价,通过分析与标杆企业的差距与不足,寻求绩效相对较低的企业的努力方向。通过确定同质性竞争对手的范围,为企业向绩效高的竞争者学习及选择适宜的发展模式提供参考。其次,从行业角度评价了辽宁省建筑业的绩效。最后以经济增长质量理论为基础,构建了建筑业发展质量指标体系,采用主客观赋权方法合成建筑业发展质量分类指数和综合指数,这些指数可以合理评价我国建筑业发展质量,为促进我国建筑业发展的科学决策提供参考。

参 考 文 献

[1]沙凯逊:《我国建筑业劳动生产率的经验分析》,《铁道工程企业管理》2006年第1期。

[2]吴文宪、李启明、李先光、顾炎晴:《建筑业劳动生产率国际比较研究》,《重庆建筑大学学报》2007年第6期。

[3]郑海涛、任若恩:《行业全要素生产率水平的国际比较研究》,《北京航空航天大学学报》(社会科学版)2012年第2期。

[4]叶援:《我国建筑业劳动生产率的实证分析》,《山东建筑工程学院学报》2004年第3期。

[5]邓飞、刘贵文、孔平:《我国建筑业发展现存问题、方向及重点领域分析》,《建筑经济》2011年第10期。

[6]黄如宝、刘可琪:《中国建筑业产业经济研究综述》,《建筑经济》2010年第9期。

[7]金维兴、胡振、陆歆弘等:《中国建筑业新的经济增长点和增长力》,中国建筑工业出社2008年版。

[8]贾洪、欧国立:《中国建筑业支柱产业地位评价分析》,《生产力研究》2008年第11期。

[9]潘和平、段宗志:《基于偏离—份额分析法的中部五省建筑产业结构比较研究》,

《建筑经济》2009 年第 12 期。

[10]王幼松、张文剑、张雁:《基于改进生产函数的中国建筑业全要素生产率计算分析》,《建筑经济》2013 年第 6 期。

[11]熊华平、迟成成、田勇:《中国建筑业对外经济合作与产业增长研究》,《中国软科学》2013 年第 2 期。

[12]周建亮、吴跃星:《金融危机与国际工程承包市场变化》,《建筑经济》2014 年第 5 期。

[13]贺灵童:《2011 年 ENR 国际承包商 225 强解析》,《建筑经济》2011 年第 12 期。

[14]张宇:《2014 年度 ENR 国际承包商 250 强探析》,《工程管理学报》2014 年第 5 期。

[15]陈文健:《基于波特钻石模型的中国建筑业国际竞争优势分析》,《建筑经济》2011 年第 1 期。

[16]赵越、师郡:《浅析我国建筑业的现状及发展趋势》,《科技情报开发与经济》2010 年第 30 期。

[17]吴文宪:《中国建筑业国际竞争力评价方法与实证分析》,东南大学,2008 年。

[18]张文剑:《我国建筑业产业效率若干问题的探索研究》,华南理工大学,2014 年。

[19]朱保金:《我国对外承包工程现状及对策建议》,《对外经贸》2014 年第 11 期。

[20]崔旖娅:《基于 BP 神经网络的辽宁省建筑业评价及预测》,大连理工大学,2006 年。

[21]刘炳胜、王雪青、林丽:《基于 PCA—BP 神经网络组合的中国建筑业竞争力预测》,《北京理工大学学报》(社会科学版)2010 年第 12 期。

[22]赵璇、张强:《我国建筑行业发展研究》,《技术经济与管理研究》2013 年第 9 期。

[23]王志轩:《分析我国建筑业对国民经济的贡献》,《城市建设理论研究》2011 年第 23 期。

[24]党悦:《建筑业国民经济中的支柱地位分析》,《中国外资》2012 年第 3 期。

[25]陆歆弘:《中国建筑业成长发展轨迹与增长影响因子研究》,西安建筑科技大学,2003年。

[26]张文艳:《中国建筑业支柱产业地位研究》,西安建筑科技大学,2001年。

[27]杜强、殷超越、陈一秀:《2012年度国际市场最大250家承包商市场分析》,《建筑经济》2014年第5期。

[28]朱绍勤、陶玲:《国际工程承包法律风险分析与应对》,《风险管理》2014年第5期。

[29]金昱:《国际工程承包中的融资工作》,《国际工程建设》2014年第4期。

[30]张远惠:《中国建筑业国际竞争力的实证分析》,《开放导报》2002年第5期。

[31]温海成:《中国建筑业企业国际化问题研究》,重庆大学,2007年。

[32]佘立中、陈根安、陈艳玲:《基于DEA的广东省建筑业科技成果推广绩效评价》,《建筑经济》2014年第7期。

[33]徐健、曹俊荣:《基于DEA模型的我国区域建筑业效率评价》,《建筑经济》2015年第2期。

[34]王幼松、李成瑶、张煜帆、张雁:《基于超效率DEA的华南六省建筑业效率分析》,《建筑经济》2014年第4期。

[35]王幼松、邹广荣:《香港建筑业生产效率及其影响因素研究》,《深圳大学学报》(理工版)1999年第12期。

[36]陆宁、刘静、李炎琪、张旭:《中国30个省域建筑业生产效率差异综合诊断》,《建筑经济》2015年第2期。

[37]凌郁、崔新媛、魏欢、陈敏:《中国不同经济类型建筑企业全要素生产率增长率测算》,《建筑经济》2014年第7期。

[38]周蜀国、何静:《中国建筑产业效率测度研究:2004—2010》,《建筑经济》2014年第11期。

[39]邢厚媛:《国际市场的新趋势和新变化》,《施工企业管理》2014年第8期。

[40]李忠富、邹心勇、李国良:《中国建筑业全要素生产率的变迁:1996—2005年实

证分析》,《土木工程学报》2008 年第 11 期。

[41]赵惠珍、程飞、金玲、王承玮:《2013 年建筑业发展统计分析》,《工程管理学报》2014 年第 3 期。

[42]庄焰、郑贤、王京元:《中国建筑业投入产出效率分析:1991—2003》,《建筑经济》2006 年第 12 期。

[43]李少林、肖兴志:《城镇化与建筑业空间结构联动研究》,《建筑经济》2014 年第 1 期。

[44]谷国锋、张晶:《吉林省区域经济增长的趋同性研究》,《经济地理》2010 年第 7 期。

[45]谷国锋、解瑯卓:《东北三省区域经济增长的趋同性研究》,《地理科学》2011 年第 10 期。

[46]刘丽萍、洪功翔、刘竹林:《安徽省建筑业科技进步贡献实证分析:1995—2009》,《建筑经济》2011 年第 10 期。

[47]许炳、朱海龙:《我国建筑产业集中度现状及影响因素分析》,《建筑经济》2015 年第 2 期。

[48]朱乃糯:《德国建筑业的发展》,《德国研究》2002 年第 2 期。

[49]冯伟:《工资水平上升对我国制造业国际竞争力的影响研究》,辽宁大学,2013 年。

[50]杨建龙:《国际建筑业现状与趋势》,《施工企业管理》2005 年第 4 期。

[51]李冰晶:《建筑产业国际竞争力影响因素分析》,同济大学,2007 年。

[52]张运泉、刘金霞:《我国工程机械行业国际竞争力变动及其决定因素的实证研究》,《国际贸易问题》2012 年第 3 期。

[53]杨金林、陈传、王守清:《顶级国际承包商的业务特征和发展模式》,《建筑经济》2008 年第 6 期。

[54]黄治高:《中国建筑业国际竞争力的比较分析》,《山东经济》2001 年第 9 期。

[55]贡晟珉:《中国建筑业国际竞争力的比较研究》,东南大学,2000 年。

[56]李冰晶:《中国建筑业国际竞争态势及优势定位》,《科技经济市场》2006年第11期。

[57]杨杰、杜卓君:《安徽建筑业国际竞争力研究》,《北方经贸》2008年第4期。

[58]黄卫:《推进建筑业结构调整和升级》,《求是》2006年第6期。

[59]中国建筑业改革与发展研究报告:《支柱产业作用与转型发展新战略》,中国工业出版社2006年版。

[60]郑磊、李启明、吴伟巍等:《中国建筑业企业的国际比较研究》,《建筑经济》2006年第10期。

[61]巢良婷:《对当前建筑业结构调整问题的思考》,《基建管理优化》2007年第1期。

[62]李小东:《我国建筑业组织及其合理化研究》,哈尔滨工业大学硕士学位论文,2003年。

[63]徐鹏富、成虎:《地区建筑业投入产出分析》,《建筑管理现代化》2006年第5期。

[64]李亚明、佟仁城:《DEA在投入产出表中的应用及其对建筑业的分析》,《数学的实践与认识》2007年第9期。

[65]金维兴、陆歆弘、尚梅等:《21世纪中国建筑业管理理论与实践》,中国建筑工业出版社2006年版。

[66]邹高禄:《建筑业对经济增长的长期和短期影响》,《重庆建筑大学学报》2005年第5期。

[67]蒋敏、姜彩楼:《我国建筑业与国民经济增长的协整关系分析》,《建筑经济》2007年第11期。

[68]黄聪、李启明、申立银:《中国建设推动力的计量模型与分析研究》,《东南大学学报》(自然科学版)2000年第4期。

[69]刘洪玉、郑思齐:《中国建设投资、其他投资和GDP之间互动关系的计量模型与分析》,《土木工程学报》2002年第2期。

[70]李光先、李启明、邓小鹏等:《中国建筑业经济增长影响因素分析与实证研究》,《建筑经济》2007 年第 5 期。

[71]刘玉峰、许娜:《我国建筑产业组织现状及成因分析》,《建筑经济》2003 年第 8 期。

[72]李进峰:《我国建筑产业结构存在的主要问题及分析》,《建筑经济》2003 年第 8 期。

[73]李进峰:《中国建筑业企业结构现状分析及调整对策》,《建筑经济》2003 年第 6 期。

[74]建设部工程质量安全监督与行业发展司、建设部政策研究中心:《中国建筑业改革与发展研究报告——支柱产业作用与转型发展新战略》,中国建筑工业出版社 2006 年版。

[75]金维兴、盛淑凯、宁文泽:《创新型建筑业及其经济增长原理》,《建筑经济》2006 年第 6 期。

[76]张静晓、金维兴、李晓英:《建筑业的诱致性增长点和强制性增长点研究》,《建筑经济》2007 年第 11 期。

[77]孙成双、王要武、常远:《建筑业对国民经济的带动作用分析》,《建筑经济》2010 年第 2 期。

[78]范建亭:《中国建筑业发展轨迹与产业组织演化》,上海财经大学出版社 2008 年版。

[79]范建亭:《我国建筑业市场结构特征及其影响因素分析》,《建筑经济》2010 年第 1 期。

[80]崔英姿、赵源:《持续发展建筑中的生态建筑与绿色建筑》,《山西建筑》2004 年第 8 期。

[81]段宗志、李大华:《论建筑业发展循环经济》,《基建优化》2006 年第 3 期。

[82]李忠富、范建双等:《中国建筑业产业结构调整的研究》,《建筑管理现代化》2008 年第 5 期。

[83]高景峰、赵万杰:《中国建筑产业增长与经济发展》,《建筑管理现代化》2008 年第 2 期。

[84]徐承彬、王宝令:《沈阳市建筑业现状及发展思考》,《沈阳建筑大学学报》2007 年第 1 期。

[85]郑建民、钱文荣:《建筑施工企业信息化建设实证研究》,《现代管理科学》2007 年第 11 期。

[86]肖维品:《建筑业科技进步的指标分析及评价模型》,《重庆建筑大学学报》1994 年第 1 期。

[87]吕文学:《我国大型建筑企业竞争力及其提升途径研究》,天津大学博士学位论文,2003 年。

[88]张德群:《中国建筑业国际竞争力评价模型研究》,《建筑管理现代化》1998 年第 3 期。

[89]陈利:《建筑业在国民经济中的地位和作用——从投入产出分析看建筑业》,《昆明理工大学学报》2003 年第 2 期。

[90]袁孙松:《建筑施工企业竞标能力的评价与提高对策研究》,武汉理工大学硕士学位论文,2002 年。

[91]龚志起、张智慧:《生命周期评价和管理与建筑业可持续发展》,《青海大学学报》(自然科学版)2004 年第 2 期。

[92]中华人民共和国国家统计局:《中国统计年鉴 2009》,中国统计出版社。

[93]中华人民共和国国家统计局:《辽宁统计年鉴 2009》,中国统计出版社。

[94]中华人民共和国国家统计局网站:hllp://www.slals.gov.cn。

[95]冉立平、李忠富:《建筑企业绩效评价方法比较分析》,《建筑经济》2008 年第 7 期。

[96]刘晓雁、王雪青:《基于 DEA 的我国省域建筑产业竞争力研究》,《建筑经济》2008 年第 11 期。

[97]李小睿:《基于 DEA 方法的建筑企业效率评价》,《建筑经济》2009 年第 1 期。

[98]宁德堡、李莹:《基于 DEA 方法的我国建筑业效率评价研究》,《建筑经济》2012年第 7 期。

[99]张鼎祖、郭浪兵:《基于 DEA 的建筑业上市公司财务管理能力分析》,《建筑经济》2013 年第 7 期。

[100]史修松、徐康宁:《1993—2003 年中国建筑业全要素生产率增长情况的实证研究》,《建筑经济》2006 年第 12 期。

[101]李忠富、王汇墨:《基于 DEA 的中国建筑业生产效率实证研究》,《系统管理学报》2011 年第 3 期。

[102]段宗志:《基于 DEA 技术的华东地区建筑业生产效率研究》,《管理学报》2011年第 7 期。

[103]陈德强、杨田:《基于 DEA 的西部地区建筑业生产效率实证研究》,《工程管理学报》2012 年第 2 期。

[104]孙慧、付晨、范志清:《基于 Malmquist 指数方法的建筑业效率动态评价》,《建筑经济》2012 年第 3 期。

[105]张友志、顾红春:《基于 DEA 的 2005 —2010 年中国省际建筑业能源效率研究》,《建筑经济》2013 年第 4 期。

[106]袁世海、缪华昌:《提高建筑业企业发展质量的研究》,《建筑经济》2011 年第1 期。

[107]叶东杰:《我国绿色建筑的可持续发展研究》,《建筑经济》2014 年第 9 期。

[108]齐宝库、赵景明:《基于灰色关联分析的辽宁省建筑业发展评价》,《建筑经济》2012 年第 8 期。

[109]沙凯逊:《新发展观与我国建筑业的可持续发展》,《建筑经济》2004 年第7 期。

[110]张静晓、李慧:《长珠黄区域建筑业经济结构质量分析》,《建筑经济》2012 年第 10 期。

[111]华冬冬、邓晓红、沙凯逊:《建筑业发展水平评价体系研究》,《建筑经济》2008

年第 6 期。

[112]钞小静、惠康:《中国经济增长质量的测度》,《数量经济技术经济研究》2009年第 6 期。

[113]Steven Male,John Kelly,"Managing Value as a Management Style for Projects", *International Journal of Project Management*,2007,25（2）,pp.107-114.

[114] Holz,C.,"The Quantity and Quality of Labor in China 1978 - 2000 - 2025", *Working Paper*,2005.

[115] Soboa,A,"Simulation Modeling for Logistics Reengineering in the Construction Company",*Construction Management and Eeonomies*,2000,18(2),pp.135-139.

[116] Rafiq,M. Y,ReleM. J.,"Rethinking it for Rethinking Construction. Towards a Vision for Information Technology inCivil Engineering",*Proceedings of the 4th Joint Symposium on Information Technology in Civil Engineering*,Nashville,USA.2003.

[117] Jbulu,R. et al.,"Value Stream Analysis of a Reengineered Construction Supply Chain",*Building Research and Information*,2003,46(2),pp.223-235.

[118] Dennis Lenard and Carl Abbott,"The Role of Government in Supporting the Construction Industry in the United Kingdom",http://www.wtoguide.net/.

[119] JIN Weixing,Lang Xiaoling," Research on New Growth Factors and Potential Capability of Building Industry in China",*Proceedings of* 2004 *International Conference on Construction and Real Estate Management*,Beijing：China Building PresS,2004.

[120] Paul S.Chinowsky and James EMeredith,"Strategic Management in Construction", *Journal of construction engineering and management*,Jan/Feb2000.

[121] Colin Porteous,*The New Eco-Architecture：Alternatives from the Modern Movement*. Spon Press,2002.

[122] ElMashaleh M.S.,Edward Minchin Jr R.,O' Brien W.J.,"Management of Construction Firm Performance Using benchmarking",*Journal of Management in Engineering*, 2007,23(1)：10-17.

[123] Cherchye, L., Moesen, W., & Puyenbroeck, T. V., "Legitimately Diverse, yet Comparable: On Synthesizing Social Inclusion Performance in the EU", *Journal of Common Market Studies*, 2004, 42(5), pp. 919-955.

[124] Horta I.M., Camanho A.S., "Competitive Positioning and Performance Assessment in the Construction Industry", *Expert Systems with Applications*, 2014, 41(4), pp.974-983.

[125] Sowlati T., Paradi J.C., "Establishing the Practical Frontier in Data Envelopment Analysis", *Omega*, 2004, 32(4), pp.261-272.

[126] Horta I. M., Camanho A. S., Da Costa J. M. "Performance Assessment of Construction Companies Integrating Key Performance Indicators and Data Envelopment Analysis", *Journal of Construction Engineering and Management*, 2009, 136(5), pp.581-594.

[127] Horta I. M., Camanho A. S., Johnes J, et al., "Performance Trends in the Construction Industry Worldwide: an Overview of the Turn of the Century", *Journal of Productivity Analysis*, 2013, 39(1), pp.89-99.

[128] Horta I.M., Camanho A.S., "Competitive Positioning and Performance Assessment in the Construction Industry", *Expert Systems with Applications*, 2014, 41(4), pp.974-983.

[129] Peter Reina, Gary J.Tulacz, "The Top 250 International ", Contractors. enr. com. 2005-2014.

[130] Les Ruddock, Jorge Lopes, "The Construction Sector and Economic Development: the 'Bon Curve'", *Construction Management and Economics*, 2006, 24(3), pp.717 - 723.

[131] David Crosthwaite, "The Global Construction Market: a Cross Sectional Analysis", *Construction Management and Economics*, 2000, 18(7), pp.619-627.

[132] Jorge Lopes1, Les Ruddock, Francisco Loforte Ribeiro, "Investment in Construction and Economic Growth in Developing Countries", *Building Research & Information*, 2002, 30 (3), pp.152-159.

[133] Abdul Razak Bin Ibrahim, Matthew H. Roy, Zafar Ahmed.Ghaffar Imtiaz, "An Investigation of the Status of the Malaysian Construction Industry", www. emeraldinsight. com/

1463-5771.htm.

[134]Ranko Bon,Tomonari Yashiro,"Some New Evidence of Old Rends: Japanese Construction,1960-1990",*Construction Management and Economics*,1996,14)3),pp.319-323.

[135]Mats Wilhelmssona,Rune Wigren,"The Robustness of the Causal and Economic Relationship between Construction Flows and Economic Growth: Evidence from Western Europe",*Applied Economics*,2011,43(11),pp.891-900.

[136]Geoff Briscoe, Andrew Dainty, Sarah Millett,"The Impact of the Tax System on SelfEmployment in the BritishConstruction Industry", *International Journal of Manpower*, 2000,32(8),pp.596-613.

[137]Jean Jinghan Chen,"The Characteristics and Current Status of China's Construction Industry",*Construction Management and Economics*,1998,16(1),pp.:711-719.

[138] Nannan Wang,"The Role of the Construction Industry in China's Sustainable Urban Development",*Habitat International*,2014,44(10),pp. 442-450.

[139]DangT.H.Giang,Low Sui Pheng,"Role of Construction in Economic Development: Review of Key Concepts in the Past 40 Years", *Habitat International*, 2011, 35 (6), pp. 118-125.

[140]Chan Swee Lean," Empirical Tests to Discern Linkages between Construction and Other Economic Sectors in Singapore", *Construction Management and Economics*, 2001, 19 (8),pp.355-363.

[141]C.Y. Yiu,X.H. Lu M.Y. Leung,W. X. Jin," Note a Longitudinal Analysis on the Relationship between Construction Output and GDP in Hong Kong",*Construction Management and Economics*,2004,22(9),pp.339-345.

[142]Zheng Siqi,Liu Hongyu," Interaction Among Construction Investment,Other Investment and GDP in China",*Tsinghua Science and Technlogy*,2004,9(2),pp.356-421.

[143]Rank Bon,Roberto Pieroforte,"Historical Comparison of Construction Sectors in the United States,Japan,Italy and FinlandUsing Input-output Tables",*Construction Manage-*

ment and Economics,1990,23(8),pp.233-247.

[144] Oyeshola Femi Kofoworola, Shabbir Gheewala, " An Input - output Analysis of Thailand's Cconstruction Sector" ,*Construction Management and Economics*,2008,26(12),pp. 1227-1240.

[145] I.M.Horta, A.S.Camanh, "Competitive Positioning and Performance Assessment in the Construction Industry" ,*Expert Systems with Applications*,2014,41(12),pp.974-983.

[146] U.S., "Construction Labor Productivity Trends,1970-1998:A Report of Center for Construction Industry Studies" ,*The University of Texas at Austin*,March,1999.

[147] Groningen, "Growth and Development Centre" ,60-IndustryDatabase,http://www. ggdc.net/index-dseries.html.

责任编辑:曹　春
封面设计:汪　莹

图书在版编目(CIP)数据

论建筑业在经济发展中的作用/田成诗,盖美 著. —北京:人民
　出版社,2016.10
ISBN 978 - 7 - 01 - 015683 - 5

I.①论… Ⅱ.①田…②盖… Ⅲ.①建筑业-经济发展-研究-中国
Ⅳ.①F426.9

中国版本图书馆 CIP 数据核字(2016)第 001179 号

论建筑业在经济发展中的作用
LUN JIANZHUYE ZAI JINGJI FAZHAN ZHONG DE ZUOYONG

田成诗　盖　美　著

人民出版社 出版发行
(100706　北京市东城区隆福寺街99号)

北京汇林印务有限公司印刷　新华书店经销

2016 年 10 月第 1 版　2016 年 10 月北京第 1 次印刷
开本:710 毫米×1000 毫米 1/16　印张:17.5
字数:208 千字

ISBN 978 - 7 - 01 - 015683 - 5　定价:69.00 元

邮购地址 100706　北京市东城区隆福寺街 99 号
人民东方图书销售中心　电话 (010)65250042　65289539